Rainer W. Alexandrowicz, Thorsten-Christian Gablonski, Judith Glück (Hg.)

Psychologie kompakt
Grundlagen und Forschungsperspektiven

Rainer W. Alexandrowicz,
Thorsten-Christian Gablonski, Judith Glück (Hg.)

Psychologie kompakt

Grundlagen und Forschungsperspektiven

facultas

Ass. Prof. Mag. Dr. Rainer W. Alexandrowicz ist am Institut für Psychologie der Alpen-Adria-Universität (AAU) Klagenfurt für die Ausbildung in quantitativen Methoden und Testtheorie verantwortlich. Forschungsschwerpunkte: diskrete Wahrscheinlichkeitsmodelle, Methodenartefaktforschung.

Cand. rer. nat. Thorsten-Christian Gablonski ist Studienassistent der Studienprogrammleitung und studentischer Mitarbeiter der klinisch-psychologischen Diagnostik am Institut für Psychologie der AAU.

Univ.-Prof. Mag. Dr. Judith Glück ist Professorin für Entwicklungspsychologie. Forschungsschwerpunkte: Entwicklungsprozesse im Erwachsenenalter, v. a. Entwicklung von Weisheit im Kontext lebensverändernder Ereignisse.

Bibliografische Information Der Deutschen Nationalbibliothek
Die Deutsche Nationalbibliothek verzeichnet diese Publikation in der Deutschen Nationalbibliografie; detaillierte bibliografische Daten sind im Internet über http://dnb.d-nb.de abrufbar.
Alle Angaben in diesem Fachbuch erfolgen trotz sorgfältiger Bearbeitung ohne Gewähr, eine Haftung der HerausgeberInnen, AutorInnen oder des Verlages ist ausgeschlossen.
Copyright © 2014 Facultas Verlags- und Buchhandels AG
facultas Universitätsverlag, Stolberggasse 26, 1050 Wien, Österreich
Alle Rechte, insbesondere das Recht der Vervielfältigung und der Verbreitung sowie der Übersetzung, sind vorbehalten.
Covergestaltung: Christian Kuschar, Klagenfurt
Korrektorat: Andrea Eder, Wien
Satz: Rainer W. Alexandrowicz, Klagenfurt
Einbandgestaltung: Facultas Verlags- und Buchhandels AG
Druck und Bindung: Finidr, Tschechien
Printed in Czechia
ISBN 978-3-7089-1122-9

Vorwort

Psychologie, die Wissenschaft vom menschlichen Erleben und Verhalten, nimmt in vielen Bereichen des modernen Lebens eine zentrale Position ein. So spielt sie beispielsweise eine Schlüsselrolle bei so unterschiedlichen Themen wie Mobbingberatung in der Schule, Personalauswahl, Rauchentwöhnung, Betreuung im Leistungssport oder Organisationsentwicklung. Diese exemplarische Aufzählung zeigt bereits, wie spannend und vielfältig die Tätigkeitsfelder von Psychologen sein können.

Das sogenannte „Psychologengesetz" regelt, wer in Österreich die Berufsbezeichnung „Psychologin" oder „Psychologe" führen darf. Es deklariert unter anderem, dass erst das auf dem Bachelorstudium aufbauende Masterstudium der Psychologie als berufsqualifizierend gilt und zur Führung dieser Berufsbezeichnung berechtigt. Der Abschluss des Masterstudiums bildet auch die Grundlage für eine weitere Ausbildung in Klinischer Psychologie, Gesundheitspsychologie oder Psychotherapie.

Ziel dieses Sammelbandes ist es, einen gut lesbaren Überblick über die wissenschaftlichen Perspektiven der Psychologie zu geben. Er soll die Vielseitigkeit und Faszination der Erforschung menschlichen Erlebens und Verhaltens näher bringen, ohne akademisches Vorwissen zu erfordern. Durch den modernen, breit gefassten Zugang ist es gelungen, das Fach in kompakter Art und Weise darzustellen und zu einer Art Rundreise in die Wissenschaft der Psychologie und des menschlichen Wesens einzuladen. Beginnend mit der *Klinischen Psychologie* und *Psychotherapie* führt das Buch über die *Gesundheitspsychologie* und die *psychologische Diagnostik* hin zur *Methodenlehre*, die die Werkzeuge für wissenschaftliche Erkenntnis bereitstellt. Es folgen Ausführungen zur *Allgemeinen Psychologie* und eine Exkursion in die Tiefen des menschlichen Gehirns, wie sie im Rahmen der *biologischen Psychologie* untersucht wird. Von dort ausgehend werden die Themen der *Differentiellen Psychologie* beleuchtet. Abschließend führt der Weg in die *Sozialpsychologie* und ihre spannenden Experimente sowie in die *Entwicklungspsychologie der Lebensspanne* mit dem Forschungsthema Weisheit.

Aufgrund seines überblickenden und einführenden Charakters dient das Buch gleichzeitig als Vorbereitungsliteratur für das Aufnahmeverfahren zum Bachelorstudium Psychologie an der Alpen-Adria- Universität Klagenfurt. Es gibt daher einen guten und umfassenden Einblick in die inhaltlichen Schwerpunkte des Klagenfurter Instituts für Psychologie. Wir hoffen, dass die Beiträge unsere Freude am wissenschaftlichen Arbeiten vermitteln und Ihre Begeisterung für die das Fach wecken! In diesem Sinne wünschen wir eine spannende Lektüre und, sollten Sie zum Aufnahmeverfahren antreten, gutes Gelingen!

Klagenfurt, im Frühjahr 2014

Rainer W. Alexandrowicz
Thorsten-Christian Gablonski
Judith Glück

Ergänzung im Frühjahr 2015:

Für die sorgfältige Durchsicht und Rückmeldung verbliebener Tippfehler im Rahmen des Nachdrucks bedanken wir uns bei Frau Christina Seizl und Herrn Stefan Fritzsche!

Inhaltsverzeichnis

1 Eine Einführung in die Klinische Psychologie

Svenja Taubner

Das Fach Klinische Psychologie ist ein Anwendungsfach der Psychologie, das die meisten Studierenden für das Studium der Psychologie begeistert. So gaben 83,8% der Studienanfänger der Freien-Universität-Berlin an, dass sie im Bereich der Klinischen Psychologie tätig sein wollen und immerhin 56,6% realisierten diesen Plan nach Abschluss des Studiums (Gusy, Braun, Harbauer & Scheffer, 2003).

In diesem Kapitel wird eine Einführung in die Felder der Klinischen Psychologie stattfinden, mit einem Schwerpunkt auf den allgemeinen Störungsmodellen und Kernkonzepten. Am Beispiel einer ausgewählten psychischen Störung, der Störung des Sozialverhaltens im Kindes- und Jugendalter, werden klassifikatorische, epidemiologische, ätiologische und behandlungsbezogene Aspekte illustriert.

1.1 Definition, Teilfächer und angrenzende Disziplinen

Die Klinische Psychologie befasst sich zentral mit den Entstehungs- und Aufrechterhaltungsbedingungen psychischer Störungen sowie den psychischen Aspekten körperlicher Erkrankungen. Darüber hinaus sind die Klassifikation und Diagnostik sowie die Verbreitung,

Prävention und Behandlung psychischer Störungen Gegenstand der Klinischen Psychologie. Das Verständnis so komplexer Phänomene wie psychischer Störungen kann nur auf der breiten Basis aller psychologischen Grundlagenfächer erreicht werden, im Sinne einer Integration des Wissens über Emotion, Kognition, Motivation, (neuro-)biologische Korrelate und gesellschaftlich-soziale Kontexte. Daher bedient sich die aktuelle klinische Forschung insbesondere der Grundlagenfächer der Psychologie, um zu einem erweiterten Verständnis psychischer Störungen zu gelangen und die Behandlung psychischer Störungen durch wissenschaftliche Forschung (Empirie) abzusichern. Gleichzeitig benötigt die Klinische Psychologie – besonders in ihrem Anwendungsfeld der Psychotherapie (vgl. Kapitel 2) – kreative Kliniker, die aus der klinischen Erfahrung und ihrem Expertenwissen heraus, therapeutische Verfahren und klinische Theorien weiterentwickeln. Daher ist die Klinische Psychologie immer eine Kombination aus einer hermeneutisch-verstehenden Perspektive, welche sich auf den Einzelfall bezieht, und einem empirischen Vorgehen, bei dem Hypothesen getestet werden (Benecke, 2014).

Die Klinische Psychologie unterfächert sich aktuell in den Grundlagenbereich der Störungslehre (Psychopathologie) sowie in die Anwendungsbereiche der Diagnostik, Psychotherapie, Beratung, Prävention und Rehabilitation , die auch die zentralen Berufsfelder darstellen, in denen Klinische Psychologen tätig sind. An die Klinische Psychologie angrenzende Fächer sind die *medizinische Psychologie*, die sich vorrangig mit den psychischen Auswirkungen körperlicher Erkrankungen beschäftigt und die Verhaltensmedizin, die als ein interdisziplinäres Fach aus der Psychosomatik hervorgegangen ist und Felder der Medizin und Psychologie zu verbinden versucht (vgl. hierzu auch Abschnitt 3.8).

Im alltäglichen Sprachgebrauch wird der Beruf von Psychologen, Psychiatern und Psychotherapeuten häufig ident betrachtet. Obwohl die Fachdisziplin Psychiatrie große Überschneidungen mit der Klinischen Psychologie hat (z. B. im Bereich der Störungslehre), liegt der Fokus der Psychiatrie auf einer medizinischen Sichtweise, die psychische

Störungen erforscht und behandelt. Bislang hatten Psychiater daher ein Monopol in der Verabreichung von Medikamenten (z. B. Antidepressiva) zur Behandlung psychischer Störungen, was aber in den letzten Jahren aufgrund des Ärztemangels auch für Psychotherapeuten diskutiert wurde. Psychotherapeuten sind wiederum Personen, die auf der Grundlage einer praktischen Ausbildung nach einem Studium oder einer vergleichbaren Ausbildung[1] systematisch das Wissen der Klinischen Psychologie und Psychiatrie zur Behandlung von psychischen Störungen einsetzen, indem sie spezifischen Störungs- und Behandlungsmodellen folgen. In manchen Ländern wie Österreich, Großbritannien und den USA ist der „Klinische Psychologe" ebenfalls ein gesetzlich geschützter Beruf, der postgradual nach dem allgemeinen Studium der Psychologie erworben werden kann und praktische Fähigkeiten im Bereich der Diagnostik, der Begutachtung und der klinisch-psychologischen Behandlung beinhaltet. Dies verweist auch darauf, dass Klinische Psychologie in vielen psychologischen Studiengängen eher theoretisch als praktisch vermittelt wird, d. h. Studierende lernen die theoretischen Zusammenhänge, jedoch nicht deren praktische Anwendung. Insbesondere der Mangel an praktischen Qualifikationen wie Gesprächsführung, Beratungskompetenz, therapeutische Kenntnisse, etc. wird von Absolventen der Psychologie beklagt (Gusy et al., 2003). Mit der Umstellung des Psychologie-Diplomstudiengangs auf das Bachelor- und Mastersystem bereitet insbesondere das Bachelorstudium Studierende besser auf die konkreten Anforderungen im Beruf vor. Dies ist vor allem dann möglich, wenn Universitäten Lehr- und Hochschulambulanzen einrichten, die auch Studierenden erste Einblicke in die Anwendungsbereiche der Klinischen Psychologie durch reale Patientenkontakte ermöglichen.

---

[1] Die Ausbildungsrichtlinien zum Beruf des Psychotherapeuten sind länderspezifisch unterschiedlich. In Deutschland ist ein Studium der Psychologie oder Medizin eine notwendige Voraussetzung, um den Beruf des Psychotherapeuten für erwachsene Patienten erlernen zu dürfen, während in Österreich der Zugang zu einer fachspezifischen Psychotherapieausbildung über das psychotherapeutische Propädeutikum geregelt wird und grundsätzlich gemäß Sonderzulassung allen Berufen offen steht.

1.2 Die Geschichte der Klinischen Psychologie

Der Begriff „Klinische Psychologie" wurde von Lightner Witmer (1867–1956) eingeführt, der auch für ein Jahr in Wilhelm Wundts erstem psychologischem Labor in Leipzig arbeitete. Witmer war der Auffassung, dass die Psychologie, so wie jede andere Wissenschaft, daran gemessen werden sollte, wie sehr sie der Weiterentwicklung der Menschheit diene. Nach seiner Rückkehr in die USA gründete Witmer 1896 die erste „Psychological Clinic" an der Universität von Pennsylvania und war ab 1907 Herausgeber der ersten Fachzeitschrift für Klinische Psychologie „The Psychological Clinic". In der ersten Ausgabe begründete er die Wahl des Begriffes „klinisch" folgendermaßen (Witmer, 1907):

> Although clinical psychology is clearly related to medicine, it is quite as closely related to sociology and pedagogy ... An abundance of material for scientific study fails to be utilized, because the interest of psychologists is elsewhere engaged, and those in constant touch with the actual phenomena do not possess the training necessary to make the experience and observation of scientific value ... I have borrowed the word "clinical" from medicine, because it is the term I can find to indicate the character of the method which I deem necessary for this work. (S. 1)

In der Folge wurde 1917 die „American Association of Clinical Psychologists" gegründet, die 1919 als eigenständige Sektion in die „American Psychological Association" (APA) aufgenommen wurde. Damit wurde die Klinische Psychologie als offizielles Fach der akademischen Psychologie anerkannt.

Kulturgeschichtlich reicht die Beschäftigung des Menschen mit psychischen Störungen und die „Erforschung" von deren Ursachen weit zurück (Davison, Neal & Hautzinger, 2002; Nissen, 2005; Benecke, 2014). Dem dämonologischen Störungsmodell folgend, bei dem ein fremdes Wesen Besitz von einem Menschen ergreift und damit eine psychische Störung verursacht, wurde in verschiedenen Zeitaltern von Babylon, dem Mittelalter und auch in der Neuzeit der Exorzismus als

Behandlungsmethode angewendet. In der Antike begründete Hippokrates mit seiner Säftelehre ein somatogenetisches Störungsmodell psychischer Abweichungen, bei dem von einer rein körperlichen Verursachung der Störung im Erleben und Verhalten ausgegangen wird. Aus heutiger Sicht vertrat Hippokrates eine modern und aufklärerisch anmutende Ansicht psychischer Störungen, da er diese nicht als Strafe der Götter auffasste, sondern als eine Störung des Gehirns. Auch in der Neuzeit wurde zunächst von einer rein physiologischen Verursachung psychischer Erkrankungen ausgegangen, wie es z. B. Emil Kraeplin 1883 im ersten Lehrbuch der Psychiatrie vertrat. Zeitgleich entwickelte sich in Österreich und Frankreich die These von einer psychogenetischen Verursachung psychischer Störungen durch Jean-Martin Charcot und Pierre Janet sowie in der Folge durch Sigmund Freud und Josef Breuer, die in ihrem Text „Studien über Hysterie" die erste stringente psychologische Theorie einer psychischen Störung und eine psychologische Behandlungsform, die „Redekur", davon ableiteten.

1.3 Leitende Fragen und Kernkonzepte der Klinischen Psychologie

Die Psychologie als Wissenschaft beschäftigt sich mit dem menschlichen Erleben und Verhalten. Für die Klinische Psychologie lassen sich darauf aufbauend die folgenden zentralen Fragen formulieren:

a) Ist das Verhalten/Erleben einer anderen Person normal oder abweichend (pathologisch)?

b) Wenn pathologisch, welcher spezifische Teil des Verhaltens/Erlebens ist davon betroffen?

c) Wie kann das pathologische Verhalten/Erleben erklärt werden?

d) Wie könnte das pathologische Verhalten/Erleben therapeutisch behandelt werden?

Neben den erkenntnisleitenden Fragen besteht innerhalb der akademischen Klinischen Psychologie ein schulenübergreifender Konsens über bestimmte Kernkonzepte, welche die Herangehensweise an die zentralen Fragestellungen bestimmen. Im Folgenden werden sechs Kernkonzepte der Klinischen Psychologie am Fallbeispiel von Charlotte erläutert (Hansell & Damour, 2008):

> **Fiktives Fallbeispiel: „Charlotte"**
>
> Charlotte überwand eine durch Armut und emotionale Vernachlässigung gekennzeichnete Kindheit und wurde eine erfolgreiche Schriftstellerin. Aber mit 25 Jahren, nach der Geburt ihrer gesunden Tochter, ging es ihr plötzlich sehr schlecht (keine Energie, traurig), sodass sie weder für sich noch ihre Tochter sorgen konnte. Sie fühlte nur noch Schmerz und weinte den ganzen Tag. Dieser Zustand hielt mehrere Monate an.

Zur Beantwortung der Frage, ob ein Erleben und Verhalten pathologisch ist, muss der Kontext des Erlebens und Verhaltens berücksichtigt werden, um z. B. die Angemessenheit von starken Emotionen einschätzen zu können. In dem Fall von Charlotte könnten z. B. die Gefühle von psychischem Schmerz und Verhalten wie starkes Weinen als normale Trauerreaktionen betrachtet werden, wenn Charlottes Baby gestorben wäre. Unter den in diesem Fall gegebenen Umständen der Geburt einer gesunden Tochter ist die starke negative Verstimmung nicht direkt aus dem Kontext erklärbar. Trotzdem gibt auch hier der Kontext erste Hinweise zum Verständnis der Symptome, wenn Charlottes Symptome direkt nach der Geburt des Babys begonnen haben, wie z. B. bei einer postpartalen Depression.

Das zweite Kernkonzept der Klinischen Psychologie geht von einem Kontinuum zwischen normalem und abweichendem Verhalten aus. Somit werden viele psychopathologische Manifestationen als extreme Verstärkungen normaler Gefühle und normalen Verhaltens aufgefasst. Dies hat zur Folge, dass psychisch Kranke nicht als „Freaks" aufgefasst werden, sondern dass Psychopathologie potentiell jedem Menschen widerfahren kann. Diese Auffassung birgt die Chance, dass auch nicht psychisch erkrankte Personen abweichendes Verhalten empathisch erfassen oder verstehen können. Auch wenn das Erleben von Charlotte zunächst befremdend wirkt, da die meisten Menschen sich freuen würden, wenn sie ein gesundes Kind zur Welt bringen, können wir daher vielleicht nachvollziehen, dass Elternschaft auch andere Gefühle als reine Glückseligkeit auslöst und die neue Rolle vielleicht umso schwerer einzunehmen ist, wenn, wie im Fall von Charlotte, die eigene Kindheit schwer belastet war. Von einem Kontinuum zwischen normal und abweichend auszugehen, bedeutet jedoch ebenso, dass die Grenzlinie zwischen „normal" und „gestört" manchmal schwer zu finden ist. Ab wann wird ein normaler *„baby blues"*, den viele Frauen und auch Männer nach der Geburt eines Kindes erleben, zu einer behandlungsbedürftigen Erkrankung? Und wer definiert das?

Das dritte Kernkonzept betrifft die Erkenntnis, dass Definitionen von Psychopathologie einem kulturellen und historischen Relativismus unterliegen. Dies wird zum Beispiel daran deutlich, dass Definitionen von Psychopathologie sich dramatisch über die Zeit verändern können. So ist die Beschreibung hysterischer Erkrankungen aus den modernen Klassifikationssystemen fast verschwunden, ebenso wie die Pathologisierung der Homosexualität. Neue Störungsbilder sind in den letzten Jahrzehnten beschrieben worden, wie z. B. das Aufmerksamkeits-Defizit-Syndrom (ADS). Eine hitzig geführte Diskussion wurde kürzlich über die Veränderung der Bewertung normaler Trauer ausgelöst, die in dem aktuellen Klassifikationssystem für psychische Erkrankungen (DSM-V) nunmehr auf zwei Wochen reduziert wurde. Wer länger als zwei Wochen starke Trauerreaktionen zeigt, kann sich zukünftig vom Hausarzt krankschreiben lassen und kann eine Behandlung (pharmakologisch und/oder psychotherapeutisch) in Anspruch nehmen. Was in manchen Kulturen als normal erachtet wird, kann in anderen Kulturen als Manifestation einer psychischen Störung eingestuft werden. Würde Charlotte in einer Kultur leben, die die Geburt einer Tochter statt eines Sohnes als großes Versagen betrachtet, wäre ihre Reaktion vermutlich ebenfalls als kulturell verständlich einzuschätzen. Der historische und kulturelle Relativismus verdeutlicht, dass alle Definitionen von abweichendem Erleben und Verhalten vorübergehende Beschreibungen oder gesellschaftliche Übereinkünfte darstellen, da es keine universellen zeitüberdauernden Kriterien für abweichendes Verhalten/Erleben gibt. Somit wäre es vorstellbar, dass in 50 Jahren Charlottes Symptome als normal erachtet werden, wenn die Mehrheit der Frauen auf eine Geburt mit einer derartigen Reaktion reagieren würde.

Das vierte Kernprinzip besteht in der internationalen Übereinkunft, dass zum Verständnis von Psychopathologien Kurzformeln im Sinne von Diagnosen eingesetzt werden. Diagnostische Kriterien bieten den Vorteil, dass psychopathologische Phänomene unabhängig von Untersucher und Untersuchungszeit gesichert erfasst werden können (Objektivität und Reliabilität) und unabhängig vom Untersuchungsort bestimmte Phänomene einer bestimmten Störung zugeordnet werden können (Validität). So würde Charlotte sowohl in Berlin als auch in Klagenfurt oder Los Angeles als postpartal depressiv diagnostiziert werden, wenn ihre Symptome mehr als 2 Wochen anhalten. Darüber hinaus ermöglichen Diagnosen, dass Diagnostiker und Behandelnde über psychopathologische Phänomene kommunizieren und forschen können, also gemeinsam der Frage nachgehen, was bei welcher Erkrankung am besten hilft. Diagnosen werden aber auch kritisch diskutiert. Die Vergabe einer Diagnose kann in einem gewissen Widerspruch zu anderen Kernprinzipen der Klinischen Psychologie stehen, wie dem Kontext und dem Relativismus-Prinzip. Ein berühmtes Beispiel dafür sind etwa die vergessenen Holocaust-Überlebenden in Israel, die jahrzehntelang als Schizophrenie-Patienten behandelt wurden, weil sie nicht nach den biographischen Zusammenhängen ihrer Symptome gefragt worden sind (Laub, 1995). Auch werden Diagnosen dafür kritisiert, dass sie als Kurzformeln ungeeignet sind, um das individuelle Leid des Einzelnen zu beschreiben. Weiterhin können Diagnosen Stigmatisierungen auslösen, die für die Betroffenen zu Ausgrenzungsprozessen führen, z. B. könnte der Verleger von Charlotte den Vertrag für ihr nächstes Buch aufkündigen, wenn er von einer Diagnose erfahren würde, die mit einem langfristigen Krankheitsverlauf in Verbindung stehen kann.

Das fünfte Kernprinzip der Klinischen Psychologie wird mit den Begriffen der Multikausalität und Multifinalität bezeichnet. Das Multikausalitätskonzept geht davon aus, dass psychische Störungen oftmals einen benennbaren Auslöser (Trigger) aufweisen, dieser ist jedoch nicht identisch mit den zugrundliegenden Ursachen (Prädispositionen). Bei unserem fiktiven Fallbeispiel von Charlotte wäre der Trigger die Geburt der Tochter, während die Prädisposition für eine postpartale Depression vermutlich eine dysfunktional verarbeitete traumatische Kindheitserfahrung darstellt, sowie weitere uns nicht bekannte Ursachen, wie z. B. eine genetische Prädisposition für Depression. Darüber hinaus kann dieselbe Ursache zu verschiedenen psychischen Störungen führen, was mit dem Begriff der Multifinalität bezeichnet wird. Vernachlässigungserfahrungen in der frühen Kindheit können wie im Fall von Charlotte mit einer Prädisposition für postpartale Depressionen einhergehen. Ebenfalls dokumentiert ist aber auch ein Zusammenhang zwischen Vernachlässigung und Borderline-Persönlichkeitsstörungen oder antisozialen Verhaltensweisen. Psychische Störungen zeichnen sich daher im Gegensatz zu manchen körperlichen Erkrankungen dadurch aus, dass keine genauen Ursachen und Wirkungen gefunden werden können, da Ursachen, Folgen, Trigger und individuelle Verarbeitungsprozesse in einem hoch komplexen Wechselverhältnis zueinander stehen. Deshalb liefern verschiedene Störungskonzepte (z. B. psychodynamisch, lerntheoretisch, humanistisch, biologisch, etc.) wichtige Bausteine zu einem erweiterten Verständnis psychischer Erkrankungen. Ein pluralistischer Ansatz, der verschiedene Modelle integriert, kommt der Realität psychischer Erkrankungen näher als reduktionistische Ansätze, die nur einem Störungsmodell folgen.

Ergänzend zu dieser Erkenntnis ist das sechste Kernkonzept, das von einer Verbindung zwischen Körper und Geist ausgeht. Im Gegensatz zu den rein somatogenetischen bzw. rein psychogenetischen Störungsmodellen gehen die Protagonisten der gegenwärtigen Klinischen Psychologie davon aus, dass Psyche und Gehirn nicht trennbar sind und daher als Einheit behandelt werden sollten, nach dem Motto: Emotionale Erfahrungen verändern die Chemie des Gehirns und chemische Veränderungen im Gehirn sind die Grundlage emotionaler Erlebnisse (vgl. Abschnitt 4.2.1). Auch Charlottes postpartale Depression steht vermutlich in Verbindung mit den starken hormonellen Veränderungen nach der Geburt ihrer Tochter. Gleichzeitig können die hormonellen Veränderungen durch die subjektive Bedeutung der neuen Rollenanforderungen beeinflusst sein.

1.4 Klinisch psychologische Störungsmodelle

Das allgemeine (medizinische) Krankheitsmodell definiert „Krankheit" als einen Zustand oder Prozess, der durch folgende Merkmale charakterisiert ist: Krankheit

- entsteht durch eine spezifische Verursachung (Ätiologie),
- hat einen voraussehbaren Ablauf (Prognose),
- ist durch spezifische Phänomene oder Manifestationen beschreibbar (Symptome) und
- lässt sich mit voraussehbaren Ergebnissen behandeln (Therapie).

Die genauen Zusammenhänge dieser Merkmale werden in der Krankheitslehre (Nosologie) gebündelt. Im medizinischen Krankheitsmodell wird von einer unmittelbaren Wirkung der Krankheitsursachen, zumeist biologische Ursachen, auf die Krankheit ausgegangen. Krankheit wird im medizinischen Modell aufgrund der angenommenen pathologischen Veränderungen in der Person als ein „Defekt" definiert (Benecke, 2014). In der Klinischen Psychologie wird der Krankheitsbegriff nicht mehr verwendet, sondern es wird aktuell von psychischer Störung als abweichendes Erleben und Verhalten gesprochen (Petermann, Maerker, Lutz & Stangier, 2011). Der Begriff der Störung verweist bereits auf einen zugrundeliegenden Unterschied zwischen dem psychologischen und dem medizinischen Modell, da im psychologischen Störungsmodell neben den somatobiologischen Erklärungsansätzen sowohl psychische als auch soziale Ursachen herangezogen werden. Darüber hinaus soll der Begriff der Störung weniger stigmatisierend als die Diagnose einer Krankheit sein. Dies ist auch damit verbunden, dass im psychologischen Modell nicht von einem „Defekt" in der Person ausgegangen wird, sondern von einer Störungsdisposition. Dem bereits erläuterten Kernkonzept des gesellschaftlich-historischen und kulturellen Relativismus folgend, verweist der Begriff der psychischen Störungen zudem auf die Tatsache, dass diese wissenschaftlich nicht eindeutig definierbar sind. Daher spiegeln Klassifikationssysteme psychischer Störungen, wie die „International Classification of Diseases" (ICD-10) der Weltgesundheitsorganisation und das „Diagnostic and Statistical Manual of Mental Disorders" (DSM-V) der Amerikanischen Psychiatrischen Vereinigung, nicht nur den Stand der grundlagenwissenschaftlichen Forschung und klinischen Praxis wider, sondern entsprechen ebenfalls dem aktuellen Stand der sozialen Normen von normal und abweichend.

Die Integration verschiedener Erklärungsebenen zum Verständnis psychischer Störungen wird im sogenannten *Bio-Psycho-Sozialen Modell* zusammengefasst. Dieses allgemeine psychologische Störungsmodell geht von einer Interaktion der verschiedenen Ebenen aus, die sich als biologische (genetische Dispositionen, Neurotransmitter, Läsionen, Infektionen), soziale (interpersonelle Faktoren, Kultur, Ethnie, soziologische Faktoren) und psychische Ursachen (Erleben, Verhalten, Bewältigung, Informationsverarbeitung) für psychische Störungen beschreiben lassen. So hilfreich dieses Modell zum allgemeinen Verständnis psychischer Störungen ist, kann es jedoch auch kritisiert werden, da es die genauen Mechanismen des Ineinandergreifens der verschiedenen Ebenen nicht ermöglicht, keine störungsspezifischen Aussagen erlaubt und keine Entwicklungs- und Lebensspannenperspektive miteinschließt.

Eine wichtige Ergänzung zur Erklärung psychischer Störungen wird durch das *Vulnerabilitäts-(Diathese)-Stress-Modell* geleistet, das das Bio-Psycho-Soziale Modell in eine dynamische und Lebensspannenperspektive einbettet. Vulnerabilität bedeutet Verletzbarkeit und Diathese bedeutet Empfänglichkeit. Mit diesen Begriffen ist gemeint, dass Individuen unterschiedliche bio-psycho-sozial bedingte Empfänglichkeiten im Umgang mit Stressoren aufweisen. Stressoren sind ebenfalls auf verschiedenen Ebenen anzusiedeln: Biologische Stressoren sind z. B. körperliche Erkrankungen, psychische Stressoren sind z. B. Traumatisierungen und ein sozialer Stressor ist z. B. Arbeitslosigkeit. Vergleichbare Stressoren wirken sich aufgrund der unterschiedlichen Empfänglichkeit/Verletzbarkeit eines Individuums unterschiedlich aus. Nur wenn eine gewisse Stressintensität auf eine Vulnerabilität trifft, wird ein Schwellenwert erreicht, ab dem eine psychische Störung auftreten kann. Das Modell berücksichtigt darüber hinaus, dass verschiedene Lebensphasen unterschiedliche Schwellenwerte haben und dass Vulnerabilität im Individuum durch psychische Kompetenzen und eine förderliche Umwelt im Sinne von Schutzfaktoren ausgeglichen werden kann.

Aus dem Vorangegangenen lässt sich ein allgemeines klinisch-psychologisches Störungsmodell wie folgt ableiten (siehe Abbildung 1.1): Für die Beschreibung einer psychischen Störung und deren Folgen gibt es konsensuelle Kategorien im Sinne einer Gewichtung von Symptomen gemäß DSM-V oder ICD-10. Die Ätiologie bezeichnet die bio-psycho-sozialen Ursachen, die vermittelt über eine Psychogenese zu einer Störungsdispositionen führen können. Als Psychogenese wird die individuelle psychische Verarbeitung von schwierigen äußeren und inneren Bedingungen in der lebenszeitumspannenden Entwicklung einer Person bezeichnet, die in eine Störungsdisposition münden kann. Erst die Störungsdisposition kann eine Person anfällig für eine psychische Störung machen. Daher gibt es keine direkten linearen Kausalzusammenhänge, d. h. ein schwieriges Temperament oder traumatische Erfahrungen münden nicht automatisch in eine bestimmte psychische Störung (vgl. Prinzip der Multikausalität und Multifinalität). Zwar finden sich bei bestimmten Störungen gehäuft bestimmte Erfahrungen, z. B. ist ein hoher Prozentsatz von Menschen mit einer Borderline-Persönlichkeitsstörung sexuell missbraucht worden. Diese Realerfahrungen unterliegen aber einer individuellen psychischen Verarbeitung. Nicht jeder sexueller Missbrauch resultiert in eine Borderline-Persönlichkeitsstörung. Die Pfeile in Abbildung 1.1 sollen verdeutlichen, dass es zwischen den Bereichen von Ätiologie bis Störungsfolgen vielfältige negative Rückkopplungsprozesse auch mit der sozialen Umwelt gibt, die zur Entstehung und Aufrechterhaltung der Störung beitragen können. Über die genauen Mechanismen der psychogenetischen Verarbeitung und die Ausgestaltung einer Störungsdisposition gibt es in den verschiedenen klinisch-therapeutischen Schulen sehr divergierende Auffassungen. Es können Störungsmodelle der folgenden Schulen unterschieden werden: (Neuro-)Biologische, Psychoanalytische, Verhaltenstherapeutische, Systemische und Humanistische Modelle.

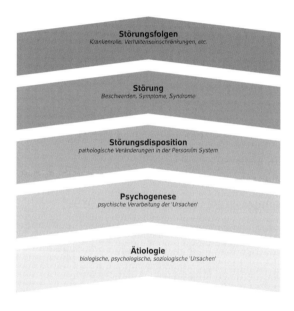

Abbildung 1.1: Allgemeines Psychologisches Krankheitsmodell (nach Benecke, 2014).

1.5 Psychische Störungen am Beispiel der Störung des Sozialverhaltens im Kindes- und Jugendalter (SSV)

Wenn bei Kindern oder Jugendlichen wiederholt und durchgehend Verhaltensmuster auftreten, die Grundrechte anderer oder altersangemessene soziale Regeln verletzen, wird die Diagnose „Störung des Sozialverhaltens" (SSV) vergeben (im Englischen *„Conduct Disorder"*). Das DSM-V definiert, dass mindestens drei der folgenden Verhaltensweisen in den letzten zwölf Monaten aufgetreten sein müssen:

a) Bedroht andere oft oder ist häufig in Bullying verwickelt,

b) initiiert häufig Schlägereien,

c) hat eine schwer gesundheitsgefährdende Waffe eingesetzt,

d) hat körperliche Grausamkeit an anderen verübt,

e) hat Tiere grausam gequält,

f) hat andere beraubt,

g) hat jemanden zu sexuellen Handlungen gezwungen,

h) hat willentlich Brandstiftung begangen,

i) hat absichtlich das Eigentum anderer zerstört,

j) ist in ein fremdes Haus oder Auto eingebrochen,

k) lügt zum eigenen Vorteil oder um Verpflichtungen zu entgehen,

l) hat Dinge von erheblichem Wert gestohlen,

m) ist vor dem Alter von 13 Jahren von zu Hause weggelaufen,

n) ist vor dem Alter von 13 Jahren regelmäßig der Schule ferngeblieben.

Es werden bei der SSV zwei Subformen unterschieden: „Beginn in der Kindheit" wird dann diagnostiziert, wenn eines der Symptome bereits vor dem 10. Geburtstag gezeigt wurde. „Beginn in der Adoleszenz" wird dann vergeben, wenn keines der Symptome vor dem 10. Geburtstag gezeigt wurde.

1.5.1 Prävalenz der SSV

Der Begriff Prävalenz beschreibt die Häufigkeit einer psychischen Störung in der Bevölkerung. Epidemiologische Studien zeigen, dass 5 bis 10% aller Kinder mit einer SSV diagnostiziert werden, wobei die Prävalenzrate bei Jungen höher als bei Mädchen ist (Costello, Mustillo, Keeler & Angold, 2004). In Bezug auf die Kernsymptome der SSV unterscheiden sich Jungen und Mädchen dahingehend, dass Mädchen eher das Eigentum anderer zerstören und weniger stehlen. In den anderen Bereichen zeigen sich keine Geschlechterunterschiede (Gelhorn et al., 2009). Auch hinsichtlich aggressiven Verhaltens gibt es mehr Ähnlichkeiten als Unterschiede, auch wenn sich Jungen stärker offen körperlich aggressiv zeigen (Berkout, Young & Gross, 2011).

1.5.2 Prognose und Subtypen von SSV

Frühe Steuerungsprobleme gehen häufig antisozialem Verhalten im Erwachsenenalter voraus. 60 bis 90% der Personen mit der Diagnose einer Antisozialen-Persönlichkeitsstörung (ASPS) wiesen zuvor die Diagnose einer SSV im Kindes- oder Jugendalter auf (Loeber, Burke & Lahey, 2002). Umgekehrt entwickelt fast die Hälfte der Jungen mit SSV eine ASPS im Erwachsenenalter (Ridenour et al., 2002). Allerdings besteht nicht nur das Risiko einer ASPS, sondern eine SSV in Kindheit und Jugend kann auch zu Angststörungen, Depression, Drogenabusus und bipolaren Erkrankungen führen (Kim-Cohen et al., 2003). Damit zeigt sich, dass eine SSV im Kindes- und Jugendalter mit erheblichen gesundheitlichen Risikofaktoren für die Zukunft der betroffenen Person einhergehen kann und daher eine sehr behandlungsbedürftige Störung darstellt. Das Risiko von späteren Folgeerkrankungen und negativen sozialen Folgen, wie einem niedrigeren Lebensstandard, besteht sowohl für den frühen (Kindheit) als auch den späten (Adoleszenz) Beginn, aber besonders hoch ist das gesundheitliche Risiko bei einer SSV mit frühem Einsetzen (Odgers et al., 2008). Eine weitere, für die aktuelle klinische Forschung sehr relevante, Untergruppe der SSV sind Kinder und Jugendliche mit einer ausgeprägten Gefühllosigkeit oder Gefühlskälte, die eine besonders schlechte Prognose im Sinne chronischer Kriminalität aufweisen (Leistico, Salekin, DeCoster & Rogers, 2008) und schlechter auf therapeutische Intervention reagieren (Harris & Rice, 2006).

1.5.3 Komorbiditäten und Ätiologie der SSV

Komorbidität beschreibt die Tatsache, dass psychische Störungen oftmals nicht isoliert auftreten, sondern dass mehrere psychische Störungen gleichzeitig bei einer Person vorhanden sein können. Hinsichtlich der SSV sind die häufigsten komorbiden Störungen das Oppositionelle Trotzverhalten, die Aufmerksamkeitsdefizit-/Hyperaktivitätsstörung (ADHS) und Drogenmissbrauch (Burke, Hipwell & Loeber, 2010). Darüber hinaus konnte gezeigt werden, dass bis zu 17% der SSV-Patienten ebenfalls die Kriterien für eine Posttraumatische Belastungsstörung (PTBS) erfüllen (Allwood, Dyl, Hunt & Spirito, 2008). Es werden sowohl genetische als auch umweltbezogene Entstehungsursachen für SSV bei Kindern und Jugendlichen angenommen (Jaffee et al., 2005). Insbesondere wurden Risikofaktoren in Bezug auf dysfunktionale Eltern-Kind-Interaktionen gefunden, die mit einer schlechten Prognose zusammenhängen. Die stärksten Prädiktoren einer negativen Entwicklung waren kritische Lebensereignisse wie Trennung und Scheidung der Eltern, Verlust eines Elternteils sowie physischer und sexueller Missbrauch (Loeber et al., 2002; Moffitt, Caspi, Harrington & Milne, 2002). Eine aktuelle repräsentative Studie an 34.653 Teilnehmern aus den USA konnte eruieren, dass das Erlebnis eines Missbrauches in der Kindheit das Risiko für die Entwicklung einer SSV deutlich steigert (Afifi, McMillan, Asmundson, Pietrzak & Sareen, 2011). Risikofaktoren wirken sich dabei stärker aus, wenn diese akkumuliert auftreten (Maugham & Rutter, 2001). Allerdings können Risikofaktoren in ihrer negativen Wirkung durch Schutzfaktoren, wie z. B. Intelligenz oder soziale Unterstützung, eingedämmt werden (Lösel & Bender, 2003).

1.5.4 Bindung und Mentalisierung als Rahmentheorie zum Verständnis der SSV

Longitudinale Studien (das sind Studien, in denen von den untersuchten Personen über einen längeren Zeitraum, z. B. mehrere Jahre, Daten erhoben werden) verweisen auf Zusammenhänge zwischen Störungen der Eltern-Kind-Beziehung und der Entwicklung von psychischen Störungen im Kindes- und Jugendalter. Es stellt sich nun die Frage, wie die genauen Zusammenhänge einer dysfunktionalen Eltern-Kind-Beziehung und der Entwicklung einer SSV aussehen. Die Bindungstheorie stellt dafür einen theoretischen Rahmen dar, der die Grundlage für ein erweitertes Verständnis der ätiologischen Ursachen und Psychogenese der SSV sein könnte. Mit Bindung ist ein grundlegendes menschliches Verhaltenssystem gemeint, dass bei Stresserfahrungen, Trennungen und generell Gefahr aktiviert wird und, evolutionsbiologisch verankert, das Überleben eines Individuums von der „Wiege bis zum Grab" sichern soll (Bowlby, 1969). Bei Säuglingen und Kleinkindern führt eine Aktivierung des Bindungssystems zu einem spezifischen Bindungsverhalten (z. B. Weinen oder Anklammern), welches bei den Pflegepersonen fürsorgliches Verhalten auslöst (z. B. in den Arm nehmen und trösten). Kinder verinnerlichen diese vielen interaktiven Situationen und bilden nach und nach sogenannte innere Arbeitsmodelle von Bindung aus, welche dann als unbewusste generalisierte Erwartungen wirksam werden. Die Verinnerlichung der Bindungserlebnisse sorgt dafür, dass das sicherheitsspendende elterliche Verhalten zunehmend durch ein inneres Gefühl der Sicherheit ersetzt wird, das auch ohne die physische Anwesenheit einer anderen Person eine Selbstberuhigung ermöglicht (Bretherton & Munholland, 2008). Wenn die Fürsorgepersonen überwiegend feinfühlig und zuverlässig auf die Bindungsbedürfnisse eines Kindes eingehen, dann wird es die generelle Erwartungshaltung entwickeln, dass Beziehungen hilfreich sind und dass diese eine liebenswerte Person ist (sichere Bindung). Manche Kinder machen die Erfahrung, dass ihre Bindungsbedürfnisse nicht adäquat beantwortet werden. Wenn das Kind überwiegend zurückweisende Erfahrungen macht, so kann dies zu einem verminderten Verhaltensausdruck von Bindungswünschen führen (unsicher-vermeidende Bindung). Wenn Fürsorgepersonen unzuverlässig erreichbar reagieren, dann zeigt auch das Kind möglicherweise wechselhaftes Bindungsverhalten (unsicher-ambivalente Bindung) (Bowlby, 2002). Wenn bindungsbezogener Stress chronisch die Emotionsregulation des Kindes überwältigt, so kann es mit Desorientierung und Hilflosigkeit reagieren (desorganisierte Bindung). Dies ist z. B. dann der Fall, wenn die Fürsorgepersonen sich missbräuchlich gegenüber dem Kind verhalten.

Antisoziales Verhalten tritt verstärkt in der Adoleszenz auf. Während dieser Phase müssen Jugendliche die Beziehungen zu ihren Eltern und Gleichaltrigen im Spannungsfeld zwischen Verbundenheit und Autonomie neu definieren und das könnte für die Bedeutsamkeit der unbewussten inneren Arbeitsmodelle von Bindung, insbesondere in dieser Lebensphase, sprechen (J. P. Allen, Hauser, Bell & O'Connor, 1994). Die bisherige empirische Forschung zeigt, dass besonders unsicher-vermeidende Kinder und Jugendliche zu aggressivem Verhalten neigen (J. P. Allen et al., 2002). Allerdings hat eine unsicher-vermeidende Bindung nur in Risikogruppen einen Zusammenhang mit erhöhten Aggressionswerten (Belsky & Fearon, 2002), während in Normalstichproben kein solcher Zusammenhang gefunden werden konnte (Deklyen & Greenberg, 2008). In einer Pilotstudie konnte dargelegt werden, dass Jugendliche mit einer SSV im Vergleich zu einer gesunden Kontrollgruppe überzufällig oft eine desorganisierte Bindung aufweisen (Taubner & Juen, 2010). Somit könnte die psychogenetische Verarbeitung früher Missbrauchserfahrungen im Sinne einer desorganisierten Bindungsrepräsentation einen Entwicklungspfad der SSV darstellen. Allerdings ist ein erhöhter Anteil der desorganisierten Bindung auch für andere klinische Stichproben gefunden worden (z. B. Borderline-Persönlichkeitsstörungen) und erklärt daher nicht, warum es zu den SSV-typischen Verhaltensweisen, wie z. B. dem gewalttätigen Verhalten, kommt. Tatsächlich scheint gewalttätiges Verhalten damit in Verbindung zu stehen, dass der Gewalttätige sein Gegenüber nicht als fühlenden und denkenden Mitmenschen wahrnimmt, was normalerweise die Ausübung von Gewalt hemmt. Andere und sich selbst als intentionale, fühlende und denkende Wesen wahrzunehmen, wird mit dem Begriff der *Mentalisierung* bezeichnet (Fonagy, Gergely & Target, 2007). Die Autoren sehen eine Inhibierung (Hemmung) der Mentalisierung als einen Versuch eines Kindes, sich an missbräuchliche Bindungskontexte anzupassen. Da Kinder existentiell von ihren Fürsorgepersonen abhängig sind, ist es zunächst hilfreich, nicht über die mentalen Befindlichkeiten eines misshandelnden Elternteils nachdenken zu müssen. Dies wäre im allgemeinen psychologischen Krankheitsmodell also die psychogenetische Verarbeitung (Mentalisierungshemmung) einer spezifischen Ätiologie (brutalisierte Bindungsbeziehung). Der Zusammenhang zwischen aggressivem Verhalten vor dem Hintergrund unsicherer Bindung und niedriger Mentalisierungsfähigkeit konnte in einigen Studien bereits nachgewiesen werden (Fossati et al., 2009; Taubner, White, Zimmermann, Fonagy & Nolte, 2013; Taubner & Curth, 2013). Falls sich diese Zusammenhänge weiter bestätigen, sollten zukünftige Therapieprogramme für Kinder- und Jugendliche mit SSV auf eine Förderung der Mentalisierung fokussieren, um einen negativen Verlauf der SSV zu verhindern.

1.6 Zusammenfassung und Ausblick

Die Zusammenstellung der Forschung zu SSV bei Kindern und Jugendlichen zeigt die relative Dominanz psychiatrisch beschreibender Forschung zu psychischen Störungen. Die aktuelle Forschung wird daher als reduktionistisch kritisiert. Vorrangig deskriptive Beschreibungen im Sinne der Prävalenz, Komorbidität und Prognose, inklusive relevanter Subgruppen, sind zwar wichtig, oftmals mangelt es jedoch an einer ätiologischen Rahmentheorie, die spezifische Entwicklungspfade beschreiben könnte. Internationale Experten konstatieren daher, dass der Stand der Forschung zu antisozialem Verhalten nicht über den Punkt einer Auflistung von Risikofaktoren hinausgekommen ist, da die meisten Studien keine kausalen Zusammenhänge untersuchen (Rutter, 2003). Tatsächlich ist das Wissen über ätiologische Zusammenhänge aber eine notwendige Bedingung für die Entwicklung effektiver

Behandlungsformen (Kazdin, 1997). Daher besteht ein großer Bedarf an ätiologisch und kausal orientierten Studien zu SSV bei Kindern und Jugendlichen, da effektive Programme zur Prävention und Intervention der SSV so lange fehlen, bis die Entwicklungswege besser erfasst worden sind (Moffitt, 2005). Dies kann im Rückgriff auf die Kernkonzepte der Klinischen Psychologie umso besser gelingen, wenn Forscher pluralistische und interdisziplinäre Ansätze anwenden, wie es für das Feld der Bindungs- und Mentalisierungsforschung dargestellt wurde.

2 Über Psychotherapie und Psychoanalyse

Axel Krefting

Hinweis: Dieses Kapitel ist eine überarbeitete und gekürzte Fassung eines Aufsatzes aus G. Knapp (2004) (Hrsg.) Soziale Arbeit und Gesellschaft. *Klagenfurt, Hermagoras (S. 264–284).*

2.1 Gesellschaftliche Aspekte der Psychotherapie

Nach Sigmund Freud (1856–1939), dem Begründer der Psychoanalyse und modernen Psychotherapie, versteht man allgemein unter „Seelenbehandlung" (Freud, 1890) die Behandlung psychischer und psychosomatischer Störungen mit Mitteln, die auf das Seelische einwirken, vor allem mithilfe der Sprache, des Gesprächs, im Rahmen einer zwischenmenschlichen, freilich besonders gestalteten Beziehung. Über ihre engere Bestimmung als Behandlungsmethode hinaus, definierte Freud die Psychoanalyse als eine „Untersuchungsmethode (unbewusster, A.K.) seelischer Vorgänge, welche sonst kaum zugänglich sind" und als „Reihe von psychologischen, auf solchem Wege gewonnenen Einsichten, die allmählich zu einer neuen wissenschaftlichen Disziplin zusammenwachsen" (Freud, 1923, S. 211). Als Theorie des Unbewussten dehnte die Psychoanalyse ihre Erkenntnisinteressen auch vermehrt auf kulturelle Phänomene aus und beeinflusst als

kulturkritische Theorie bis heute nachhaltig die gegenwärtige Gesellschaft und Wissenschaft in vielen Disziplinen, wie Kunst, Religion,
Politik und Gesellschaftstheorie (Bohleber & Drews, 2001).
Die seit ca. 100 Jahren anwachsende Bedeutung der Psychotherapie
weist darauf hin, dass Menschen durch die gesellschaftlich gegebenen und sich beschleunigt verändernden sozialen und ökonomischen
Umstände einerseits sich selbst zu einem Problem geworden sind
und andererseits offensichtlich geringer werdende soziale Kompetenzen aufweisen, diese Probleme ohne Hilfe von Fachleuten zu lösen.
Während die Möglichkeiten individueller, autonomer, „freier" Lebens-
gestaltung scheinbar größer werden, steht der Einzelne zunehmend
unter Druck, sich dem schnellen Wandel sozialer, ökonomischer, mo-
ralischer, beruflicher wie privater Anforderungen als Folge der Globalisierung anpassen zu können und stets leistungs- und funktionsfähig
zu sein. Während es auch in früheren historischen Epochen wahrscheinlich nicht weniger psychosozial bedingtes Elend gab, werden
die seelischen Leidenszustände heute in den modernen Staaten nicht
nur von der Gesundheitsbürokratie registriert, sondern mithilfe gesetzlich geregelter psychotherapeutischer Behandlungsangebote bekämpft.
Die erhöhte Aufmerksamkeit für seelische Leidenszustände, etwa bezüglich der stark steigenden Zahlen depressiver Erkrankungen und
„Burnout" genannter Erschöpfungszustände, begründet sich nicht nur
durch humanitäre, von der Weltgesundheitsbehörde (World Health
Organization, 1993) gesetzte Normen, sondern auch durch beträchtli-
che ökonomische Folgen für Krankenversicherer und Arbeitsmarkt.
Psychotherapie steht also in einem Spannungsfeld humanitärer und
ökonomischer Interessen, die nicht selten konträr sind. Als anerkannte,
etablierte Institution ist sie selbst Teil jenes gesellschaftlichen Systems,
dessen sozioökonomisches Konfliktpotential Krankheiten und Konflikte erst hervorbringt. Neben einer heilsamen Arbeit an den Symptomen
und Konflikten[1] kann sie potentiell helfen, auch ein Stück Widerstand

---

[1] Für die psychoanalytisch orientierten Formen der Psychotherapie sind Sympto-
me bzw. Symptomkomplexe Ausdrucksformen unbewusster seelischer Konflikte.
Andere Therapieformen hingegen betrachten Symptome eher als dysfunktionale
Verhaltens-, Wahrnehmungs- und Denkmuster.

gegen herrschende soziale, ökonomische und ökologische Verhältnisse zu entwickeln; andererseits ist sie immer in Gefahr, Menschen ans Gegebene, an das sozial Widersprüchliche, Krankmachende anzupassen, sie zu funktionalisieren. Freud, der dezidiert nicht kategorial zwischen psychischer „Gesundheit" und „Krankheit" unterschied, war der Ansicht, „dass viel damit gewonnen ist, wenn es uns gelingt, hysterisches Elend in gemeines Unglück zu verwandeln. Gegen das letztere werden Sie sich mit einem wiedergenesenen Seelenleben besser zur Wehre setzen können" (Freud, 1895, S. 312). Handelt sie im Geiste der Idee eines relativ autonomen Individuums, das die gegebenen sozialen Verhältnisse zu hinterfragen und zu verändern imstande ist; Oder betreibt sie, gewollt oder naiv, dessen widerspruchslose Einfügung in die gesellschaftliche Dynamik. Psychotherapie ist also nicht per se eine humane, befreiende und emanzipatorische Disziplin, sondern muss immer wieder aufs Neue das von ihr vertretene Menschenbild, ihre ethischen Normen und therapeutischen Ziele sowie ihre Vorstellungen von Gesundheit und Krankheit überdenken.

2.2 Verschiedene Grundmodelle therapeutischer Methoden

2.2.1 Psychoanalyse/Psychodynamische Psychotherapie

Die Geschichte der modernen Psychotherapie steht im Zusammenhang mit der Entdeckung der Hypnose. Zuerst Franz Anton Mesmer (Ende des 18. Jahrhunderts) und etwa 100 Jahre später die französischen Psychiater Bernheim, Charcot und Janet beschäftigten sich mit der hypnotischen Behandlung der Hysterie, die zu dieser Zeit in den sich entwickelnden Industriegesellschaften epidemisch verbreitet war. Doch erst Breuer (1842–1925) und Freud (1856–1939), der bei Charcot dieses dramatische Krankheitsgeschehen studierte, entwickelten in einer berühmten, gemeinsam verfassten Arbeit ein neues Verständnis und Behandlungskonzept der Hysterie (Freud, 1895), welches den Beginn einer modernen Therapeutik markiert. Insbesondere Freuds

23

Anteil steht für die Entdeckung, dass die bis dahin als körperlich verursacht geltende Erkrankung (von der Gebärmutter, Hystera, ausgehend oder etwa als Degeneration des Gehirns) in Wahrheit die Folge einer psychischen Traumatisierung, insbesondere eines sexuellen Traumas war. Die Kranken litten unter „Reminiszenzen", undeutlichen, diffusen Erinnerungen, die mit höchst intensiven Erregungszuständen verbunden waren, die psychisch nicht verarbeitet werden konnten.

Als Therapiemethode stand zunächst nur das Mittel der Hypnose zur Verfügung, um die seit dem krankmachenden Ereignis im Körper quasi „eingesperrte" Erregung abzuleiten. Später ließen Breuer und Freud die Patientinnen in einem tranceartigen Zustand jene vom Bewusstsein abgespaltenen Erinnerungen an die auslösenden Situationen aussprechen. Doch die Therapieerfolge dieser „kathartischen", „reinigenden" Methode waren unbefriedigend, die Ergebnisse nicht stabil. Freud suchte nach Möglichkeiten, die traumatischen Erfahrungen nicht im hypnotischen, sondern im Wachzustand zu bearbeiten, damit sie bewusstseinsfähig bleiben und seelisch „verdaut", verarbeitet werden konnten. Er ersetzte die Hypnose durch die Methode der „freien Assoziation", bei der er seine Patientinnen anhielt, frei das auszusprechen, was ihnen spontan assoziativ einfiel. So gelangte man langsam und auf Umwegen mosaikartig allmählich zu den bis dahin abgewehrten, verdrängten Erinnerungen, konnte sie sich als Erfahrungen der eigenen Lebensgeschichte bewusst machen, verarbeiten und als Teil seiner Persönlichkeit anerkennen. Pathologisch wirken traumatische Erfahrungen und intrapsychische Konflikte, so lange sie unbewusst bleiben, sich der sprachlichen Erinnerung entziehen und zugleich mit einer hohen affektiven, körperlichen Erregung und Anspannung verbunden sind, welche psychische Symptome produzieren und/oder auf der Bühne des Körpers einen psychosomatischen Ausdruck finden müssen. Diese in den „Studien über Hysterie" formulierten Gedanken stellen die Geburtsstunde der Psychoanalyse dar: als Lehre vom unbewussten Seelenleben und der dynamischen Wirkung der verdrängten, pathogen wirkenden Konflikte und Traumata.

Für Freud sind Menschen prinzipiell Konfliktwesen. Beherrscht und motiviert von Trieben, müssen sie ihr ganzes Leben lang zwischen diesen Kräften und den Anforderungen der Außenwelt und den kulturellen Normen und Werten Kompromisse finden. Die für diese Aufgabe zuständigen (virtuellen) seelischen Instanzen bezeichnete Freud als „Ich", „Über-Ich" und „Es". Während das „Es" der Bereich triebhafter Wünsche und verdrängter Erfahrungen ist, repräsentiert das „Über-Ich", das Gewissen, alle kulturell gegebenen Normen und Werte und die in der Familie vorherrschenden Gebote und Verbote. Das „Ich" nun muss gewissermaßen mehreren Herren dienen. Es repräsentiert die Denk- und Wahrnehmungsfunktionen, stellt den Bezug zur äußeren Welt, zur Realität her; muss aber auch Triebansprüche regulieren, d. h. befriedigen unter Einbeziehung kultureller Einschränkungen und vom persönlichen Gewissen bestimmter Vorgaben. Es ist klar, dass dies zu einer permanenten konflikthaften Aufgabe führt, die dann scheitern muss, wenn viele der dabei wirksamen Motive, Wünsche, Ängste und Schuldgefühle weitgehend unbewusst, verdrängt bleiben und zu symptomhaften Kompromissbildungen führen. Therapeutische Ziele bestehen darin, die unverarbeiteten Erfahrungen bewusst zu machen und in einem Auseinandersetzungsprozess zu integrieren, um „reifere" Formen des Umgangs mit Konflikten zu entwickeln (siehe unten und Abschnitt 2.5). Die moderne Psychoanalyse hat das Freudsche Triebkonzept sexueller, dem Lebenserhalt dienenden, und den korrespondierenden destruktiven Triebkräften relativiert bzw. ergänzt. Heute wird neben diesen ebenso auf die Entwicklung des Ich/Selbst und auf die Bedeutung von „Objektbeziehungen", den verinnerlichten Beziehungserfahrungen und den damit verknüpften Konflikten und Störungen fokussiert.

2.2.2 Kognitiv-Behaviorale Psychotherapie (Verhaltenstherapie)

Ein ganz anderer Denkansatz wird in den behavioristisch und lerntheoretisch fundamentierten Verfahren der Verhaltenstherapie vertreten, welche ursprünglich auf Pawlows (1849–1936) Studien über Konditionierung und bedingte Reflexe sowie Skinners Arbeiten zur operanten

Konditionierung basieren (Senf & Broda, 2005). Im Rahmen verhaltenstherapeutischer Konzepte gilt das beobachtbare Verhalten als der einzig wissenschaftlich legitime Weg zu den psychischen Phänomenen. Begriffe etwa wie „Trieb", „Seele", „Introspektion" werden nicht zuletzt wegen ihrer wissenschaftlich schwierigen Definier- und Operationalisierbarkeit abgelehnt. Psychopathologische Erscheinungen gelten nicht als Ausdruck innerer Konflikte, sondern als im Zusammenhang mit der Lebensgeschichte angelernte dysfunktionale Verhaltensmuster, die mit entsprechenden Lernprogrammen „gelöscht" werden können, bzw. durch antrainierte neue, besser angepasste Bewältigungsstrategien (z. B. nach In-vivo-Konfrontationen mit angstauslösenden Reizen) ersetzt werden. Allerdings ist die Verhaltenstherapie, wie auch die Psychoanalyse, längst kein geschlossenes System mehr, sodass interdisziplinär vielfältige Einflüsse durch andere Wissenschaften entstehen (insbesondere der Neurophysiologie) und auch Einflüsse anderer Psychotherapiemethoden zu einer gewissen Integration der verschiedenen Techniken in die Richtung einer „Allgemeinen Psychotherapie" führen.

2.2.3 Humanistische Psychologie

Als eine dritte Gruppe heute verbreiteter Therapieverfahren sind die Ansätze der „Humanistischen Psychologie" zu nennen, die nach dem Zweiten Weltkrieg zunächst in den USA durch Rogers in der kritischen Auseinandersetzung mit dem als mechanistisch geltenden Behaviorismus entstanden.

Die Humanistische Psychologie definiert sich als eine Gegenströmung einerseits zur Psychoanalyse, andererseits zum Behaviorismus und einer positivistisch orientierten akademischen Psychologie. Im Gegensatz zu deren naturwissenschaftlichem Paradigma liegen die Wurzeln der Humanistischen Psychologie im europäischen Existentialismus und Humanismus, aber es lassen sich auch Bezüge zum Taoismus und Zen-Buddhismus herstellen (Gesprächstherapie, bzw. Klientenzentrierte Psychotherapie, Rogers; Gestalttherapie, Perls; Psychodrama,

Moreno; Existenzanalyse und Logotherapie, Frankl) .

2.2.4 Weitere Ansätze: Systemische Familientherapie, Körpertherapiemethoden

Die Systemische Familientherapie geht auf unterschiedliche Konzepte zurück, von der Psychoanalyse, der Paartherapie über Kommunikationstheorien, Systemtheorie und Kybernetik. Sie geht davon aus, dass die Probleme des Einzelnen, etwa eines Kindes, im Zusammenhang mit seinen sozialen Beziehungen und den dort vorherrschenden chronischen wie aktuellen Konflikten innerhalb des Systems Familie zu verstehen sind. Therapeutisch soll an den Fähigkeiten und Ressourcen des Systems angesetzt und selbstständige Kompetenz zur Problemlösung gefördert werden.

Eine weitere Gruppe von psychotherapeutischen Konzepten besteht in übenden Entspannungsverfahren (Autogenes Training) oder körperorientierten Ansätzen, die auf Wilhelm Reich zurückgehen (Konzentrative Bewegungstherapie, Analytische Körpertherapie, Bioenergetik).

2.2.5 Psychotherapeutische Ziele der verschiedenen Ansätze

Die zahlreichen psychotherapeutischen Methoden und Schulen, die oben in vier Gruppen zusammengefasst wurden, unterscheiden sich nicht allein in ihren theoretischen Grundorientierungen, sondern auch – ihrem Selbstverständnis nach – in den psychotherapeutischen Zielen:

- Psychoanalytisch, psychodynamisch orientierte Methoden sind konfliktorientiert auf der Suche nach der unbewussten Lebensgeschichte und den damit zusammenhängenden innerseelischen Problemen. Symptome sind nur der äußere Ausdruck innerer Konflikte.

- Die lerntheoretischen, behavioralen (verhaltenstherapeutischen) Konzepte sind pragmatisch und problem- wie ressourcenorientiert. Sie versuchen, das unerwünschte Verhalten zu löschen, zu ändern und besser angepasste Verhaltensweisen zu vermitteln.

- Die humanistischen Modelle fördern das Wachstum der Persönlichkeit. Ihrem Anspruch nach sollen die Menschen ganzheitlich verstanden und in ihrem schöpferischen Potential gestärkt werden.

- Die systemischen Ansätze verändern pathogene und dysfunktionale interpersonelle (Familien)-Systeme.

- Die körperorientierte Psychotherapie ist zum Teil psychoanalytisch orientiert und versucht, auch über die Beobachtung des Körpers oder durch die Arbeit am Körper zu den unbewussten Konflikten zu gelangen; zum anderen Teil besteht die körperorientierte Psychotherapie in übenden und autosuggestiv wirkenden „Techniken", um Einfluss auf Körperfunktionen und -abläufe zu gewinnen.

- Die Hypnose wird von ihren VertreterInnen manchmal den tiefenpsychologischen, psychoanalytischen Verfahren zugeordnet, weil durch den erzeugten Trancezustand der Zugang zum Unbewussten eröffnet wird, während die Psychoanalyse (im Sinne Freuds) heute selbst im stärksten Gegensatz zur Hypnose steht; denn gerade die Abwendung von dieser Methode und ihre Ersetzung durch die Methode der freien Assoziation ist ideengeschichtlich die Basis der Entwicklung der Psychoanalyse und ihrer Schulen.

All diese verschiedenen Verfahren unterscheiden sich nicht lediglich hinsichtlich ihrer Methoden, sondern auch hinsichtlich ihrer anthropologischen Konzeption, ihres Menschenbildes. Es macht einen erheblichen Unterschied, ob Menschen – in psychoanalytischer Perspektive – als Konfliktwesen zwischen Wünschen und kulturell vermittelten Verboten, als „tragische Wesen", oder ob Menschen in verhaltenswissenschaftlicher Perspektive mehr mechanistisch als System von angelernten Reiz-Reaktions-Mustern begriffen werden. Wird eine Depression etwa als Manifestation eines psycho-sozialen Konflikts (unter Beteiligung des Hirnstoffwechsels) verstanden, so hat dies ganz andere anthropologische, gesellschaftliche und sozialpolitische Implikationen und Folgen als die durch pharmakologische und neurobiologische Forschungsergebnisse verbreitete Auffassung, die Depression sei lediglich das Ergebnis eines gestörten Serotoninhaushaltes. Die wissenschaftlichen, therapeutischen und sozialpolitischen Folgen liegen auf der Hand: Im ersten Fall hätte die Frage danach Priorität, welche pathogenen gesellschaftlichen, psycho-sozialen Bedingungen die Entwicklung einer Depression fördern, bzw. wie sie zu verhindern oder therapeutisch zu beeinflussen wäre; im zweiten Fall hätte die psychosoziale Situation des Patienten, der Patientin nur eine geringe Bedeutung, der Fokus läge auf der Möglichkeit der pharmakologischen Beeinflussung des Gehirnstoffwechsels.

2.3 Allgemeine Definitionen psychotherapeutischen Handelns

„In der psychoanalytischen Behandlung geht nichts anderes vor als ein Austausch von Worten zwischen dem Analysierten und dem Arzt" (Freud, 1916/17, S. 9). Natürlich handelt es sich nicht um ein triviales Alltagsgespräch, sondern um die Schaffung eines geschützten Raumes, in dem bisher Unausgesprochenes, Unerhörtes zur Sprache kommen kann. Doch es ist nicht allein das gesprochene Wort, sondern die Persönlichkeit von Therapeuten, welche deren Worten jene sprichwörtliche, heilsame „Zauberkraft" verleiht. Nicht das „Medikament", die Therapietechnik, heilt, sondern die sich gestaltende therapeutische Beziehung mithilfe der Person des Therapeuten, der Therapeutin, die sich auf eine sehr intime Beziehung einzulassen bereit ist, ohne je eine ebenso notwendige Distanz zu überschreiten (siehe 2.4).

Neben vielen möglichen Definitionen psychotherapeutischer Praxis ist jene von Strotzka (1975), die auch substanziell dem österreichischen Psychotherapiegesetz zugrunde liegt, sehr verbreitet: „Psychotherapie ist ein bewusster und geplanter interaktioneller Prozess der Beeinflussung von Verhaltensstörungen und Leidenszuständen, die in einem

Konsensus (möglichst zwischen Patient, Therapeut und Bezugsgruppe) für behandlungsbedürftig gehalten werden, mit psychologischen Mitteln (durch Kommunikation) meist verbal, aber auch averbal, in Richtung auf ein definiertes, nach Möglichkeit gemeinsam erarbeitetes Ziel (Symptomminimalisierung und/oder Strukturänderung der Persönlichkeit) mittels lehrbarer Techniken auf der Basis einer Theorie des normalen und pathologischen Verhaltens."

Diese allgemeine – nicht schulenspezifische – Definition des psychotherapeutischen Handelns muss aus zwei Gründen ergänzt werden: Erstens, weil in vielen europäischen Ländern Psychotherapiegesetze erlassen wurden, welche Ausbildung sowie Berufsrechte und Pflichten regeln; und zweitens, weil Psychotherapie in manchen Staaten Teil des medizinischen Versorgungssystems geworden ist und damit zum Leistungskatalog der Krankenkassen gehört (Deutschland) bzw. Kosten teilweise von den Kassen refundiert werden (Österreich), wenn eine sogenannte „krankheitswertige" Störung gemäß internationaler Diagnoseschemata (ICD-10 und DSM-V) von Psychotherapeutinnen diagnostiziert wird.

Hieraus folgt, das die durch Strotzka definierte psychotherapeutische Tätigkeit (siehe oben) nur von Personen durchgeführt werden darf, die im Sinne des Gesetzes in einer behördlich anerkannten therapeutischen Methode von einer hierzu behördlich befugten Ausbildungseinrichtung ausgebildet und von den Gesundheitsbehörden approbiert wurden. In § 1 (1) des österreichischen Bundesgesetzes über die Ausübung der Psychotherapie heißt es (Kierein, Pritz & Sonneck, 1991):

> Die Ausübung der Psychotherapie im Sinne dieses Bundesgesetzes ist die nach einer allgemeinen und besonderen Ausbildung erlernte, umfassende, bewusste und geplante Behandlung von psychosozial oder auch psychosomatisch bedingten Verhaltensstörungen und Leidenszuständen mit wissenschaftlich-psychotherapeutischen Methoden in einer Interaktion zwischen einem oder mehreren Behandelten und einem oder mehreren Psychotherapeuten mit dem Ziel, bestehende Symptome zu mildern oder zu beseitigen, gestörte Verhaltensweisen und Einstellungen zu ändern

und die Reifung, Entwicklung und Gesundheit des Behandelten zu fördern. (S. 87f)

Eine allfällige kassenunterstützte Behandlung muss darüber hinaus ausreichend und zweckmäßig sein und darf das Maß des Notwendigen nicht übersteigen. Senf und Broda (1996) ergänzen daher Strotzkas Definition in vier Punkten:

a) „Psychotherapie ist Krankenbehandlung bei seelisch bedingten Krankheiten, Beschwerden, Störungen im Rahmen und nach den Regeln des öffentlichen Gesundheitswesens."

b) „Psychotherapie nimmt Bezug auf theoretisch begründete und empirisch gesicherte Theorien zur Entstehung, Heilung und Behandlung von psychisch bedingten Krankheiten und Störungen und erfolgt mittels wissenschaftlich begründeter psychotherapeutischer Verfahren."

c) „Psychotherapie wird durchgeführt unter Zuhilfenahme qualifizierter Diagnostik und Differentialindikation unter Einbezug und Nutzung aller verfügbarer Verfahren und Methoden und mit a priori formulierten und a posteriori evaluierten Therapiezielen."

d) „Psychotherapie wird durchgeführt von professionellen Psychotherapeuten mit ausreichender, geprüfter Berufsqualifikation unter Erfüllung qualitätssichernder Maßnahmen unter dem Gebot der Wirtschaftlichkeit sowie unter Wahrung ethischer Grundsätze und Normen." (ebd., S. 3ff.).

2.4 Grundprinzipien und Techniken der psychotherapeutischen und psychoanalytischen Praxis

Psychotherapie kann nur im Rahmen einer sehr engen persönlichen, vertrauensvollen Beziehung erfolgreich stattfinden. Diese spezifische Form der Therapiebeziehung muss so gestaltet werden, dass sie einerseits sehr große Intimität ermöglicht und zugleich andererseits ein hohes Ausmaß professioneller Distanz aufrechterhält, d. h. seitens der Therapeuten weder private Beziehungsangebote erfolgen oder intime persönliche Bedürfnisse jeder Art an Klienten herangetragen werden dürfen. Im Zentrum des therapeutischen Geschehens steht allein die Auseinandersetzung und Reflexion der Konflikte, Wünsche und Enttäuschungen der Klientinnen. Diese Form der Beziehung kann sich dann entwickeln, wenn Therapeuten neutral und zurückhaltend, ohne zu werten und zu kritisieren, zuhören können; wertschätzend und einfühlend sein und eine verlässliche, auch Krisen ermöglichende und überdauernde therapeutische Beziehung über die Zeit aufrechterhalten können. Die Fähigkeit, geduldig und tolerant zu sein, insbesondere auch gegenüber dem eigenen Nicht-Wissen, dem Nicht-Alles-Verstehen-Können, unterstützt dabei, eigene Schwächen, Defizite und Begehrlichkeiten unter Kontrolle zu halten, abstinent zu sein, Patienten und Patientinnen nicht zur Befriedigung eigener Wünsche jedweder Art zu missbrauchen. Es ist unvermeidlich, dass leidende und Rat suchende Menschen in ein vorübergehendes Abhängigkeitsverhältnis zu ihrem Therapeuten oder ihrer Therapeutin geraten. Auch wenn die Beziehung von ihrem Ideal her gesehen keine Hierarchie repräsentieren soll, ist das Beziehungsverhältnis asymmetrisch. Die Suche nach psychotherapeutischer Behandlung setzt einen subjektiv empfundenen Leidensdruck voraus, welcher ein entscheidendes Motiv für die psychotherapeutische Arbeit darstellt. Daher wird ein hilfesuchender Mensch sich im Vergleich zum Therapeuten schwächer, bedürftiger, unterlegener und damit abhängiger fühlen. Dies begründet die unabdingbare therapeutische Grundhaltung der Abstinenz, durch die Patientinnen und Patienten vor Missbrauch geschützt werden. Einerseits ist diese Grundhaltung ein zentraler Aspekt professionellen Handelns, andererseits ist sie in Berufskodizes als ethische Norm festgeschrieben (Hutterer-Krisch, 1996).

Die Art und Weise, wie Patienten ihre Therapeuten erleben und zu ihnen in Beziehung treten, nennt man in psychoanalytischer Denkweise „Übertragung". Übertragung besteht in der spontanen menschlichen Tendenz, frühkindlich erworbene Erlebens- und Verhaltensmuster unbewusst auf neue, gegenwärtige Beziehungen zu projizieren und zu aktualisieren. Daher wiederholen sich in allen zwischenmenschlichen Beziehungen, also auch in therapeutischen, die neurotischen Muster und Konflikte der Vergangenheit – sie werden auf diese neuen übertragen. Dies macht den therapeutischen Prozess einerseits schwierig, da Übertragungsphantasien sich als Widerstand gegen die therapeutische Arbeit einnisten (etwa wenn der Patient sich unbewusst wünscht, der Lieblingspatient, das Lieblingskind zu sein, da er dann über vieles nicht sprechen, bestimmte Wünsche und Gedanken verschweigen wird, etc.). Doch andererseits wird Psychotherapie durch die Übertragung überhaupt erst möglich. Denn dadurch kommen die alten ungelösten, sich wiederholenden Konfliktmuster in der therapeutischen Beziehung als neue zum Vorschein (so wird das früher vernachlässigte Kind im erwachsenen Klienten vielleicht gekränkt reagieren, wenn die Therapeutin eine Stunde ausfallen lässt oder Urlaub macht). Man spricht dann nicht über diese oder jene Probleme „draußen", sondern sie sind in der therapeutischen Beziehung am Werk, formen und beeinflussen diese, sodass allmählich Möglichkeiten entstehen, die Dinge sprachlich zu benennen, sie bewusst werden zu lassen. Diese Übertragungsphänomene richtig zu handhaben, bereitet Therapeutinnen häufig größere Schwierigkeiten. Es verlangt die Fähigkeit, die auf sie gerichteten Phantasien und Affekte auszuhalten, nicht nach ihnen zu handeln, sich nicht „verführen", manipulieren zu lassen. Übertragung und Gegenübertragung findet immer statt, wo Menschen miteinander Beziehungen eingehen. Doch im Gegensatz zu anderen Psychotherapiemethoden verwendet nur die Psychoanalyse diese Interaktionen systematisch für den Therapieprozess und dessen Reflexion.

Um mit den Übertragungsphänomenen gut umgehen, sie produktiv verwenden zu können, müssen psychotherapeutisch arbeitende Menschen nicht nur Empathie besitzen, d. h. in der Lage sein, aktiv zuzuhören, emotionale Inhalte, auch versteckte, wahrnehmen zu können; sie müssen vor allem introspektiv die eigenen gefühlshaften Reaktionen auf die Patienten – ihre Gegenübertragung – erkennen, kontrollieren und therapeutisch nutzen können. Gegenübertragung umfasst alle Gedanken, Gefühle, inneren Reaktionen und Impulse, die im Erleben von Therapeuten während der Arbeit entstehen. Zum einen Teil ist sie induziert durch die Übertragung der Klienten, eine spontane affektive „Antwort" auf deren Zuschreibungen; zum anderen Teil geht sie auf die ungelösten chronischen oder aktuellen Konflikte, Probleme der Therapeuten zurück, die in der jeweils spezifischen therapeutischen Beziehung wieder geweckt werden. In der Psychoanalyse ist die Reflexion der Gegenübertragungsreaktionen von besonderer Bedeutung, weil sie ein introspektives Material für die Behandler darstellen, ihre Beziehungen zu Patienten besser zu verstehen und dabei unterstützt, diese Gefühle zu kontrollieren, sie nicht in Handlung umzusetzen. Diese „Abstinenz" genannte Haltung bezieht sich darauf, eigene sinnliche Bedürfnisse nicht zu befriedigen (etwa sexuelle, erotische oder aggressive Gefühle und Impulse ebenso zurückzuhalten wie narzisstische Bedürfnisse, geliebt, bewundert, verehrt zu werden, etc.). Diese Anforderungen an Therapeuten sind freilich nicht nur „therapietechnisch" relevant, sondern sind eine ethische Notwendigkeit. Eine Übertretung dieser Grenzen fügt den Klientinnen und Klienten großen Schaden zu und kann im schlimmste Fall zu Retraumatisierungen führen.

Neben dem gesprochenen Wort (Assoziieren, Denken, Träumen, Phantasieren, Rekonstruieren) gehören auch weitgehend unbewusste Ausdrucksformen wie Mimik, Gestik, Stimmlage, Atmung und Körperhaltung zum Ensemble nonverbaler Kommunikationsmittel, die den Sprechakt begleiten und seinem Inhalt konkordant oder komplementär sein können. Manche Therapieformen gehen über den Rahmen dieses sich spontan entwickelnden Sprach-, Beziehungs- und Kommunikationsspiels hinaus und bieten aktiv zur Gestaltung der Themen kreative Medien an; in der Kindertherapie das Spiel, den Sandkasten, Farben, Ton zum Kneten etc. In der Erwachsenentherapie wird Tanz, Bewegung, Malerei und Rollenspiel eingesetzt, und in der Katathym Imaginativen Psychotherapie werden Traumbilder aktiv induziert. Die Verhaltenstherapie hat ein großes Repertoire an aktiven Maßnahmen, wie etwa die Reizkonfrontation mit dem Ziel der Desensibilisierung; operante Methoden zur positiven bzw. negativen Verstärkung, Verhaltensformung, Biofeedback sowie kognitive Umstrukturierung zur Veränderung von Einstellungen, Erwartungen, usw. (vgl. Senf & Broda,

1996; Ermann, 1999).

2.5 Therapeutische Ziele

Abstrakt bestehen die therapeutischen Ziele in einer Aufhebung neurotischer Erlebens- und Verhaltensweisen, dem Abbau neurotischer Hemmungen, der Entwicklung der eigenen Person, dem „Selbst" und der Beziehungsfähigkeit zu anderen Menschen, zur Welt.

Ein gut entwickeltes Selbst geht mit einem stabilen Selbstwertgefühl und der Fähigkeit einher, es auch in Krisen weitgehend aufrechterhalten zu können. Es erlaubt, zwischen sich selbst und anderen klar unterscheiden zu können und eine eindeutige sexuelle Identität zu besitzen (unabhängig davon, ob hetero-, homo-, bisexuell, transgender, etc.) sowie die Widersprüche des Bildes vom eigenen Selbst ertragen zu können.

Zur Beziehungsfähigkeit gehören Kontakt- und Kommunikationsbedürfnisse und -fähigkeiten, Regulierung von Nähe und Distanz, Fähigkeit zu Empathie und Intimität sowie die Bereitschaft, sich mit seiner eigenen Lebensgeschichte abfinden zu können, also nicht von einer Partnerschaft, bewusst oder unbewusst, deren Kompensation und Entschädigung für früh erlittene Vernachlässigung und Verletzung zu verlangen. Die Aufhebung und Milderung von Entwicklungshemmungen betreffen häufig die sexuelle Sphäre, einschließlich der Fähigkeit, Nähe und Vertrauen zu entwickeln, Autonomie zu besitzen, eigene Bedürfnisse wahrzunehmen und zu befriedigen sowie Emotionen erleben und ausdrücken zu können.

Die Persönlichkeit entwickelnde Wirkung der Psychotherapie entsteht nicht zuletzt durch die Erfahrung, im Schutz der therapeutischen Beziehung sich selbst reflektieren und infrage stellen zu können und die eigene psychische, körperliche und soziale Situation als etwas miteinander im Zusammenhang Stehendes zu begreifen. Die Konfrontation mit bisher abgewehrten Problemen ermöglicht Einsicht und vergrößert den Bereich der Selbstverantwortung. Das Wahrnehmen und Zulassen bisher ungelebter, vom eigenen Gewissen verbotener Bedürfnisse und nicht zugelassener Gefühle, wie etwa das Wiedererinnern von schmerzlichen Erfahrungen und abgewehrter Trauer, erweitert das eigene Selbst und fördert das Gefühl von Lebendigkeit. Ebenso führt die kritische Hinterfragung von Normen und Werten zu einer Stabilisierung des Selbstwertgefühls und zu einem Zuwachs an reiferen Erlebens- und Verhaltensweisen.

2.6 Therapeutische Wirkfaktoren

All das, was sich in einer lege artis durchgeführten Psychotherapie ereignet, geschieht im Kontext einer interpersonalen Beziehung von Menschen, die sich, bei allem, was sie tun, wechselseitig beeinflussen. Während kognitive und verhaltenstherapeutische Ansätze etwas mehr technisch, in Manualen festgelegten Schritten vorgehen (etwa Techniken zur Desensibilisierung, Angstkontrolle durch Konfrontation mit den angstauslösenden Reizen, etc.), orientieren sich die psychoanalytischen und humanistischen Methoden an dem sich spontan entwickelnden Beziehungsgeflecht in der therapeutischen Situation.

Die tragfähige therapeutische Beziehung stellt einen unspezifischen Wirkfaktor dar. Die unter verschiedensten Problemen leidenden Frauen und Männer erfahren emotionale Zuwendung, Verständnis, Anteilnahme und Interesse an ihrer Person, was Hoffnungen auf positive Veränderungen mobilisiert und die Motivation zur therapeutischen Arbeit erhöht. Die spezifischen Wirkfaktoren der kognitiven behavioralen Konzepte bestehen in der Initiierung des Umdenkens, Umlernens und Neuorientierens bestehender dysfunktionaler Denk-, Wahrnehmungs- und Verhaltensmuster. Die spezifischen Wirkfaktoren psychoanalytischer Therapiekonzepte habe ihre Basis in der Bewusstwerdung bis dahin verborgener, verdrängter Konflikte und ermöglichen eine innere Entwicklung, welche neue Beziehungserfahrungen bewirkt: das heißt, sich neu zu erleben, selbstreflexiv Einsicht zu gewinnen, sich mit unerledigten, unbewusst gewordenen kindlichen Konflikten auszusöhnen, nicht veränderbare Realität und eigene Lebensgeschichte, einschließlich erlebter Traumen, anzuerkennen, zu betrauern und neue Einstellungen und Perspektiven zu entwickeln; ebenso wird die Erfahrung von „Selbstwirksamkeit" gewonnen, also die das eigene Selbstbewusstsein stärkende Erfahrung, eigenständig mit Konflikten umgehen zu können.

2.7 Entwicklungsperspektiven und Forschung

Dass Psychotherapie wirkt, ist wissenschaftlich hinreichend belegt. Neu ist heute jedoch, dass diese positive Wirkung allein durch das therapeutische Gespräch mithilfe der funktionellen Magnetresonanztomographie (fMRT; vgl. Kapitel 4) als Veränderung bestimmter Gehirnareale nachweisbar ist. Die knapper werdenden Mittel in den Gesundheitssystemen zwingen die einzelnen therapeutischen Schulen, die Wirksamkeit und Effizienz ihrer Methode nachzuweisen. Dabei hat es die hochfrequente, drei bis fünf Stunden pro Woche angelegte „klassische" Psychoanalyse aus forschungslogischen Gründen schwerer, empirisch nachzuweisen, dass ihre deutlich hoheren Kosten durch den besseren Therapieeffekt begründbar sind. Gleichwohl gibt es hier erhebliche Anstrengungen, laufende Forschungsprojekte und Metaanalysen, die in diese positive Richtung weisen. Die etablierten, niederfrequent arbeitenden Therapierichtungen, einschließlich psychoanalytische Psychotherapie, haben ihre Wirksamkeit wissenschaftlich nachweisen können.

Auch wenn die Festlegung von Kriterien über die Frage des Therapieerfolges ein weiteres schwieriges Problem darstellt, bleibt dennoch die den expliziten Vergleich verschiedener Therapiemethoden betreffende Frage offen: „Welche Behandlungsmaßnahme durch wen, zu welchem Zeitpunkt, führt bei diesem Individuum mit diesem spezifischen Problem unter welchen Bedingungen zu welchem Ergebnis in welcher Zeit?" (Kordy & Kächele, 1996, S. 492; Rudolf, 2000, S. 531). Daher gilt der Mikroanalyse des therapeutischen Prozesses gegenwärtig ein großes Forschungsinteresse. Einerseits sollen hierdurch methodenspezifische differente Effekte geklärt werden (worin unterscheiden sich die Wirkungsweisen der einzelnen therapeutischen Techniken?); andererseits ist damit das ehrgeizige Ziel verbunden, ähnlich wie in der Medizin, so etwas wie eine Standardisierung von Psychotherapie in Bezug auf einzelne Krankheitsbilder zu erarbeiten. Obgleich, das sei kritisch angemerkt, aus der Sicht des Autors die Medizinalisierung der Psychotherapie bzw. ihre Erforschung nach in der Medizin gebräuchlichen Methodendesigns das Wesentliche des therapeutischen Prozesses ignoriert: Denn das in der Medizin übliche kausale Denken – „wenn, dann" – ist auf die psychotherapeutische Behandlung nicht übertragbar. Hier gibt es eben keine Medizindosis-Wirkungs-Relation, sondern das Agens der Therapie besteht, wie weiter oben skizziert, in der sich wechselseitig beeinflussenden Beziehung beider beteiligten Persönlichkeiten; und dieser Prozess ist derart komplex, dass er nicht durch Reduzierung auf ein paar untersuchbare Variablen angemessen erfasst werden kann.

Während diese Forschungsaktivitäten der psychotherapeutischen Schulen auch in gegenseitiger Konkurrenz zu einem Verdrängungswettbewerb auf dem Therapiemarkt führen, wächst in der pharmakologischen, neurobiologischen und genetischen Forschung längst eine mächtige Konkurrenz heran, welche – unter den Prämissen gegenwärtiger neoliberaler, also rein ökonomisch orientierter Entwicklungen – die Bedeutung der Psychotherapie entscheidend schwächen könnte.

Selbstverständlich spricht nichts gegen eine strenge Indikation von Psychopharmaka. Entscheidend ist, sich klarzumachen, dass ihre Erfolge keine „Heilung" bedeuten, sondern lediglich Symptome mildern. Würde die pharmakologische Behandlung Psychotherapie ersetzen – weil sie auf den ersten Blick billiger scheint – würde das Verständnis psychischen Leidens, als psychosozial verursachtes, durch die konflikthafte, manchmal traumatisierende Lebensgeschichte geformtes, verloren gehen. Ein humanes Interesse an den Menschen würde zugunsten ihrer bloßen Funktionsfähigkeit zurückgedrängt. Und genau dies ist eine Tendenz der gegenwärtigen Gesellschaft: das realistische Bild eines in sich widersprüchlichen, konflikthaften und begrenzten Menschen zurückzudrängen, zugunsten des Phantasmas eines in seinen Möglichkeiten unbegrenzten, leistungsorientierten Individuums, das sich selbst mit seiner völligen Funktionalität identifiziert.

Durch diesen gesellschaftlichen Prozess könnte allmählich die Bedeutung einer dem gesellschaftlichen Mainstream distanziert gegenüberstehenden Psychotherapie geringer werden. Durchsetzen würden sich Methoden, die die manipulative Wiedererlangung der Funktionsfähigkeit und die Anpassung ans Bestehende am effizientesten und ökonomischsten zu erledigen versprechen. Sofern Psychologie und Psychotherapie nicht als bloße Sozialtechnologien betrieben werden sollen, müssen sie diese gesellschaftliche Entwicklungsdynamik kritisch beobachten und, wo es geht, konterkarieren.

3 Gesundheitspsychologie

Herbert Janig

Alle können über Gesundheit und Krankheit aus eigener Erfahrung berich-
ten: sei es über Fitness oder Erkrankungen, über Krankenhausaufenthalte,
überfüllte Arztpraxen, über alltägliche Erfahrungen mit Infekten, Überge-
wicht, Verdauungsproblemen oder andere gesundheitliche Einschränkun-
gen. Die Medien konfrontieren uns mit Gesundheitsthemen, wie Beispielen
gesunder Lebensführung, Hitlisten guter Ärzte, Fragen der Finanzierung
des Gesundheitssystems und psychologischen Ratschlägen zur Erhaltung
der Gesundheit. Noch nie war (Pseudo-)Wissen, die Meinungs- und Infor-
mationsvielfalt über Gesundheit und Krankheit so groß! Wer den Begriff
„Gesundheit" googelt, wird über 80 Millionen, unter „health" mehr als eine
Milliarde Einträge finden. Der folgende Beitrag beschäftigt sich mit dem
Verständnis von Gesundheit und Krankheit, dem biomedizinischen Krank-
heitsbegriff, dem biopsychosozialen Gesundheitsbegriff sowie der Rolle der
Gesundheitspsychologie in diesem Kontext, ihren Themen und Herausfor-
derungen, nicht zuletzt mit Selbsthilfe und Gesundheitskompetenz.

3.1 Gesundheit und Krankheit

> Drei Dinge sind gesund:
> Fülle nicht den Schlund,
> übe dich all Stund',
> lauf nicht wie ein Hund.

Dieses alte Sprichwort weist uns auf drei wichtige Verhaltensweisen zur Förderung und Aufrechterhaltung unserer Gesundheit hin: Auch moderne Gesundheitswissenschaften sehen in einer ausgewogenen Ernährung, in konsequenter körperlicher Bewegung und in psychischer Ausgeglichenheit und Stärke die zentralen Stützen der Gesundheit. Was ist aber Gesundheit?

Stellen Sie sich einmal die Frage, was es für Sie persönlich bedeutet, gesund zu sein! Wann fühlen Sie sich gesund? Psychologie-Studierende haben auf diese Fragen so geantwortet[1]: 39% der Antworten konnten unter dem Oberbegriff Vitalität zusammengefasst werden: Gesund zu sein bedeutet, aktiv, leistungsfähig zu sein, das Leben bewältigen zu können, sich als vital und kraftvoll zu erleben, gute Laune und Spaß zu haben. Eine zweite Gruppe von Antworten (34%) betonte die Ausgeglichenheit: Körper und Seele befinden sich im Einklang, man ist entspannt und sorgenfrei, erlebt keinen Stress, keinen Liebeskummer und überhaupt körperlich-seelisches Wohlbefinden. Die dritte Gruppe, die 23% der Antworten umfasst, betonte, dass sie sich dann als gesund erlebt, wenn sie keine psychischen oder physischen Belastungen erlebt, schmerzfrei und ohne körperliche Krankheiten oder Beschwerden ist.

Schon 1973 hat Herzlich auf der Suche nach den alltäglichen Gesundheitsvorstellungen („Laienvorstellungen") ebenfalls drei sehr ähnliche Kategorien finden können (vgl. auch Egger, 1999): Ein Teil der Menschen sieht Gesundheit als Vakuum an. Gesundheit liegt für sie dann vor, wenn die organische oder körperliche Funktionstüchtigkeit gegeben ist. Durch eine Erkrankung wird jedoch die Gesundheit zerstört. Für sie wird der Mensch gleichsam als komplexe Maschine gesehen und der Therapeut als Techniker, der im Fall des Auftretens einer Krankheit eine Problemlösung herzustellen hat.

Ein anderer Teil sieht Gesundheit als vitales Erleben und Verhalten. Wer sich als vital erlebt, innere Stärke und Widerstandskraft gegen schädigende äußere Einflüsse aufgebaut hat, fühlt sich gesund und ist in der Lage, Krankheiten abzuwehren. Diese Menschen erleben

---

[1] 209 Studierende haben 594 Antworten gegeben (Mehrfachantworten waren möglich).

sich als selbstbestimmt und mitverantwortlich für ihre Gesundheit und Therapeuten werden als wichtige professionelle Unterstützer zur Gesunderhaltung gesehen.

Wieder andere erleben sich als gesund, wenn sie sich in einem Gleichgewicht zwischen sozio-ökologischen Lebensbedingungen und den eigenen Möglichkeiten und Ansprüchen befinden. Aktivität, gute Beziehungen zu anderen und körperliches Wohlbefinden bilden die Ressourcen, mit deren Hilfe Störungen und Belastungen ausgeglichen werden können.

Die Vorstellungen von Gesundheit und Krankheit, wie Gesundheit gefördert und Krankheit behandelt werden kann, hängen eng mit dem jeweils vorherrschenden Menschenbild, dem kulturellen und ökonomischen Umfeld, der wissenschaftlichen Entwicklung, der medizinischen Kenntnisse und den allgemeinen Lebensbedingungen zusammen. Für den Philosophen Ernst Bloch ist Gesundheit nicht nur ein medizinischer, „sondern überwiegend ein gesellschaftlicher Begriff. Gesundheit wiederherstellen, heißt in Wahrheit: den Kranken zu jener Art von Gesundheit bringen, die in der jeweiligen Gesellschaft die jeweils anerkannte ist, ja in der Gesellschaft selbst erst gebildet wurde" (Bloch, 1959, S. 539).

Im 19. Jahrhundert erkrankten und starben die Menschen häufig an infektiösen und parasitären Erkrankungen (Tuberkulose, Grippe, Lungenentzündung, Scharlach, Diphterie u.a.). Für den deutschsprachigen Raum nimmt man an, dass die Infektionskrankheiten für rund 60% der Todesfälle verantwortlich waren (Kröhnert & Münz, 2008). Diese hohen Mortalitätsraten werden im Wesentlichen auf die schlechten hygienischen Verhältnisse und Nahrungsmangel zurückgeführt. Im Allgemeinen wird angenommen, dass der medizinische Fortschritt die Senkung dieser Todesraten bewirkt hat. Viele Infektionskrankheiten (Tuberkulose, Masern, Diphterie, Scharlach u.a.) wurden seltener, bevor erfolgreiche Impfungen und Medikamente gegen diese Krankheiten entwickelt wurden (McKinlay & McKinlay, 1981). Der Hauptgrund war aber, dass sich gegen Ende des 19. Jahrhunderts die allgemeinen Lebensbedingungen und die hygienischen Verhältnisse (Wasserversorgung, Abwasserentsorgung, Wohnbedingungen und Ernährung) verbesserten.

3.2 Das biomedizinische Krankheitsmodell

Die dominante Stellung der Humanmedizin innerhalb der Gesundheitswissenschaften hat im 19. bis ins 20. Jahrhundert die Vorstellungen von Gesundheit und Krankheit geprägt. Das biomedizinische Krankheitsmodell hat sich als das Vorherrschende etabliert: Krankheit wird darin als Störung des „normalen" Funktionierens des Menschen angesehen, was sowohl den Zustand des Organismus als auch seine individuellen und sozialen Anpassungen angeht. Der Körper wird – ganz im Sinne der aufstrebenden Naturwissenschaften – als mit naturwissenschaftlichen Methoden objektivierbarer biologischer Organismus angesehen und Krankheit als ein Abweichen biologischer Funktionen von der statistischen Norm (verglichen etwa mit dem Durchschnitt der Altersgruppe). Es wird nach kausalen Erklärungen gesucht, jede Krankheit hat ihre eigene Pathogenese („Krankheitsentstehung"), genetische und äußere Einflüsse wie Bakterien, Chemikalien oder Viren sind dafür verantwortlich. Entsprechend kann für jede Krankheit eine spezifische Therapie abgeleitet werden, welche die Beseitigung der pathogenetischen Bedingungen vorsieht. Die Erfolge dieses pathogenetisch orientierten Krankheitsmodells sind unbestreitbar, es lassen sich aber dadurch nicht alle Erkrankungen heilen und es lässt sich damit auch nicht Gesundheit erklären. Der Mensch ist „Träger" der Krankheit („Ich habe Grippe"), für deren Therapie und Behandlung Experten zuständig sind. Der Patient hat eine passive Rolle und übergibt die Verantwortung dem ihn heilenden Arzt (vgl. dazu Faltermaier, 2005).

3.3 Die Kritik am biomedizinischen Modell

Im Verlauf des 20. Jahrhunderts haben mehrere markante Veränderungen in den industrialisierten Ländern stattgefunden. Parallel zum Anstieg der Lebenserwartung haben sich das Krankheitsspektrum und die Todesursachen geändert; die alleinige Gültigkeit der biomedizinischen Betrachtung von Gesundheit und Krankheit wurde hinterfragt und zudem wurde die Beschäftigung mit Gesundheit eines der zentralen Lebensthemen, mit vielfältigen politischen, sozialen, wirtschaftlichen und individuell wichtigen Implikationen; Gesundheitspsychologie und andere Wissenschaftsdisziplinen sind entstanden und auch die Rolle der Patienten hat eine deutliche Veränderung hin zu Selbstbestimmung und Autonomie erfahren.

Wichtigen Anteil daran hatte die Weltgesundheitsorganisation (World Health Organization, 1946), die Gesundheit als *„state of complete physical, mental and social well-being and not merely the absence of disease or infirmity"* bezeichnete. Wenngleich die Vorstellung „vollkommenen Wohlbefindens" doch allzu idealistisch ist, da es vielen Menschen an physischem, geistigem und sozialem Wohlbefinden mangelt und Krankheit vorherrscht. Wichtig ist zu betonen, dass Gesundheit nicht allein aus körperlichem Wohlbefinden besteht, sondern auch soziale, politische, psychologische, kulturelle und ökonomische Gesichtspunkte betrifft.

Wie erwähnt, sind an die Stelle der häufigsten Krankheiten die nichtinfektiösen chronischen und degenerativen Erkrankungen wie Herz-Kreislauferkrankungen, Diabetes, psychische Erkrankungen und Krebs („Zivilisationskrankheiten") getreten. Diese Veränderung des Krankheitsspektrums wird als epidemiologische Transition bezeichnet. Die rein naturwissenschaftlich-biologische Betrachtung eben dieser, nun häufiger auftretenden Krankheiten reichte nicht mehr aus. Widerstand machte sich breit, da Krankheit nur als körperliches Phänomen gesehen wurde, Körper und psychisches Erleben als getrennt betrachtet, komplexe Krankheitsphänomene nur durch biochemische und physikalische Wirkmechanismen erklärt wurden. Daraus folgt, dass das biomedizinische Modell als dogmatisch und individualistisch erlebt wurde: dogmatisch, weil über alle Krankheiten das gleiche Modell gelegt und Widersprüche nicht berücksichtigt wurden; individualistisch, weil Krankheiten nur in der einzelnen Person lokalisiert und Umwelt- und andere Bedingungen nicht berücksichtigt wurden (vgl. Engel, 1979; Faltermaier, 2005).

3.4 Das biopsychosoziale Gesundheitsmodell

Engel (1979) hat als Erster im Anschluss an seine Kritik an das biomedizinische Krankheitsmodell Anforderungen an ein „biopsychosoziales" Krankheitsmodell entworfen, das biologische, psychologische und soziale Aspekte bei der Beschreibung und Analyse von Krankheit einschließen soll. Er ist demgemäß der Ansicht, dass der Nachweis von biochemischen Abweichungen zwar eine notwendige, aber noch keine hinreichende Bedingung für Krankheit ist. Entstehung und Aufrechterhaltung von Krankheit können nicht allein durch Labormesswerte und sonstige somatische Hinweise (genetische Prädisposition) erklärt werden, sie werden auch durch psychische Wirkfaktoren (Verhalten, Bewältigungsstrategien, Wahrnehmen und Erleben) und soziale Wirkfaktoren (familiäre Bedingungen, wirtschaftliche und soziale Lage, soziale Bindungen) beeinflusst. Biochemische Abweichungen pharmakologisch zu behandeln reicht für die Gesundung allein nicht aus. Soziale und psychische Faktoren spielen eine wichtige Rolle, z.B. das Verhalten des Arztes und die Beziehung zu seinen Patienten. Gesundheit und Krankheit sind in einer biopsychosozialen Modellvorstellung kein Zustand, sondern als dynamisches Geschehen zu verstehen (Egger, 2005).

Im Fall eines engagierten, überarbeiteten 50-jährigen Mannes, der einen Herzinfarkt erleidet, wird eine traditionelle, biomedizinische Behandlung bloß darin bestehen, dass der Arzt die regelmäßige Einnahme bestimmter Medikamente verordnet und kontrolliert. Im biopsychosozialen Denkmodell wird er sich auch dafür interessieren, wie das Gesundheitsverhalten seines Patienten aussieht, ihm gegebenenfalls anraten, ein Raucherentwöhnungsprogramm mitzumachen, ein Stressmanagement-Training zu besuchen, sich mehr mit seiner Familie zu beschäftigen und ihn an die Bedeutung körperlicher Bewegung erinnern.

3.5 Salutogenese

Der pathogenetischen Sichtweise von Gesundheit und Krankheit, wie sie im biomedizinischen Modell vorherrscht, steht eine salutogenetische Sichtweise gegenüber. Ein grundlegender Unterschied besteht darin, dass in pathogenetischer Auffassung Gesundheit und Krankheit zwei einander entgegengesetzte Kategorien in einer dichotomen Klassifikation sind, man kann nur gesund oder krank sein. In der pathogenetischen Sichtweise wird für jede Krankheit eine Ursache gesucht, die für die Entstehung und Aufrechterhaltung verantwortlich ist, zugleich wird für jede Krankheit eine spezifische Lösung/Behandlung gesucht. Die Salutogenese („Gesundheitsentstehung") geht davon aus, dass sich die Gesundheit eines Menschen auf einem Kontinuum darstellen lässt: auf dem von seinem Urheber Antonovsky so benannten HEDE-Kontinuum (Abkürzung für *Health-Ease/Dis-Ease*). Antonovsky lehnt die Dichotomisierung von Gesundheit und Krankheit ab, denn: „Wir sind alle sterblich. Ebenso sind wir alle, solange noch ein Hauch von Leben in uns ist, in einem gewissen Ausmaß gesund" (Antonovsky, 1997, S.23).

In der salutogenetischen Betrachtungsweise wird eruiert, welche Bedingungen, Eigenschaften, Situationen und Umstände dazu führen, den Menschen gesund zu erhalten. Der zentrale Begriff im Salutogenese-Modell ist das *Kohärenzgefühl* (SOC; *sense of coherence*). Es besteht aus drei Dimensionen: Verstehbarkeit (*comprehensability*), Handhabbarkeit (*manageability*) und Bedeutsamkeit (*meaningfulness*):

- Verstehbarkeit meint das Ausmaß, „in welchem man interne und externe Stimuli als kognitiv sinnhaft wahrnimmt, als geordnete, konsistente, strukturierte und klare Information" (Antonovsky,

1997, S. 34). Das bedeutet, dass zukünftige, auch unerwünschte Ereignisse vorhersehbar und verstehbar sind oder im Fall unvorhergesehenen Auftretens strukturiert und verstanden werden können.

• Handhabbarkeit bezeichnet das Ausmaß der Wahrnehmung, mittels geeigneter Ressourcen die Anforderungen, die von verschiedenen Stimuli ausgehen, bewältigen zu können. Personen, die mit einem hohen Maß an Handhabbarkeit ausgestattet sind, fühlen sich in der Lage, Situationen, mit welchen sie konfrontiert sind, kontrollieren, bewältigen und beeinflussen zu können.

• Bedeutsamkeit (Sinnhaftigkeit) meint, dass bestimmte Lebensbereiche als sinnvoll und bedeutsam angesehen werden, für die sich ein Engagement lohnt. Hier ist eine Ähnlichkeit mit Viktor Frankls „Wille zum Sinn" erkennbar: „Es ist damit die grundlegende Fähigkeit eines Menschen gemeint, dem eigenen Leben auch in existentiell bedrohenden, oft hoffnungslos erscheinenden Lebenssituationen einen Sinn abringen zu können" (Hornung & Gutscher, 1994, S. 78).

Im Salutogenese-Modell nehmen Stressoren und Copingstrategien (Widerstandsressourcen) eine bedeutsame Stellung ein. Psychosoziale, physische und biochemische Stressoren sind – im Gegensatz zur pathogenetischen Sichtweise, in welcher Stressoren ausschließlich als Risikofaktoren, als schädigende Einflüsse, die zu Krankheit führen, gesehen werden – allgegenwärtig, sie können sich ebenso gesundheitsfördernd auswirken. Sie bewirken eine Mobilisierung der vor dem soziokulturellen und historischen Kontext entstandenen psychosozialen, genetischen und konstitutionellen generalisierten Widerstandsressourcen. Bei erfolgreichem Coping kommt es zu einer Veränderung in Richtung Gesundheit auf dem HEDE-Kontinuum (vgl. auch Lorenz, 2005).

3.6 Neue Entwicklungen

Die Bedeutung des Themas Gesundheit für die Lebenswirklichkeit der Menschen kann daran gemessen werden, dass in den siebziger Jahren des vergangenen Jahrhunderts in vielen Ländern Gesundheitsministerien eingerichtet wurden. Das österreichische Gesundheitsförderungsgesetz (1998) formuliert Zielsetzungen zur „Erhaltung, Förderung und Verbesserung der Gesundheit der Bevölkerung" und „Aufklärung und Information über [...] die die Gesundheit beeinflussenden seelischen, geistigen und sozialen Faktoren."

Auch sind in den letzten Jahrzehnten viele neue gesetzlich definierte und durch den Ausbau von grundständigen und weiterbildenden tertiären Studiengängen gesundheitsaffine Berufe entstanden. Dazu zählen etwa Gesundheits- und Klinische Psychologen, Arbeitspsychologen, Psychotherapeuten, Lebens- und Sozialberater, verschiedene fachärztliche Spezialisierungen, aber auch Berufe, die sich im Wellness- und Wohlfühlsegment, im Bereich Public Health, im Gesundheitsmanagement, der Medizininformatik und -dokumentation, oder im Gesundheits- und Rehabilitationssport bewegen.

Viele Wissenschaften und Berufe haben ihren Betätigungsbereich auf Gesundheitsthemen ausgeweitet: Pädagogen entwerfen Gesundheitserziehungsprogramme, technische Wissenschaftler entwickeln medizintechnische Geräte vom Herzschrittmacher bis hin zu Positronen-Emissions-Tomographen, Informatiker programmieren Software für die Patientendatenverwaltung, Betriebswirtschaftler sind an der Krankenhausorganisation und dem Management von Gesundheitseinrichtungen beteiligt und Gesundheitsökonomen versuchen, mit beschränkten finanziellen Mitteln eine optimale Gesundheitsversorgung zu gewährleisten.

3.7 Themen der Gesundheitspsychologie

Wie schon erwähnt, haben mehrere Entwicklungen zur Entstehung des Faches Gesundheitspsychologie beigetragen (vgl. Schwarzer, Schüz & Ziegelmann, 2006; Faltermaier, 2005):

- Die Veränderung des Gesundheitsbegriffs: Gesundheit wurde zunehmend positiv formuliert. Nicht negativ, als bloße Abwesenheit von Krankheit, sondern als anzustrebender Zustand, der dynamisch körperliches, psychisches und soziales Wohlbefinden miteinander verbindet. Damit einher ging der Wandel von einem biomedizinischen zu einem biopsychosozialen Paradigma.

- Ein Unbehagen von Patienten an einem rein organmedizinisch ausgerichteten Gesundheitssystem mit zunehmender Technisierung und Spezialisierung der Arbeitsvorgänge, was mit hohen Kosten verbunden ist und zu Mängeln in der Kommunikation zwischen Patienten und Gesundheitsexperten führt.

- Die drastische Veränderung des Krankheitsspektrums: Da Infektionskrankheiten als Hauptursachen von Erkrankung und Tod seltener und durch chronisch-degenerative Erkrankungen abgelöst wurden, stieg das Interesse an den begleitenden Verhaltensweisen.

- Damit war die Erkenntnis verbunden, dass die Krankheiten, die in den industrialisierten Ländern zu den Haupttodesursachen führen, zumindest durch menschliches (Fehl-)Verhalten mit bedingt sind. Die Identifikation solcher gesundheitsschädlichen Verhaltensweisen (Risikoverhalten wie Rauchen, Drogenkonsum, unausgewogene Ernährung, Bewegungsmangel, ungeschützter Sexualverkehr) sind durch psychologische Interventionen individuell und in unterschiedlichen Settings veränderbar.

- Die Veränderung der Perspektive von einer bloßen Verlängerung des Lebens zu einer Verlängerung des Lebens bei gleichzeitiger Aufrechterhaltung hoher Lebensqualität.

- Die kontinuierlich steigenden Kosten des Gesundheitssystems, was die Suche nach alternativen (präventiven und gesundheits-fördernden) Strategien herausforderte.

Die breite klassische und für das Fach grundlegende Definition von Matarazzo (1980) bezeichnet Gesundheitspsychologie als *„the aggrega-te of the specific educational, scientific, and professional contributions of the discipline of psychology to the promotion and maintanance of health, the prevention and treatment of illness, the identification of etiologic and diagnostic correlates of health, illness, and related dysfunction, and the analysis and improvement of the health-care system and health policy for-mation"* (Matarazzo, 1980, S. 815; vgl. dazu French, Vedhara, Kaptein & Weinman, 2010).

Die Gesundheitspsychologie befasst sich mit

- der Förderung und Erhaltung von Gesundheit, durch Maßnah-men der Gesundheitsförderung in unterschiedlichen Settings (Schule, Betrieb, Gemeinde, ...), indem Menschen angeregt wer-den, ihren Lebensstil zu ändern, Verständnis für gesundheits-bewusstes Verhalten zu erwerben, ihre körperliche Fitness zu fördern, Programme zur Verhältnisprävention zu entwickeln. Dazu gehört auch die Entwicklung von Modellen und Strategien der Änderung des Gesundheitsverhaltens;

- der Prävention und Behandlung von Krankheiten; z. B. die Be-wältigung von Krankheiten, etwa durch die Erhaltung der Le-bensqualität von Krebskranken;

- den psychosozialen Grundlagen von Krankheiten, welche Rolle z. B. Emotionen in der Ätiologie von Krankheiten spielen; sowie

- der Verbesserung des Gesundheitssystems und der Gesundheits-politik, z. B. in welcher Weise sich die Kommunikation zwischen Patienten und den professionellen Praktikern auf den Heilungs-erfolg auswirkt oder, welche psychologischen Maßnahmen zur Verbesserung des Gesundheitsversorgungssystems geeignet sind.

3.8 Nachbardisziplinen der Gesundheitspsychologie

Die Abbildung 3.1 hilft, den Aufgaben- und Anwendungsbereich der Gesundheitspsychologie besser zu verstehen. Diese vereinfachende Darstellung zeigt die Aufgabenbereiche verwandter gesundheitswissenschaftlicher Disziplinen auf den beiden Achsen Psychologie–Medizin und psychische Störungen–somatische Störungen.

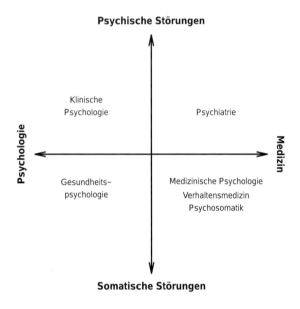

Abbildung 3.1: Mit Gesundheitspsychologie verwandte Gesundheitswissenschaften (modifiziert nach French et al., 2010)

Wenngleich die Trennung von „psychischen Problemen" und „somatischen Störungen" etwas künstlich und die Zuordnung der einzelnen Fächer in die Quadranten so eindeutig nicht möglich ist, stellt sie dennoch eine Orientierungshilfe dar:

Die *Gesundheitspsychologie* befindet sich im Quadranten „physische, somatische Störungen" und „Psychologie": Psychologische Theorien und Methoden werden angewandt, um festzustellen, wie Menschen gesund bleiben, sich an Lebensumstände besser anpassen und nach einer Erkrankung erholen können.

Die *Verhaltensmedizin* verfolgt ungefähr dieselben Ziele wie die Gesundheitspsychologie, versteht sich aber als interdisziplinäre Wissenschaft, die von Medizinern, Psychologen, Soziologen, Pädagogen betrieben/getragen wird und sich tendenziell weniger mit Prävention als mit Behandlung und Rehabilitation befasst (Schwarzer et al., 2006).

Die *Medizinische Psychologie* ist ein Forschungs- und Praxisfeld der Psychologie, das vorwiegend in medizinischen Einrichtungen betrieben wird und sich schwerpunktmäßig mit der psychologischen Ausbildung von Humanmedizinern befasst und die psychischen Entsprechungen von Krankheiten, ihrer Ätiologie und Konsequenzen im Zusammenhang mit medizinischen Einrichtungen und der dort Beschäftigten untersucht (Knoll, Scholz & Rieckmann, 2011).

Die *Klinische Psychologie* befasst sich mit den Ursachen und den Behandlungsmöglichkeiten bei psychischen Störungen, psychologischen Aspekten körperlicher Krankheiten und psychischen Krisen, die durch besondere Lebensumstände ausgelöst werden. Ein Schwerpunkt liegt dabei auch auf den psychotherapeutischen Interventionen.

Die *Psychiatrie* befasst sich ebenfalls mit Erkennung, nichtoperativer Behandlung, Prävention, Rehabilitation und Begutachtung bei psychischen Erkrankungen oder Störungen. Im Gegensatz zur Klinischen Psychologie nimmt aber bei der psychiatrischen Behandlung die Pharmakotherapie einen besonderen Stellenwert ein. Voraussetzung für die Tätigkeit als Psychiater ist das Studium der Humanmedizin mit der darauf aufbauenden Facharztausbildung für Psychiatrie (vgl. Peters, 2011).

Die *Psychosomatik* oder *Psychosomatische Medizin* ist ein psychiatrisch-internistisches Teilgebiet der Medizin, das sich mit körperlichen Störungen beschäftigt, die als Folge gegenwärtiger oder vergangener emotionaler Konflikte aufgefasst werden können. Nur durch eine ganzheitliche Betrachtung der psychischen und somatischen Faktoren kann eine Erklärung für die Krankheitsentstehung erfolgen. Während die traditionelle Psychiatrie sich mit den beabsichtigten Handlungen und Ausdrucksphänomenen als Reaktion auf psychische Außenreize befasst, beschäftigt sich die psychosomatische Forschung und Behandlung mit den vegetativen Antworten auf solche Reize (z.b. essentielle Hypertonie, Magengeschwüre, Hautekzeme; vgl. dazu Peters, 2011).

Die *Gesundheitspsychologie* sieht sich als typisches Anwendungsfach innerhalb der Psychologie, das sich an den theoretischen Grundlagen der Allgemeinen, Sozial- und Klinischen Psychologie orientiert und innerhalb der anderen Gesundheitswissenschaften eine individuelle, den einzelnen Menschen unmittelbar betreffende Sichtweise einbringt.

3.9 Exkurs: Gesundheitskompetenz, Empowerment und Selbsthilfe

Die besprochenen Veränderungen des Krankheitsspektrums sowie des Gesundheits- und Krankheitsbegriffs sind vor dem Hintergrund eines allgemeinen Wertewandels in Europa hin zu Selbstbestimmung und Beteiligung in allen Lebensbereichen zu sehen (World Health Organization, 2008; Welzel, 2006). Das hat Folgen für das Gesundheitssystem und die Gesundheitsversorgung und wirkt sich auch auf die Rolle der Patienten aus: „Vorbei sind die Zeiten, da die Patienten den Anordnungen der Ärzte bedingungslos Folge geleistet haben und jedes Krankenhaus als das Beste gesehen haben. Wir sehen uns mit einer fordernden Generation konfrontiert, Patienten treten aktiv und als Konsumenten von Gesundheit auf, die Gesundheitsdienstleistungen wie alle anderen Dienstleistungen betrachten. Wir befinden uns gleichsam in einer Kulturrevolution" (Björnberg, Garoffé & Lindblad, 2009).

Standen früher Patienten als Abhängige den „Halbgöttern in Weiß" gegenüber, haben sie seit 1993 eigene Patientenrechte, die 1999 in einer Patientencharta zusammengefasst wurden (BGBl. I 1999,195 nach Hofmarcher & Rack, 2006, S. 68f). Es sind dies das Recht auf Gesundheitsfürsorge, gleichen Zugang zu Behandlung und Pflege, auf Achtung, Würde und Unversehrtheit, auf Selbstbestimmung, auf ausreichende ärztliche und medizinische Information, auf sachgerechte medizinische Behandlung und auf Nachbehandlung. Patienten sind also seit dieser Zeit keine Bittsteller mehr, sondern können sich als Partner in der medizinischen und pflegerischen Behandlung sehen. In allen Bundesländern wurden in der Folge Patientenanwaltschaften zur Unterstützung und Durchsetzung dieser Patientenrechte eingerichtet.

Die rasante Entwicklung der Gesundheitswissenschaften, nicht nur der Medizin, hat neben vielen Erfolgen und positiven Entwicklungen für Hilfesuchende auch große Probleme mit sich gebracht. Das Wissen in der Medizin, der Psychologie, der Psychiatrie ist so umfangreich geworden, die Behandlungsmöglichkeiten sind oft schwer zu verstehen und das Gesundheitssystem hat sich so komplex entwickelt, dass es für viele Menschen unverständlich und undurchschaubar wird. Welcher Ratsuchende kann zwischen den Berufen der Lebens- und Sozialberater, der Klinischen und Gesundheitspsychologen, Psychiater und Psychotherapeuten (und da wiederum zwischen den über 20 anerkannten psychotherapeutischen Schulen) unterscheiden und für sich herausfinden, welche für ihn am besten geeignet sind?

Jeder vierte Österreicher hat Schwierigkeiten, einem Arztgespräch zu folgen und mehr als die Hälfte sieht es als schwierig an, Vor- und Nachteile unterschiedlicher Behandlungsmöglichkeiten zu beurteilen (Pelikan, Röthlin & Ganahl, 2013). Es wird angenommen, dass in den USA etwa die Hälfte der erwachsenen Bevölkerung Schwierigkeiten hat, Gesundheitsinformationen, seien es Anordnungen der Ärzte oder Texte auf Patienteninformationen, zu lesen, zu verstehen und zu befolgen. *„I have a very good doctor. He takes the time to explain things and break it down to me. Sometimes, though, I do get stuff that can be hard – like when I first came home from the hospital and I had all these forms and things I had to read. Some words I come across I just can't quite understand"* (National Center for the Study of Adult Learning and

Literacy, 2003).

Diese Umstände erfordern Gesundheitskompetenz (*health literacy*), also die Fähigkeit, im alltäglichen Leben Entscheidungen zu treffen, die sich positiv auf die Gesundheit auswirken, sich im Gesundheitswesen orientieren zu können und Zugang zu Gesundheitsinformationen zu verschaffen und diese kritisch bewerten zu können. Dazu gehören grundlegende funktionale Kompetenzen wie Lese- und Schreibfähigkeit, kommunikative und interaktive Kompetenzen und schließlich kritische Kompetenz zum Analysieren und Hinterfragen von Informationen (Kickbusch, 2006; Nutbeam, 2000; World Health Organization, 1998).

Immer wieder klingen Appelle an die (potentiellen) Patienten an, Verantwortung für die eigene Gesundheit zu übernehmen. Empowerment meint auf individueller Ebene, sich aus einer Situation der Macht- und Hilflosigkeit herauszubewegen und die eigenen Stärken (wieder) zu entdecken. Auf politischer und struktureller Ebene geht es um die Befähigung, Veränderungen herbeizuführen (Trojan, 2001). Zur Förderung dieses „Empowerments" im Gesundheitsbereich wird die Beteiligung an Aktionen empfohlen, die als Folge der WHO-Initiative „Gesundheit für alle" entstanden sind, wie etwa die „Gesunde Gemeinde" oder Maßnahmen der betrieblichen Gesundheitsförderung.

Eng mit Empowerment und Gesundheitskompetenz von Patienten verbunden ist der Begriff Selbsthilfe. Selbsthilfe durch natürliche oder organisierte Gruppen oder Netzwerke von Laien stellt die älteste und am weitesten verbreitete Form der Fürsorge für Kranke dar. Sie „umfasst alle individuellen und gemeinschaftlichen Handlungsformen, die sich auf die Bewältigung eines gesundheitlichen oder sozialen Problems (Coping) durch die jeweils Betroffenen beziehen. Fremdhilfe bezeichnet demgegenüber sowohl die bezahlte als auch die unbezahlte Hilfe von nicht betroffenen Laien oder Fachleuten/Experten" (Borgetto, 2004, S. 80). Leitgedanke der Selbsthilfe ist das Expertentum in eigener Sache. Erkrankung, Behinderung oder Betroffenheit machen das Handeln Einzelner kompetent, wirksam und einfühlsam, wodurch es sich von Fremdhilfe durch professionelle Gesundheitsdienstleister und auch von bürgerschaftlichem Engagement unterscheidet.

Im Laufe des 19. und besonders des 20. Jahrhunderts hat sich ein Expertensystem der Medizin ausgebildet, das Wissen um Krankheit und deren Behandlung einseitig für sich angenommen hat. Eine strenge Trennung zwischen Laien und Experten war die Folge. Die Selbsthilfebewegung kann als Gegenbewegung zur Anonymität und Fremdbestimmung in der professionellen Gesundheitsversorgung gesehen werden und ist als typisches „spätmodernes" Phänomen anzusehen (Borgetto, 2004; Kelleher, 2006). Als Entstehungsbedingungen sind „die Veränderung der vorherrschenden Krankheitsbelastung in den hoch entwickelten Gesellschaften hin zu chronischen Erkrankungen" (Forster, 2007, S. 468) zu sehen, mit schwerwiegenden Folgen für das Selbstverständnis der Patienten und ihrer Lebensentwürfe, welche ihre Beziehungen grundlegend ändern und sie oftmals Diskriminierung und Ablehnung erleben lässt; ihr Leben sei weitgehend durch das „Krankheitsmanagement" bestimmt. Zweitens liegt ein wesentlicher Ursachenkomplex in der Technisierung und Spezialisierung der Arbeitsvorgänge innerhalb der Medizin, was vielfach zu Mängeln in der Kommunikation zwischen Patienten und Gesundheitsexperten führt, wobei das Erfahrungswissen Betroffener vernachlässigt wird (Kelleher, 2006; Forster, 2007). Nicht zu vergessen sind die Veränderung der verwandtschaftlichen Beziehungen, verbunden mit der Individualisierung und den kleiner werdenden Haushalten, das gestiegene Selbst- und geänderte Rollenbewusstsein der Frauen, die nicht mehr, wie selbstverständlich, für Versorgungs- und Betreuungsaufgaben zur Verfügung stehen (vgl. Braun & Greiwe, 1989).

Aus der subjektiven Sicht der Teilnehmer erfüllen Selbsthilfegruppen fünf wichtige Funktionen, die in Tabelle 3.1 dargestellt sind (vgl. Janig, 2010; 2011).

Das Engagement in Selbsthilfegruppen kann zu deutlichen Verbesserungen der subjektiven Befindlichkeit und der Lebensqualität führen (vgl. Janig, 2002). Darüber hinaus haben Kissin, McLeod und McKay (2003) nachweisen können, dass bei Patienten, die sich wegen ihrer Alkohol- und Drogenkrankheit einer Therapie unterzogen haben, die

Tabelle 3.1: Funktionen von Selbsthilfegruppen nach Janig (2010, 2011)

A	*Auffangen* neuer Gruppenmitglieder: „In der Selbsthilfegruppe sind die einzigen Menschen, die einen richtig verstehen, weil man nur was man selbst erlebt hat, auch richtig versteht";
E	*Ermutigen*: „Na ja, die Selbsthilfegruppe hat primär die Aufgabe, dem Patienten klarzumachen, dass er sich eigentlich selber helfen muss, dass man sich wirklich gegenseitig selber hilft";
I	*Informieren*: „... und vor allem das Wichtigste war natürlich die Information, ... was man dagegen tun kann, welche medizinischen Möglichkeiten es gibt, ...";
O	*Orientieren*: „O.K., ich habe die Krankheit angenommen, ... sterben tut man daran nicht, ich muss leben damit ... sage ich ‚ja' zur Krankheit und nehme sie an, dann geht's";
U	*Unterhalten*: „Ja, ich habe sehr viele Freunde gewonnen in der Gruppe, was dann auch psychisch wieder gut verarbeitet wird und ich mich dann auch wohler fühle."

regelmäßige Teilnahme an Selbsthilfegruppen langfristig zu einer deutlichen Verringerung des Alkohol- und Drogengebrauchs geführt hat. Im Gegensatz dazu war der Rückgang bei jenen Patienten, die neben der regulären Behandlung keine Selbsthilfegruppe aufsuchten, viel weniger deutlich.

Neue Entwicklungen, die mit Begriffen wie *health literacy* (Gesundheitskompetenz), Empowerment, Selbsthilfe, aber auch Partizipation, Bürgerbeteiligung und Patientenberatung gekennzeichnet sind, weisen auf die veränderte Rolle der Patienten im Gesundheitswesen hin und stellen auch die gesundheitspsychologische Forschung und Praxis vor neue Aufgaben.

Gesundheitspsychologie ist ein junges Teilgebiet der Psychologie, das angesichts der zunehmenden individuellen und gesellschaftlichen

Wertigkeit von Gesundheit immer mehr in den Mittelpunkt der Aufmerksamkeit rückt. Dabei wird der Eigenverantwortung für unsere körperliche und psychische Gesundheit eine größer werdende Bedeutung zugemessen. Gesundheitspsychologie ist aber noch auf der Suche nach einem allgemeinen Paradigma, in welches die bestehenden Modelle und Theorien integriert werden können und die Bedingungen und Verknüpfungen zwischen dem individuellen Wohlbefinden, den sozialen Beziehungen und dem Gesundheitssystem explizit, detailliert und sinnvoll erklärt werden können (vgl. Marks, Murray, Evans & Estacio, 2011).

4 Kognitive Neurowissenschaft

Dieses Kapitel führt in den aus psychologischer Sicht zentralen Bereich der Hirnforschung, die kognitive Neurowissenschaft, ein. Es gliedert sich in zwei Abschnitte: Im ersten (verfasst von Carmen Morawetz) wird eine grundlegende Begriffsbestimmung vorgenommen, gefolgt von einer Vertiefung im Spezialgebiet der Emotionen und ihrer Regulation. Im zweiten Abschnitt (verfasst von Florian Ph. S. Fischmeister) wird die Geschichte der kognitiven Neurowissenschaft aufgerollt und als Spezialgebiet die Idee der Resting-State-Netzwerke vorgestellt.

Inhalt

In den kognitiven Neurowissenschaften werden zahlreiche lateinische Begriffe verwendet. Das folgende kleine Glossar soll hierbei den Einstieg erleichtern:

Neuron(en)	Nervenzelle(n)
gyrus (pl. gyri)	Windung(en) der Großhirnrinde
fissura (pl. fissurae)	Spalte(n) in der Großhirnrinde
sulcus (pl. sulci)	Furche(n) in der Großhirnrinde
cortical	die Großhirnrinde betreffend
subcortical	unter Großhirnrinde liegend
anterior	vorne liegend
posterior	hinten liegend
superior	oben liegend
inferior	unten liegend
rostral	vorne
caudal	hinten
dorsal	oben
ventral	unten
lateral	seitlich
Cortex (cerebri)	Großhirnrinde, äußere Schicht des Großhirns
Lobus frontalis	Frontallappen, Stirnlappen: Planen, Denken, Handeln, Motorik
Lobus parietalis	Parietallappen, Scheitellappen: Somatosensorik, Aufmerksamkeit
Lobus occipitalis	Occipitallappen, Hinterhauptlappen: Sehzentrum (primär visueller Cortex)
Lobus temporalis	Temporallappen, Schläfenlappen: Hörzentrum (primär auditorischer Cortex)
Corpus amygdaloideum	Amygdala, Mandelkern: Emotionsentstehung
Limbisches System	Verbund mehrerer Hirnregionen: Verarbeitung von Emotionen
Broca Areal	Sprachverarbeitung: Grammatik
Wernicke Areal	Sprachverarbeitung: Sprachverständnis

4.1 Faszination Gehirn: Eine kurze Einführung in die kognitive Neurowissenschaft

Carmen Morawetz

Die Untersuchung des Gehirns ist so alt wie die Wissenschaft selbst und daher stammen die Wissenschaftler, die sich der Erforschung des Gehirns gewidmet haben, aus den unterschiedlichsten Wissenschaftsbereichen: Medizin, Biologie, Psychologie, Physik, Chemie, Mathematik, Philosophie. Die beste Aussicht, das komplexe System Gehirn zu verstehen, besteht in einer interdisziplinären (fächerübergreifenden) Herangehensweise, bei der Verfahren und Methoden aus unterschiedlichen Wissenschaftsdisziplinen miteinander kombiniert werden.

4.1.1 Begriffsbestimmung

Der Begriff „Neurowissenschaft" (*neuroscience*) umfasst all jene Forschungsdisziplinen, deren Ziel die Aufklärung der Struktur und Funktionsweise des Nervensystems ist, sowie deren Veränderungen, Schädigungen oder Störungen. Die Verknüpfung mit dem Begriff „kognitiv" führt zu einer Einschränkung auf die neuronale Struktur und Funktionsweise des Gehirns und verweist darauf, dass vor allem die Zusammenhänge zwischen Gehirn und Kognition im Mittelpunkt des Forschungsinteresses stehen. Ein verwandter Begriff ist „Hirnforschung" (*brain science*).

Der Begriff „Kognition" wird unterschiedlich verwendet, beschreibt aber in den meisten Fällen verschiedenartige Funktionen wie Wahrnehmung, Aufmerksamkeit, Gedächtnis, Sprache, Denken, Vorstellung, Handeln, Reagieren und Motorik (und oft auch Motivation und Emotion), als deren notwendige Grundlage das Gehirn angesehen wird.

Im folgenden Kapitel wird die Neurowissenschaft als Teil der biologischen Psychologie kurz vorgestellt. Anhand eines Beispiels soll illustriert werden, wie man sich komplexen Hirnfunktionen, in diesem Falle der Emotion und deren Regulation, empirisch annähern kann.

Ebenen der Neurowissenschaft

Die Funktionsweise des Gehirns kann auf verschiedenen Ebenen analysiert werden, die mit zunehmender Komplexität als molekulare, zelluläre, systemische, verhaltensorientierte und kognitive Ebene bezeichnet werden:

(1) Molekulare Neurowissenschaft Das Hirngewebe enthält eine unglaubliche Vielfalt von Molekülen, von denen viele ausschließlich im Nervensystem vorkommen. Diese verschiedenen Moleküle haben unterschiedliche Funktionen, die für die Gehirnfunktion von entscheidender Bedeutung sind und wie Boten im Nervensystem agieren. Als eine der größten Erkenntnisse dieses Forschungsbereichs zählt wohl jene, dass Nervenzellen im erwachsenen Gehirn nicht nur absterben, sondern auch neu gebildet werden können. Dieser Vorgang wird als *Neurogenese* bezeichnet. Es gibt bestimmte Schlüsselmoleküle für Nervenzellen, die das Wachstum bzw. die Bildung von Neuronen überwachen. Bis in die 1990er-Jahre ging man davon aus, dass Neurogenese im erwachsenen zentralen Nervensystem ausgeschlossen ist. Erst Eriksson et al. (1998) gelang es, diese im Hippocampus nachzuweisen. Diese Region ist für die Speicherung von Informationen verantwortlich, daher in die Bildung des Gedächtnisses involviert und auch für unsere räumliche Orientierung von Bedeutung. Die Entdeckung der Neurogenese in Hirnregionen des erwachsenen Menschen revolutionierte die Sichtweise auf die Plastizität des Gehirns.

(2) Zelluläre Neurowissenschaft Auf dieser Ebene wird das Zusammenwirken der Moleküle untersucht, das einem Neuron (Nervenzelle) seine spezifischen Eigenschaften verleiht. Hier ist die zentrale Frage, welche Typen von Neuronen es gibt, welche Funktionen sie erfüllen, wie sie sich gegenseitig beeinflussen etc. Eine interessante Entdeckung in diesem Bereich sind zum Beispiel die sogenannten „Spiegelneurone" (*mirror neurons*). Dabei handelt es sich um spezielle Nervenzellen, die beim passiven Betrachten eines Vorgangs (z. B. eines Bewegungsablaufes einer anderen Person) das gleiche Aktivitätsmuster aufweisen, das sie auch bei aktiver Ausführung dieser Bewegung zeigen würden. Spiegelneurone scheinen daher für das innere Imitieren fremder Aktionen zuständig zu sein. Anfang der 1990er-Jahre wurden Spiegelneurone erstmals vom italienischen Forscher Giacomo Rizzolatti beim Affen beschrieben (Rizzolatti, Fadiga, Gallese & Fogassi, 1996). Seitdem werden Spiegelneurone auch im Menschen als mögliches neuronales Fundament von Empathie, Sprache und Denken untersucht.

(3) Systemische Neurowissenschaft Gruppen von Neuronen bilden komplexe Schaltkreise, die gemeinsam eine Funktion ausführen, wie etwa den Sehvorgang oder willentliche Bewegungen. Man spricht vom „visuellen System" beziehungsweise vom „motorischen System". So konnte beispielsweise gezeigt werden, dass es innerhalb des visuellen Systems eine bestimmte Region gibt, die auf die Wahrnehmung und Verarbeitung von Gesichtern spezialisiert ist (Kanwisher, McDermott & Chun, 1997), die sogenannte *„fusiform face area"* (der Name ergibt sich aus dem Ort im Gehirn, wo diese Region liegt, im *Gyrus fusiformis*). Dies legte den Schluss nahe, dass Gesichter eine besondere Stellung innerhalb der visuellen Verarbeitung einnehmen.

(4) Verhaltensorientierte Neurowissenschaft Diese Ebene der Neurowissenschaft beschäftigt sich mit dem Zusammenwirken neuronaler Systeme, um Verhaltensweisen hervorzubringen, wie etwa verschiedene Formen des Gedächtnisses. In einem Versuch konnte beispielsweise gezeigt werden, dass Taxifahrer aus London einen deutlich größeren Hippocampus haben als andere Menschen (Maguire et al., 2000). Ein guter Taxifahrer muss das gesamte Verkehrsnetz, Straßennamen, Einbahnstraßen etc. im Kopf haben und greift täglich auf dieses Wissen

zurück, hinzu kommt ein ausgeprägter Orientierungssinn. Dies führt zu Veränderungen im Hippocampus, was wiederum das Verhalten beeinflusst.

(5) Kognitive Neurowissenschaft   Auf der höchsten Stufe der Analyse werden die neuronalen Mechanismen untersucht, die den sogenannten höheren kognitiven Funktionen unterliegen, wie etwa Bewusstsein, Sprache, Gedächtnis, Denken, Planen und Handeln etc. Auf dieser Ebene kann auch noch zwischen unterschiedlichen Schwerpunktthemen unterschieden werden. So hat sich in den letzten Jahren neben der kognitiven Neurowissenschaft eine *affektive Neurowissenschaft* etabliert, welche die neuronalen Grundlagen von emotionalen Prozessen untersucht. Ein weiterer Zweig ist die *soziale Neurowissenschaft*, in deren Mittelpunkt die Erforschung der sozialen Aspekte menschlichen Verhaltens und deren neuronaler, hormoneller und entwicklungsbedingter Grundlagen stehen.

Benjamin Libet: Der „freie Wille"

Ein weltweit bekanntes Beispiel für die kognitive Neurowissenschaft ist Benjamin Libets ambitionierter Versuch, den freien Willen zu untersuchen (Libet, Gleason, Wright & Pearl, 1983). Er trainierte Menschen darauf, innerhalb einer gegebenen Zeit (3 Sekunden) spontan den Entschluss zu fassen, einen Finger der rechten Hand oder die ganze rechte Hand zu beugen. Dabei blickten sie auf eine Art Oszilloskop-Uhr, auf der ein Punkt mit einer Periode von 2,56 Sekunden rotierte. Zu genau dem Zeitpunkt, an dem die Versuchsperson den Entschluss zur Bewegung fasste, musste sie sich die Position des rotierenden Punktes auf der Uhr merken. Während des ganzen Versuchs wurden die elektrischen Ströme des Gehirns mit der Elektroenzephalographie (EEG) gemessen. Es zeigte sich in Libets Experiment, dass dem Willensentschluss ein langsames, negatives Potential (das Bereitschaftspotential), d. h. eine

Aktivierung des Gehirns von im Durchschnitt 550–350 Millisekunden vorausging. Dies wurde von einigen Wissenschaftlern als Beweis dafür genommen, dass der freie Wille eine Illusion sei. Libets Experiment löste eine heftige Diskussion über den freien Willen aus, die bis heute andauert.

Das Spektrum der in den kognitiven Neurowissenschaften eingesetzten Verfahren ist enorm breit und reicht von Einzelzellableitung (d.h. Messung der elektrischen Aktivität einer einzigen Nervenzelle, vornehmlich in Tierexperimenten), über Stimulationsverfahren (d. h. magnetische Stimulation des Gehirns), elektrophysiologische Methoden (z. B. Elektroenzephalographie, EEG), Läsionsanalyse (d.h. Untersuchung von Ausfallerscheinungen bei Hirnverletzungen), bis hin zur funktionellen Bildgebung (z. B. funktionelle Magnetresonanztomographie (fMRT), die den Blutfluss im Gehirn misst), morphometrischen Verfahren (d. h. die Messung des Gehirnvolumens) und komplexen Konnektivitätsanalysen (d. h. der Messung von Verbindungen zwischen einzelnen Hirnregionen). Vor allem die bildgebenden Verfahren haben mit ihren „bunten Bildchen" vom Gehirn den kognitiven Neurowissenschaften zu ihrer gegenwärtig großen Popularität verholfen.

Im Folgenden wird die Erforschung der neuronalen Grundlagen von Emotionen detaillierter dargestellt, um Einblick in einen der beliebtesten Themenbereiche der modernen Neurowissenschaft zu gewähren. Nach einer Begriffsbestimmung werden die empirische Untersuchung von Emotionen kurz beschrieben, neurowissenschaftliche Modelle der Emotionsforschung vorgestellt und es wird auf die Repräsentation von Emotionen im Gehirn eingegangen. Abschließend wird die Regulation von Emotionen – auf psychologischer und neurowissenschaftlicher Ebene – näher betrachtet, um Schnittstellen dieser beiden Bereiche exemplarisch aufzuzeigen.

4.1.2 Emotionen

Als Emotion werden psychophysiologische Zustandsänderungen bezeichnet, die durch äußere Reize (Sinnesempfindungen), innere Reize (Körperempfindungen) und/oder kognitive Prozesse (Bewertungen, Vorstellungen, Erwartungen) in Bezug auf die jeweilige Situation ausgelöst werden können. Emotionale Reaktionen (*emotional responses*) gehen mit verdeckt ablaufenden körperlichen Veränderungen einher, die zusammenfassend als emotionale Erregung (*emotional arousal*) bezeichnet werden. Zu den äußeren Kennzeichen von Emotionen zählen der emotionale Ausdruck, die Orientierung am emotional erregenden Gegenstand bzw. Sachverhalt, die damit verbundene Unterbrechung bzw. Desorganisation des momentan ausgeführten Verhaltens.

Sprachliche Abgrenzungen

Die spürbar einsetzende Erfahrung und die Erlebnisqualität von Emotionen werden *Gefühl* (*feeling*) genannt. Intensive, kurzzeitige Gefühle mit desorganisierenden bzw. einengenden Wirkungen auf Erleben und Verhalten heißen *Affekte* (z. B. Freudentaumel, Angst-, Wut-, Panikanfall). Im Gegensatz dazu versteht man unter längerfristigen Erlebnistönungen ohne klaren Reiz-, Situations-, Tätigkeits- oder Bedürfnisbezug *Stimmungen* (*mood*; z. B. freudige Erregung, Niedergeschlagenheit). Eine ältere Bezeichnung für Stimmungen ist auch Gemütsbewegungen.

Basisemotionen

Seit Darwins Arbeit über die evolutionären Grundlagen des menschlichen Verhaltens standen vor allem die sogenannten Basisemotionen oder primären Emotionen im Mittelpunkt der Emotionsforschung. Unter primären Emotionen versteht man angeborene Reaktionsmuster, die in vielen Kulturen zu finden sind und den gleichen Ablauf aufweisen. Die Anzahl der primären Emotionen ist bisher aufgrund unterschiedlicher Zugänge und Kriterien noch nicht endgültig geklärt.

Der wohl am weitesten anerkannte Versuch einer Klassifizierung geht auf die Beschreibung von universellen Gesichtsausdrücken durch Paul Ekman (1982) zurück, der sechs Basisemotionen kategorisiert: Ekel, Furcht, Freude, Traurigkeit, Überraschung, Wut.

Die Dauer der Basisemotionen überschreitet selten Sekunden. Dies ist die Zeit, die maximal für die ununterbrochene Dauer eines Gefühls angegeben und in der gleichzeitig verstärkte physiologische Reaktionen gemessen werden. Die Zeit vom Auftreten eines emotionalen Reizes bis zur Messung erster gefühlsspezifischer Reaktionen im Gehirn kann mitunter im Millisekundenbereich liegen. Bis zum Auftreten einer voll ausgebildeten primären Emotion mit entsprechendem Ausdruck müssen mindestens 70–100 ms vergehen (Birbaumer & Schmidt, 1999).

Basisemotionen gelten aus evolutionärer Sicht als Mechanismus der Informationsausgabe über ablaufende Motivationen. Furchtausdruck und Weglaufen signalisieren beispielsweise Gefahr, Trauer nach Verlust teilt Isolation oder Hilfebedürfnis mit, Freude oder Ekstase signalisieren Besitz oder Erwerb eines Gefährten, Ekel signalisiert Zurückweisung, Überraschung bedeutet Orientierung etc. (Birbaumer & Schmidt, 1999).

Empirische Untersuchung von Emotionen

Die Emotionsforschung untersucht seit geraumer Zeit neben dem subjektiven Erleben im Gefühl auch objektivierbare, emotionstypische Veränderungen, z. B. die beteiligten psychophysiologischen Vorgänge. Neben zahlreichen Studien, die sich mit der Entstehung, Wahrnehmung und Erfahrung von Emotionen befassen, werden auch individuelle Unterschiede emotionalen Erlebens analysiert.

In Experimenten werden häufig mehrere Komponenten von Emotionen gleichzeitig erfasst, um ein umfassendes Bild des emotionalen Erlebens zu erhalten. Neben der subjektiven Erlebnisweise werden auch die motorische Reaktion – also Ausdruck (expressiv) und Verhalten (behavioral) –, sowie die physiologischen Veränderungen, d. h. Erregungen des autonomen Nervensystems gemessen. Darüber hinaus gibt es noch eine kognitive Ebene der Emotionsentstehung. In diesem Zusammenhang entstand das Konzept der Bewertungstheorien (*appraisal theory*; Scherer, 2005). In diesen wird angenommen, dass Interpretation und Bewertung einer Situation oder eines Reizes eine entscheidende Rolle dabei spielen, ob ein bestimmtes Ereignis oder ein bestimmter Reiz eine Emotion auslöst. Des Weiteren wird durch die Bewertung (z. B. positiv oder negativ) die Art (z. B. Angst, Ekel oder Freude) und die Stärke (Intensität) der Emotion bestimmt.

Durch diese Bewertungstheorie konnten emotionstypische Einflüsse von experimentell angeregten Emotionen auf Kognitionsinhalte und -prozesse (z. B. Wahrnehmungen, Einschätzungen oder Erinnerungen) nachgewiesen werden. Aufgrund dieser Befunde liegt es nahe, neben den drei oben genannten Emotionskomponenten eine vierte kognitive Komponente anzunehmen, welche die anderen Emotionskomponenten beeinflusst. Diese kognitive Ebene spielt auch bei der Regulation von Emotionen eine bedeutende Rolle.

Messung von Emotionen

In der modernen empirischen Forschung wird mit unterschiedlichsten Methoden versucht, Emotionskomponenten messbar zu machen:

- Die subjektive Erlebnisweise kann durch sogenannte Ratingskalen erfasst werden. Diese können entweder sprachgebunden (z. B. eine Skala von 1 „sehr angenehm" bis 9 „sehr unangenehm") oder sprachfrei (z. B. eine Skala von einem lachenden Smiley bis zu einem traurigen Smiley) sein.

- Die behaviorale Komponente kann durch eine Orientierungsreaktion (z. B. Kopfdrehung) oder durch eine Bewegung auf etwas zu oder weg gemessen werden.

- Die expressive Emotionskomponente kann gezielt durch die Analyse von Mimik, Gestik, Körperhaltung und Stimme untersucht werden.

- Zur Messung der physiologischen Emotionskomponente steht

ein umfangreiches Inventar an Methoden zur Verfügung. Dieses reicht von der Messung der Herzfrequenz, des Blutdrucks oder des sogenannten Hautleitwerts (SCR; *skin conductance response*, ein Indikator für die Aktivität der Schweißdrüsen), über die Pupillenreaktion bis hin zu bildgebenden Verfahren, die Zustandsänderungen im Gehirn messen (z. B. funktionelle Magnetresonanztomographie (fMRT), Positronenemissionstomographie (PET), Magnetenzephalographie (MEG) oder Elektroenzephalographie (EEG)).

Wie bereits erwähnt, wird in der Emotionsforschung eine Kombination der unterschiedlichen Untersuchungsmethoden auf den verschiedenen Ebenen angestrebt, z. B. Messung der SCR während einer fMRT Messung, in der ein Rating über den momentanen emotionalen Zustand erhoben wird.

4.1.3 Neurowissenschaftliche Emotionsmodelle

Die Einführung der funktionellen Bildgebungsverfahren in der Studie von mentalen Prozessen wurde von einem zunehmenden Interesse an der Erforschung von Emotionen begleitet. Die relativ neuen bildgebenden Verfahren eröffneten, neben traditionellen Läsions-Methoden, pharmakologischen Manipulationen, elektro- und psychophysiologischen Studien an Menschen und Tieren, einen neuen Zugang. Die dadurch gewonnen Erkenntnisse führten zur Entwicklung von verschiedenen neurowissenschaftlichen Modellen über die Entstehung und die Grundlagen von Emotionen.

(1) *Single-System-Models* Eines der bekanntesten und weitgehend akzeptiertesten Modelle über den Zusammenhang von Struktur und Funktion stellt MacLeans Theorie über das *limbische System* (MacLean, 1990) dar, die davon ausgeht, dass „*every variety of affect*" von einer bestimmten Gruppe von Gehirnstrukturen gesteuert und erzeugt wird, die gemeinsam ein einheitliches, neuronales System bilden. Obwohl das Konzept von MacLean noch immer das gegenwärtige Nachdenken

über Emotionen beeinflusst, wurde die Validität dieser Theorie sowohl von der anatomischen (LeDoux, 1991) als auch von der theoretischen (Calder, Lawrence & Young, 2001) Seite infrage gestellt.

Ein alternatives *Single-System-Model* repräsentiert die *„Right-Hemi-sphere"* (RH)-Hypothese, die in ihren frühen Ansätzen (Mills, 1912) die Entstehung von negativen als auch von positiven Emotionen der rechten Hemisphäre (Hirnhälfte) zuschrieb. In jüngerer Zeit entstanden verschiedene Varianten dieser Hypothese. Demnach ist die rechte Hemisphäre, insbesondere posteriore Regionen, mehr in die Wahrnehmung und den Ausdruck von Emotionen involviert, als deren Erfahrung (Adolphs, Damasio, Tranel & Damasio, 1996; Borod et al., 1998). Nach Adolphs (1999) findet in der rechten Hemisphäre die Verarbeitung von hoch erregenden, unangenehmen Emotionen wie Wut und Furcht statt.

Neuere Studien weisen allerdings darauf hin, dass die Theorie von MacLean im Widerspruch zu dem weitläufigen Aktivierungsmuster, das mit der Entstehung und Verarbeitung von Emotion zusammenhängt, steht. Auch die RH-Hypothese findet keine Unterstützung, da eine ausgewogene Aktivierung der linken und der rechten Hemisphäre sowie in anterioren und posterioren Gehirnregionen belegt wurde.

(2) *Dual-System-Models* Aus verhaltenspsychologischer Sicht können mehrere Modelle genannt werden, die versuchen, Emotionen zu definieren. Grob kann man kategoriale (z. B. die Einteilung in die sechs Basisemotionen, s. o.) von dimensionalen Modellen unterscheiden. Letztere versuchen verschiedene Qualitäten, die für alle Emotionen zutreffen, zu definieren und sie auf einem Kontinuum der jeweiligen Qualität zu verorten. Aus der Anzahl der Qualitäten entsteht ein Raum mit so vielen Dimensionen wie Qualitäten. Mit dessen Hilfe lässt sich die emotionale Gesamtqualität eines Reizes definieren. Ein aus forschungslogischen Gründen sehr praktikables System haben Lang, Bradley und Cuthbert (1998) vorgelegt, das mit den Dimensionen Valenz (positiv vs. negativ) und Arousal (erregend vs. nicht erregend) auskommt.

Einen anderen Zugang zu Emotionen und Verhalten bieten die „*approach and withdrawal action tendencies*" (Annäherung und Rückzug; Davidson, 2002; Davidson & Irwin, 1999). Das Annäherungssystem ermöglicht annäherndes Verhalten hin zu einem appetitiven Stimulus und ist auch für die Entstehung positiver Emotionen zuständig. Dahingegen schafft das Rückzugssystem Vermeidungsverhalten gegenüber aversiven Stimuli und generiert in diesem Zusammenhang negative Affekte.

In beiden Modellen wird davon ausgegangen, dass positiven und negativen Emotionen zum Teil separate neuronale Systeme zugrunde liegen, die beispielsweise in einer unterschiedlichen Einbindung der rechten und der linken Hemisphäre bei der Encodierung verschiedener Emotionen resultieren. Diese Annahme konnte allerdings nur teilweise belegt werden.

Arousal zeigt sich generell in erhöhtem Aktivierungsniveau, insbesondere in gesteigerter Aktivierung des visuellen Cortex (Lang et al., 1998). Allerdings wird Arousal auch mit spezifischen Aktivierungen in der Amygdala in Verbindung gebracht (L. M. Williams et al., 2001).

(3) *Multisystem-Models*   Von einem kategorialen Ansatz ausgehend wird eine bestimmte Anzahl von Emotionen (z. B. sechs nach Ekmann, s. o.) angenommen. Jede dieser Emotionen wird von einem sogenannten „*affect program*" gesteuert (Ekman, 1992). Der Begriff „*affect program*" bezieht sich auf einen neuronalen Mechanismus, der Verhaltensmuster und komplexe emotionale Antworten bzw. Reaktionen speichert, die schnell und automatisiert ablaufen.

Die Idee von primären Emotionen gründet auf der Annahme, dass die mimischen Prototypen von Emotionsausdrücken transkulturell gleich interpretiert und dargestellt werden. Ekman sieht demnach eines der wichtigsten Ziele der neurowissenschaftlichen Forschung in der Identifizierung einmaliger Aktivitätsmuster im zentralen Nervensystem für jede Emotion aus dem *affect program*. Bisherige Studien haben tatsächlich für einen Teil der Primäremotionen zentrale Hirnregionen identifiziert, z. B. werden die Amygdala mit Furcht, die Inselrinde mit Ekel und Teile des seitlichen unteren Frontalcortex mit Wut in Zusammenhang gebracht.

Abschließend ist zu bemerken, dass keines der vorgestellten Modelle in der Lage ist, die Grundlagen der Emotionsentstehung und Erfahrung vollkommen zu erklären, sie aber dennoch einen theoretischen Hintergrund für die weitere Erforschung der Emotionen bilden. Durch die extrem hohe Konnektivität der einzelnen Hirnstrukturen (wie z. B. der Amygdala mit zahlreichen anderen Regionen) wird davon ausgegangen, dass verschiedene Regionen zusammen als Netzwerk an der Entstehung von Emotionen beteiligt sind und nicht eine einzelne Hirnregion per se (Pessoa, 2008).

4.1.4 Neuronale Repräsentation von Emotionen

Emotionale Zustände waren bis vor wenigen Jahren kein vorrangiger Gegenstand der Neurowissenschaften. Ein wichtiger Grund dafür liegt darin, dass man Gefühle, Instinkte und Reflexe in Zentren des Hirnstammes ansiedelte, den man als „stammesgeschichtlich alte" Region ansah. In dem darüber liegenden Neocortex lokalisierte man die „höchsten" Hirnleistungen, die entsprechend kognitiver und nicht emotionaler Natur sind.

Bestimmte subcorticale (unter dem Cortex liegende) Anteile wurden bereits 1878 von dem Neurologen Paul Broca als limbischer Lappen (*limbic lobe*) bezeichnet, der zahlreiche Regionen umfasste.[1] Die anatomischen Unterschiede dieser Strukturen zum Neocortex, ihre innere Lage und ihre starke Verknüpfung mit dem Riechhirn schienen nahezulegen, dass es sich um ein stammesgeschichtlich altes System des Gehirns handelte.

Im Jahre 1937 bildete James Papez auf dieser Basis das Konzept des Papez-Kreises, einer in sich rücklaufenden Struktur (abgekoppelt vom rationalen Neocortex), in der sich der Sitz der Emotionen befindet.

---

[1] Den cingulären Cortex, Amygdala, Septum, Nucleus accumbens, Mammillarkörper, thalamische Kerne, Hippocampus.

Heutzutage ist der Papez-Schaltkreis vor allem als Gedächtnis-Schaltkreis von Bedeutung (Kandel, Schwartz & Jessell, 2000).

Beruhend auf der Einteilung des Gehirns in „niedere" und „höhere" Zentren, entwickelte Paul MacLean, 1990, das Konzept des *triune brain"*. Ausgangspunkt dieses Modells ist die stammesgeschichtliche Entwicklung des menschlichen Gehirns.

In diesem Modell wird das Gehirn in drei Bereiche gegliedert (Roth, 1996):

- ein *Reptiliengehirn*, das im Wesentlichen den Hirnstamm umfasst und für Reflexe und Instinkte zuständig ist,

- ein *primitives Säugergehirn*, welches im Wesentlichen das limbische Gehirn umfasst, dem Gefühle und Triebe zugeordnet werden, und

- das für den Menschen typische *fortgeschrittene Säugergehirn*, das den Neocortex hinzufügt und für rationales, problemlösendes Verhalten zuständig ist („Lesen, Schreiben und Arithmetik").

Eine zentrale Aussage dieses Konzeptes beruht auf der Annahme, dass nur wenige anatomische Verbindungen zwischen dem primitiven und entwickelten Säugergehirn (demnach zwischen limbischem System und Neocortex) existieren und daher eine rationale Steuerung der Affekte und Emotionen so schwerfällt.

Das Konzept von drei voneinander weitgehend unabhängig arbeitenden Gehirnen und die Idee einer stammesgeschichtlichen Abfolge der Entstehung dieser Gehirnteile wurde allerdings widerlegt und die Konzeptualisierung von Emotion und Kognition als getrennte Systeme kritisiert (Pessoa, 2008).

Ende der 80er-Jahre des vorigen Jahrhunderts kam es in der Emotionsforschung durch die Arbeiten des Neurobiologen Joseph LeDoux zu einem großen Erkenntnisgewinn in Bezug auf die Neurophysiologie von Emotionen. Durch seine Arbeiten rückte Ledoux (1989) vor allem eine Region, die Amygdala, ins Zentrum der Emotionsforschung. Neben der Amygdala stellen der präfrontale Cortex, das ventrale Striatum, der anteriore cinguläre Cortex und die Insula die wichtigsten neuroanatomischen Strukturen in Bezug auf die Entstehung von Emotionen dar (Pessoa, 2008).

4.1.5 Emotionsregulation

Um sich einer derart komplexen Hirnfunktion wie Emotionsregulation experimentell sinnvoll annähern zu können, müssen zunächst die psychologischen Konstrukte zur Beschreibung von Emotionsregulation erläutert werden. Die pure Lokalisation von Hirnfunktionen ohne Einbettung in einen psychologischen Kontext ist von keinem besonders hohen Wert. Daher wird hier kurz ein Modell zur Emotionsregulation vorgestellt.

Es gibt verschiedene Möglichkeiten und kognitive Strategien, wie wir mit unseren Emotionen umgehen. Wir können ihnen Aufmerksamkeit schenken oder sie außer Acht lassen, wir können sie ausleben oder unterdrücken. Die Untersuchung dieser Strategien hat gezeigt, dass der Mensch beinahe jeden Aspekt seiner emotionalen Verarbeitung kontrollieren kann. Wir können beispielsweise unsere Aufmerksamkeit steuern und uns ablenken oder negative Erlebnisse neu interpretieren und somit als weniger negativ empfinden (Neubewertung). Diese und andere Prozesse werden allgemein als „Emotionsregulation" bezeichnet. Durch Emotionsregulation beeinflussen wir, welche Emotionen wir empfinden, wann wir sie empfinden, wie wir sie erfahren und wie wir sie ausdrücken (Gross, 1998). Wie bereits erwähnt, bestehen Emotionen aus unterschiedlichen Komponenten, die sich über einen bestimmten Zeitraum entfalten. Daher beinhaltet Emotionsregulation Veränderungen in der „Emotionsdynamik", d. h. in der Latenz, Entstehung, Intensität, Dauer und dem Offset von behavioralen und physiologischen Reaktionen.

Strategien der Emotionsregulation

Häufig wird Emotionsregulation mit dem Abschwächen (z. B. Beruhigung oder Distanzierung) von emotionalen Reaktionen in Verbindung gebracht. Allerdings kann man seine Emotionen auch verstärken (z. B. „hineinsteigern" in eine Situation, grübeln oder jammern), oder einen bisherigen emotionalen Zustand einfach nur aufrechterhalten (z. B. gute Laune). Hierbei ist zu beachten, dass Emotionsregulation nicht unbedingt bewusst stattfinden muss, sondern auch unbewusst ablaufen kann – etwa, wenn man seine Aufmerksamkeit von etwas Aufregendem rasch auf etwas Beruhigendes lenkt, ohne lange darüber nachzudenken.

Da es große individuelle Unterschiede in der Entstehung von Emotionen, deren Wahrnehmung und Interpretation gibt, gehen Menschen auch mit emotionalen Situationen unterschiedlich um. Entsprechend vielfältig sind daher auch die möglichen Strategien zur Emotionsregulation. Das Prozess-Modell von James Gross (2002) versucht, diese unterschiedlichen Strategien in einem Modell zu beschreiben. Die Grundlage des Modells bildet dabei die Annahme, dass Emotionsregulationsstrategien sich dadurch auszeichnen, wann sie ihren größten Einfluss auf die Entstehung von Emotionen haben.

Generell lassen sich zwei Arten von Emotionsregulationsstrategien unterscheiden:

- Jene, die vor dem Auftreten der emotionalen Reaktion wirken (*„antecedent-focused"*), z. B. wenn man ein Vorstellungsgespräch als Möglichkeit ansieht, etwas über ein Unternehmen zu lernen,

- und solche, die nach dem Entstehen von emotionalem Verhalten eintreten (*„response-focused"*), etwa wenn Eltern sich nicht anmerken lassen, selbst Angst zu haben, wenn sie ihr Kind zum ersten Mal im Kindergarten zurücklassen.

Prozess-Modell der Emotionsregulation

Das Prozess-Modell beschreibt fünf spezifische Strategien zur Emotionsregulation:

(1) Die erste Strategie ist die *Auswahl der Situation*, d.h. die bewusste Entscheidung, bestimmte Situationen aufzusuchen bzw. zu vermeiden. Vor einer großen Prüfung kann es zum Beispiel sinnvoll sein, sich mit einem Freund oder einer Freundin zum Essen zu verabreden, anstatt sich noch einmal mit anderen nervösen Kommilitonen in der Bibliothek zu treffen.

(2) Dann kann der *emotionale Einfluss dieser Situation* modifiziert werden. Im Beispiel des Abendessens mit dem Freund oder der Freundin würde das bedeuten, nicht auf die Frage, ob Sie genug gelernt haben, einzugehen, sondern das Thema gezielt auf etwas Unverfängliches zu lenken

(3) Als Nächstes kann man seine *Aufmerksamkeit* auf unterschiedliche Aspekte der Situation lenken. Um das Beispiel fortzuführen: Sollte der Freund oder die Freundin doch weiterhin über die Prüfung reden, können Sie sich von dem Gespräch ablenken, indem Sie eingehend die Menükarte studieren.

(4) Nachdem die Aufmerksamkeit auf einen bestimmten Aspekt einer Situation gelenkt wurde, kann durch *kognitive Veränderung* zwischen den unterschiedlichen Bedeutungen einer Situation gewählt werden. Zum Beispiel kann man sich vergegenwärtigen, dass es „nur" eine Prüfung ist und eine schlechte Note nicht den Weltuntergang bedeuten würde. Die persönliche Bedeutung, die wir einer Situation zuschreiben, ist dabei von größter Wichtigkeit, da sie erheblich die emotionale Reaktion beeinflusst.

(5) In einem letzten Schritt kann die *emotionale Reaktion an sich* beeinflusst werden, indem man sie moduliert und kontrolliert. In unserem Beispiel würde das bei einem Misslingen der Prüfung dazu führen, dass Sie versuchen, Ihre Verlegenheit vor Ihren Kommilitonen zu verbergen.

Die am häufigsten untersuchte Emotionsregulationsstrategie ist die vierte dieses Prozess-Modells, also die Neuinterpretation oder Neubewertung (*reappraisal*) einer Situation, eines Ereignisses, eines Erlebnisses oder eines Reizes. Ein Beispiel für Reappraisal wäre, wenn man die Präsentation über sein Diplomarbeitsprojekt nicht als furchterregende Situation versteht, in der man aus Aufregung versagen könnte, sondern als eine Möglichkeit auffasst, produktives Feedback zu erhalten, das die eigene Arbeit verbessert.

Neuronale Grundlagen der Emotionsregulation

Seit den 1990er-Jahren untersuchen zahlreiche Studien der affektiven Neurowissenschaft verstärkt die neuronalen Grundlagen der Emotionsregulation. Mit der Einführung der funktionellen Bildgebungsverfahren (v.a. fMRT) erfuhr das Thema Emotionsregulation in der letzten Dekade einen regelrechten Boom (Gross, 2007). Die fMRT verwendet starke Magnetfelder (Scanner mit bis zu 3 Tesla, was etwa dem 60.000-fachen des Erdmagnetfeldes entspricht) und Radiofrequenzimpulse, um möglichst hoch aufgelöste Bilder vom Gehirn zu erzeugen. Auf diesen Bildern lassen sich einzelne Hirnareale millimetergenau voneinander abgrenzen. Außerdem erlaubt diese Methode die Messung von Veränderungen der Durchblutung bzw. des Blutflusses mit einer zeitlichen Genauigkeit im Sekundenbereich.

Wenn wir zum Beispiel an einer kognitiven Aufgabe arbeiten, dann benötigt unser Gehirn dafür mehr Sauerstoff, der über das Blut in jene Hirnregion transportiert wird, die für die erfolgreiche Bewältigung der Aufgabe wichtig ist. Dieser Zusammenhang zwischen erhöhtem Blutfluss, Aufgabenstellung und Hirnregion bildet die Grundlage für jeden fMRT-Versuch. Mit fMRT ist es daher möglich, die durch die Aufgabe im Gehirn angeregten Prozesse zu lokalisieren und so festzustellen, welche Gehirnregionen an der Bewältigung der Aufgabe beteiligt sind.

In den klassischen Experimenten zu Reappraisal werden den Probanden starke negative Bilder gezeigt, z. B. verstümmelte Körper, Gewaltszenen, Kriegsverletzungen, Autounfälle oder Naturkatastrophen. Die Probanden werden aufgefordert, ihre Emotionen zu verstärken, abzuschwächen oder beizubehalten. Im ersten Fall sollen sie sich beispielsweise vorstellen, dass ein Familienmitglied diese Situation erlebt, um so die „emotionale Nähe" zu der dargestellten Situation zu erhöhen. Beim Abschwächen sollen die Probanden versuchen, sich von der dargestellten Situation zu distanzieren, indem sie sich z. B. vorstellen, dass sie Notarzt sind und Hilfe leisten. In beiden Fällen wird ein emotionaler Reiz (in diesem Fall ein negatives Bild) neu bewertet und die emotionale Bedeutung entweder erhöht oder reduziert. Dies geschieht über die Anwendung von kognitiven Strategien. Die Art und Weise, wie die Probanden das Ziel der Emotionsverstärkung oder -abschwächung erreichen, bleibt ihnen selbst überlassen. Zum Vergleich werden die Probanden in den Kontrollbedingungen dazu angehalten, ihren emotionalen Reaktionen freien Lauf zu lassen und diese nicht zu kontrollieren oder zu modulieren.

Während der Präsentation der Bilder versuchen die Probanden, ihre Emotionen entweder entsprechend der Instruktion zu regulieren oder nicht. Nach der Darbietung des Bildes werden sie in der sogenannten Rating-Phase nach ihrem momentanen Gefühlszustand befragt. Diesen geben sie auf einer Skala von sehr negativ bis wenig negativ an, wodurch erfasst werden soll, wie gut die Emotionskontrolle gelungen ist.

Die meisten Versuche verwenden fMRT zur Messung der kognitiven und affektiven Prozesse im Gehirn während der Emotionsregulation. Zusätzlich wird häufig auch der Hautleitwert gemessen. Dieser ist ein guter Indikator dafür, ob eine physiologische (körperliche) Erregung durch das emotionale Bild stattgefunden hat, ob es zu einer emotionalen Reaktion gekommen ist oder nicht. In diesem klassischen Versuchsaufbau werden dementsprechend folgende Emotionskomponenten gemessen:

- die subjektive Erlebnisweise wird durch das Rating und die direkte Frage nach dem Gefühlszustand gemessen;
- die physiologische Komponente wird einerseits durch das fMRT

und andererseits durch die Aufzeichnung des Hautleitwiderstands gemessen.

- Darüber hinaus wird die kognitive Komponente direkt durch die Instruktion, nämlich der Neubewertung der emotionalen Situation, in das Versuchsdesign mit aufgenommen.

Dieses Versuchsdesign zeigt, wie durch geeignete Kombination unterschiedlicher Methoden eine simultane Erfassung verschiedener Emotionskomponenten möglich ist.

Zahlreiche Studien haben mit diesem oder einem ähnlichen experimentellen Aufbau unterschiedliche Aspekte von Emotionsregulation untersucht. Auf Grundlage dieser Befunde entwickelten Ochsner, Silvers und Buhle (2012) ein Modell über die Funktionen der einzelnen Hirnregionen, die an Emotionsregulation beteiligt sind. Dieses Modell geht von drei Systemen aus:

(1) Das erste System umfasst alle Bereiche des Gehirns, die mit der Entstehung von Emotionen in Verbindung gebracht werden. Zu diesen Regionen zählen die Inselrinde (die *Insula*), der Streifenkörper (das *Striatum*) und der Mandelkern (die *Amygdala*).

(2) Das zweite System beinhaltet alle Hirnregionen, die an der Steuerung und Regulation der emotionalen Reaktion beteiligt sind, also alle Regionen, die eine emotionale Antwort beeinflussen und ändern können. Hierzu zählen vor allem frontale (im vorderen Teil des Gehirns liegende) Regionen, die für das Planen, Denken und Handeln wichtig sind. Diese Hirnbereiche unterstützen die Auswahl einer angemessenen emotionalen Antwort oder helfen, eine unangemessene Reaktion zu unterdrücken.

(3) Das dritte System umfasst vor allem Hirnregionen, die im Temporallappen (Schläfenlappen, seitlich unten) liegen. Diese Regionen nehmen nach Ochsner et al. (2012) eine vermittelnde Rolle zwischen System 1 und System 2 ein, da sie für die Repräsentation von Sprache wichtig sind.

Durch das Zusammenspiel aller drei Systeme ist es uns möglich, Emotionen gezielt zu modifizieren, neu zu interpretieren und zu bewerten, um unser Verhalten zu verändern und den Umständen entsprechend anzupassen.

Die Fähigkeit, Emotionen zu regulieren ist essenziell für unsere mentale und physische Gesundheit (Gross & Muñoz, 1995; Gross et al., 2006; Eftekhari, Zoellner & Vigil, 2009; Berking & Wupperman, 2012). Wenn Emotionen nicht erfolgreich reguliert werden können, kann dies zu affektiven Störungen führen, wie zum Beispiel Angststörung, Depression, bipolarer („manisch-depressiver") Störung und Borderline („emotional instabile") Persönlichkeitsstörung (Davidson, 2000; Amstadter, 2008; Cisler, Olatunji, Feldner & Forsyth, 2010; Gruber, Harvey & Gross, 2012; Krause-Utz, Winter, Niedtfeld & Schmahl, 2014). Die neurowissenschaftliche Grundlagenforschung kann daher einerseits zu einem besseren Verständnis der Störungsbilder und andererseits zur Verbesserung von Therapieansätzen einen erheblichen Beitrag leisten.

4.2 Kognitive Neurowissenschaften und „The Ghost in the Machine"

Florian Ph. S. Fischmeister

„*A science of the mind must reduce [. . .] complexities (of behaviour) to their elements. A science of the brain must point out the functions of its elements. A science of the relations of mind and brain must show how the elementary ingredients of the former correspond to the elementary functions of the latter.*"   William James (1890)

4.2.1 Eine kurze Geschichte der Kognitiven Neurowissenschaften

Während des Studiums der Psychologie – der wissenschaftlichen Beschäftigung mit dem Erleben und Verhalten von Menschen – stellt sich unweigerlich irgendwann einmal die Frage nach dem Sitz der mentalen oder kognitiven Funktionen, die unserem Erleben und Verhalten zugrunde liegen. Heute wird als biologisches oder organisches Substrat dieser Funktionen das menschliche Gehirn gesehen. Nimmt man jedoch das Gehirn als biologisches Substrat für unser Leben und Erleben an, geht man implizit auch von einem ganz bestimmten wissenschaftstheoretischen Konzept, dem *Monismus*, aus.

Monismus bedeutet, dass alle Vorgänge und Phänomene auf ein einziges Grundprinzip zurückgeführt werden können. Umgelegt auf das Gehirn bedeutet Monismus, dass alle mentalen und kognitiven Fähigkeiten, z. B. Wahrnehmung, Gedächtnis, Entscheidungsprozesse, Handeln, aber auch Selbstwahrnehmung und Selbstreflexion, ausschließlich eine Funktion des menschlichen Gehirns und der damit verbundenen neuronalen Prozesse ist. Auch wenn dieses Konzept heute weitgehend unwidersprochen ist und die diese Prozesse erforschende Wissenschaftsdisziplin, die kognitiven Neurowissenschaften,

83

allgegenwärtig ist, so finden sich die Ursprünge der Hirnforschung und der Beschäftigung mit mentalen Prozessen schon viel früher.

Erste Hinweise auf die Rolle des Gehirns

Erste Hinweise auf die signifikante Rolle des Gehirns in Zusammenhang mit Verhalten stammen aus dem alten Ägypten. So wird im *Papyrus Smith*, datiert auf 1700 v. Chr., bereits von der medizinischen Versorgung und Behandlung von Schädel- und Hirnverletzungen berichtet. Hier finden sich neben den ersten Beschreibungen der Gehirnoberfläche, der Hirnhäute und der Cerebrospinalflüssigkeit auch Hinweise darauf, dass es nach Verletzungen des Gehirns zu Verhaltensstörungen und Veränderungen kommt.

Im antiken Griechenland beschäftigten sich unter anderem Alkmaion von Kroton, Aristoteles und Platon mit der Frage nach dem Geist, der Seele und der Psyche – Begriffe, die sehr oft synonym verwendet werden. Zur damaligen Zeit herrschte die Ansicht vor, dass eine himmlische Kraft die Geschicke des Körpers lenkt. Alkmaion von Kroton (450 v. Chr.) vertrat jedoch die Ansicht, dass das Gehirn der alleinige Sitz von Wahrnehmung und Erkenntnis – allgemein Geist und Psyche – ist. Dieser These folgte auch Platon (427–347 v. Chr.); sein Schüler Aristoteles (384–322 v. Chr.) jedoch war der Meinung, dass ausschließlich das Herz die Quelle von Emotionen und Gedanken, also dem Geist sei. Entsprechend Aristoteles' Vorschlag war das Gehirn im Sinne eines Radiators lediglich für die Kühlung der Leidenschaft des Herzens zuständig.

Erst seit Hippokrates (460–370 v. Chr.), dem Begründer der wissenschaftlichen Medizin, wird das Gehirn allgemein als Generator für Leben und Erleben, aber auch als Grund für Krankheiten, Trauer und Schmerz gesehen. Hippokrates griff die Idee von Alkmaion von Kroton auf und berichtet in *„On the Sacred Disease"* (ein Lehrbuch über die Epilepsie): *„Man ought to know that from nothing else but the brain come joys, delights, laughter and sports, and sorrows, griefs, despondency, and lamentations. [. . .] and by the same organ we become mad and delirious, and fears and terrors assail us . . . "*

Die folgenden Jahrhunderte, bis ca. 1500 n. Chr., waren geprägt durch das Verbot des Sezierens und Obduzierens von menschlichen Körpern, erlassen von der katholische Kirche. So kam es zu einem fast völligen Stillstand der Hirnforschung und der Erforschung der Frage nach dem Ursprung und Sitz des Erlebens. Eine Ausnahme stellte im 2. Jahrhundert n. Chr.der griechische Arzt und Anatom Galenos von Pergamon dar. Durch ihn kam es zu einer Renaissance der von Hippokrates begonnenen Forschung. Den Grundstein dafür legte Galenos 177 n. Chr.mit seinen Vorträgen über das Gehirn und der Beschreibung von chirurgischen Eingriffen bei neurologischen Krankheiten. Von Galenos stammen auch die ersten differenzierten Modellvorstellungen über Gehirnfunktionen. Eine entscheidende Rolle für den Ablauf psychischer Funktionen wurde dabei den Hohlräumen des Gehirns, dem Ventrikelsystem zugedacht.

Den eigentlichen Beginn der heutigen Neurowissenschaften stellt das erste neurowissenschaftliche Lehrbuch „*De Humani Corporis*" von Andrea Vesalius (1543) dar. Hier finden sich detaillierte Aufzeichnungen zur Anatomie des Gehirns, des Nerven- und des Gefäßsystems. In den folgenden Jahren entsteht aus dieser Beschäftigung mit dem Gehirn und vor allem mit dessen Erkrankungen das heutige Fach „Neurologie" – ein Begriff, der vom englischen Arzt Thomas Willis 1681 geprägt wird. Thomas Willis gilt als Begründer der heutigen Neurologie und als Namensgeber für eine Unzahl neuronaler Areale. Seine Ideen und Beobachtungen – vor allem zur Funktionsweise des Gehirns – bilden auch die Grundlagen für jenes wissenschaftliche Fach, das wir heute, mehr als 300 Jahre später, kognitive Neurowissenschaften, nennen.

Basierend auf diesen bahnbrechenden neuroanatomischen Erkenntnissen beschäftigte man sich in der Folge immer mehr mit der Frage, welche Rolle das Gehirn für unser Verhalten spielte. Hier war von besonderem Interesse, wie Seele, Geist oder Psyche über das Gehirn mit dem Körper verbunden sind, bzw. wie der Körper von diesen gesteuert wird. Eine der bekanntesten Persönlichkeiten zu dieser Zeit war René Descartes (1596–1650). Inspiriert durch die Erfindung von Hydraulik und der Dampfmaschine meinte er, dass Nerven auf ähnliche Weise arbeiten. Sein Modell zu Reflexen sah vor, dass eine Art *„animal spirit"* durch die Nerven fließt und innerhalb des Gehirns die *glandula pinealis* (Zirbeldrüse) diesen „spirit" lenkt und leitet. Descartes glaubte dabei an zwei einander ausschließende Typen von Entitäten (*Dualismus*): den nicht-materiellen Geist, der über die Zirbeldrüse den Körper leitet und lenkt, und den Körper als materielles ausführendes Organ. Diese dualistische Sichtweise – und hier vor allem die mögliche Interaktion zwischen Geist und Körper – stellt in den folgenden Jahrhunderten neben der Erforschung der neuronalen Grundlagen ein Forschungsthema der Wissenschaft dar.

Lokalisation versus holistische Betrachtung von Funktionen

Die folgenden Jahrhunderte waren geprägt durch wichtige Entdeckungen im Bereich der Hirnanatomie (also der Lehre vom Aufbau des Gehirns) und der Physiologie (der Lehre von den physikalischen und biochemischen Vorgängen im Körper). Benjamin Rush (1746–1813) erforschte beispielsweise die negativen Auswirkungen von Alkohol auf das Nervensystem. Mittlerweile nur mehr von historischem Interesse sind auch die Untersuchungen zur *Phrenologie*, die erstmalig einen Zusammenhang zwischen Verhalten und Gehirn herzustellen versuchten. Dabei sollten mittels exakter Vermessung der Schädeloberfläche Rückschlüsse auf Verhalten und Persönlichkeit gezogen werden (z. B. Franz Joseph Gall, 1758–1828; Begründer der Phrenologie). Während die Phrenologie sehr bald zu Recht als Pseudowissenschaft in Verruf geriet, stellt die Frage, ob und in welcher Form Verhalten und mentale Funktionen lokalisiert werden können, heute noch ein zentrales Thema der Hirnforschung dar.

Ein berühmter Vertreter dieser Zeit war der französische Biologe Pierre Flourens (1794–1867). Pierre Flourens vertrat aufgrund seiner Experimente mit Hunden und Tauben einen holistischen Ansatz und postulierte in seiner *„aggregate fields"*-Theorie, dass alle Bereiche des Gehirns immer an allen Funktionen beteiligt sind. Gegensätzlicher Meinung waren John Hughlings Jackson (1835–1911), Pierre Paul Broca (1824–1880) und Karl Wernicke (1848–1904). Jackson beobachtete eine langsame Ausbreitung epileptischer Anfälle entlang des Körpers, beginnend bei den Armen über Rumpf und Beine und schlug eine topographische Organisation des Gehirns entsprechend der Körperperipherie vor; unterschiedliche, voneinander abgrenzbare neuronale Gebiete versorgen die Arme, Beine oder den Rumpf. Broca und Wernicke interessierten sich vor allem für Patienten mit Läsionen und damit verbundenen neuronalen Ausfällen. Mit ihrer Beobachtung an Schlaganfallpatienten, dass innerhalb der linken Hemisphäre klar abgrenzbare neuronale Areale zuständig für Sprachmotorik (Broca) und Sprachverständnis (Wernicke) existieren, brachten sie die Diskussion zur holistischen oder lokalisationistischen Betrachtung des Gehirns zu einem jähen Ende.

Heute wissen wir, dass beide Extrempositionen, *Holismus* (alle neuronalen Areale sind an allen Funktionen beteiligt) versus *Lokalisationismus* (jedes neuronale Areal ist nur für eine ganz spezifische Funktion zuständig), nicht haltbar sind. Stattdessen hat sich eine konnektionistische Sichtweise durchgesetzt. *Konnektionismus* bedeutet, dass kognitive Grundfunktionen und primäre sensorische sowie motorische Funktionen streng lokalisiert sind, hingegen höhere Funktionen (wie z. B. Objekterkennung, Gedächtnis, Sprache oder soziale Fähigkeiten) durch eine Zusammenarbeit von verschiedensten, gut miteinander verbundenen neuronalen Arealen bewerkstelligt werden. Dennoch können auch innerhalb dieser Areale einzelne Subfunktionen (wie z. B. die Verarbeitung von Gesichtern im *fusiformen Gesichterareal*) lokalisiert werden.

Kognitive Neurowissenschaften: Ein Fach entsteht

Die Beschreibung und vor allem die Messung von Interaktionen zwischen Gehirn und Verhalten war auch in der Psychologie lange ein großes Ziel. Hier versuchte man schon sehr früh durch Verhaltensmessungen (wie etwa der Bestimmung von Reaktionszeiten oder psychophysiologischen Messungen) ein Fenster zu internen mentalen

Prozessen zu öffnen. Während jedoch die Bemühungen von Wilhelm Wundt (1832–1920, Begründer der modernen Psychologie) mittels Introspektion fehlschlugen, machten Roy und Sherrington (1890) eine bedeutende Entdeckung, die später das Fach biologische oder physiologische Psychologie in die heutigen kognitiven Neurowissenschaften transformieren sollte. Diese Entdeckung basiert auf den Beobachtungen von Angelo Mosso, einem italienischen Physiologen des 19. Jahrhunderts. Mosso konnte zeigen, dass der lokale Blutfluss in neuronalen Arealen mit mentalen Prozessen, wie sie zum Beispiel bei mathematischen Berechnungen auftreten, zusammenhängt. Roy und Sherrington erkannten in der Folge, dass aktive Neuronen vermehrt Sauerstoff verbrauchen und der von Mosso beobachtete Anstieg des Blutvolumens auf den verstärkten Zufluss von sauerstoffreichem Blut zurückzuführen ist. Hundert Jahre später konnte Seiji Ogawa zeigen, dass dieser Zusammenhang zwischen Sauerstoffverbrauch und neuronaler Aktivität mittels funktioneller Magnetresonanztomographie (fMRT, Ogawa, Lee, Nayak & Glynn, 1990) messbar ist. Zwei Jahre später wurde durch Kwong und Kollegen dann die erste fMRT-Messung zur Bestimmung von neuronaler Aktivität durchgeführt (Kwong et al., 1992).

Auch wenn zu dieser Zeit neben fMRT auch noch andere Methoden, wie die Positronenemissionstomographie (PET) oder Elektro- und Magnetoenzephalographie (EEG/MEG), zur Darstellung von neuronalen Prozessen existierten, ist es doch die fMRT, die als entscheidender Motor der kognitiven Neurowissenschaften gilt. Die wissenschaftliche Disziplin „kognitive Neurowissenschaften" selber erhielt ihren Namen in den späten 1970ern durch Michael S. Gazzaniga, einem Neurobiologen, und George A. Miller – Mitbegründer des Fachs „Kognitive Psychologie". Der Name Kognitive Neurowissenschaften leitet sich dabei von den zwei Begriffen „Kognition", dem Ergebnis von Wahrnehmung, Bewusstsein und Entscheiden, sowie „Neurowissenschaften", dem Studium der Organisation und Funktion unseres Nervensystems, ab. Dieses relativ junge Fach hat zwar seinen Ursprung in der Kognitiven Psychologie, stellt aber aufgrund der verwendeten Methoden (fMRT und andere bildgebende Verfahren) und Methodik (Experimente, Modellierung, Tests, usw.) einen Zusammenschluss von Wissenschaftlern mit unterschiedlichen, z. B. experimentalpsychologischen, kognitionspsychologischen, biologischen, neurologischen, physikalischen oder mathematischen Hintergründen dar. All diese Wissenschaftler eint das wissenschaftstheoretische Konzept des Monismus und des Konnektionismus sowie die sich daraus ergebende Fragestellung *„How the mind arises from the brain"*.

4.2.2 Auf der Suche nach einer „Baseline"

Wissenschaftliche Experimente im Bereich der kognitiven Neurowissenschaften – unabhängig davon, welche Methode zur Darstellung der neuronalen Aktivität benutzt wird – folgen dem Prinzip der sogenannten *aufgabeninduzierten Aktivität*. Dabei geht man davon aus, dass die beobachtete Änderung der neuronalen Aktivität ausschließlich auf das präsentierte Aufgabenmaterial zurückgeführt werden kann und nicht artifiziell oder durch Zufall entstanden ist. Zum Beispiel wird die Präsentation eines Bildes im Vergleich zu einem leeren, schwarzen Bildschirm unter anderem zu vermehrter Aktivität in visuellen Arealen des Gehirnes führen.

Mittels funktioneller Magnetresonanztomographie (fMRT) lassen sich solche neuronalen Aktivitätsänderungen aufgrund der hämodynamischen Antwort aktiver neuronaler Areale, auch *„blood-oxygen-level dependent"* (BOLD)-Antwort genannt, beobachten. Dabei wird der durch neuronale Aktivität entstehende Glukoseverbrauch und der in geringerem Ausmaß stattfindende Sauerstoffverbrauch durch die Zufuhr von sauerstoffreichem Blut überkompensiert. Durch diesen überproportionalen Zufluss von sauerstoffreichem Blut ändert sich in diesem Bereich das Verhältnis von sauerstoffarmem zu sauerstoffreichem Blut zugunsten Letzterem. Der dabei beobachtete BOLD-Effekt entsteht nun dadurch, dass „sauerstoffreiches Blut", genauer gesagt das darin enthaltene sauerstoffreiche (oxygenierte) Hämoglobin, andere magnetische Eigenschaften als sauerstoffarmes (desoxygeniertes) Hämoglobin hat. Da neuronale Aktivität zu einem Anstieg von sauerstoffreichem Blut führt, lassen sich neuronale Aktivitäten mittels fMRT indirekt über die BOLD-Antwort als Signalzunahme in den jeweils aktivierten Hirnarealen beobachten.

Aufgabeninduzierte Aktivierungen und Deaktivierungen im Gehirn

Entsprechend dem Prinzip der aufgabeninduzierten Aktivierung begann man sehr früh, mittels fMRT neuronale Korrelate von ausgewählten sensorischen, motorischen, aber auch kognitiven Prozessen zu untersuchen. Interessanterweise stellte man dabei neben den Aktivierungen auch Deaktivierungen, also Verminderungen der BOLD-Antwort im Vergleich zu einer Kontrollbedingung oder Baseline fest. Als *Baseline* (z. B. die Präsentation eines leeren, schwarzen Bildschirms im zuvor genannten Experiment) wurde dabei jener Zustand definiert, bei dem keine Aktivität stattfindet, das Gehirn also in Ruhe ist. Welcher Mechanismus für diese Deaktivierungen verantwortlich sein könnte war unklar und entfachte eine heftige Diskussion und Suche nach den unterschiedlichsten Baselines oder besser der „optimalen" Baseline (Gusnard, Akbudak, Shulman & Raichle, 2001).

Deaktivierungen können allgemein dadurch entstehen, dass neuronale Aktivität während der Aufgabe entweder geringer ist als während der Baseline oder in der Kontrollbedingung mehr Aktivität als unter der eigentlichen Aufgabe, relativ zu einer Baseline, beobachtet wird (Gusnard et al., 2001). In beiden Fällen wurde Deaktivierung als *„cross-modale"*-Hemmung im Sinne einer Verminderung von Hintergrundaktivität – vor allem in sensorischen Arealen – gesehen, um die Bearbeitung der eigentlichen kognitiven Aufgabe zu verbessern (Haxby et al., 1994). Alternative Erklärungsansätze waren technische Artefakte, bedingt durch die Messung selbst oder physiologische Ursachen, wie zum Beispiel das *„vascular-steal"*-Phänomen (Woolsey et al., 1991). Hierbei versuchte man, Deaktivierungen dadurch zu erklären, dass benachbarte Bereiche der aktiven Areale mit weniger sauerstoffreichem Blut versorgt werden, um den erhöhten Bedarf der aktiven Areale decken zu können.

Eine komplett andere und lange Zeit übersehene Erklärung für De-aktivierungen lieferten Andreasen et al. (1995). Sie gingen von einem psychoanalytischen, kognitivpsychologischen Hintergrund aus. In-nerhalb der Psychoanalyse und der kognitiven Psychologie wurden Ruhebedingungen immer schon als hoch aktive Momente gesehen, während derer freie Assoziationen, Tagträume, autobiographische Er-innerungen, Kreativität und Planung von weiteren Aktivitäten stattfin-den (zum Beispiel James, 1890). Andreasen et al. (1995) inkludierten in ihre Studie eine aktive, episodische Gedächtnisphase, bei der die Probanden ruhig, mit geschlossenen Augen im Gerät liegen sollten und nannten diese REST (*„random episodic silent thinking"*). Während dieser REST-Bedingung beobachteten sie Aktivitäten in bestimmten Hirnregionen[2], die sie auf episodische und autobiographische Erinne-rungen zurückführten.

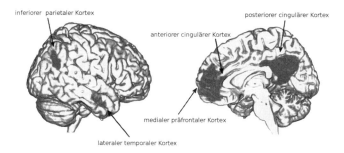

Abbildung 4.1: Dargestellt sind die am *„Default-Mode"*-Netzwerk des Men-schen beteiligten kortikalen Areale. Innerhalb dieser Areale können sponta-ne, langsame Signaländerungen beobachtet werden, sobald das Gehirn mit keiner spezifischen Aufgabe beschäftigt ist. Links: Sicht von außen, rechts: Sicht von innen jeweils auf die rechte Hälfte (*Hemisphäre*) des Gehirns.

---

[2] Explizit im anterioren und posterioren cingulären Kortex sowie im präfrontalen Kortex.

Die Entdeckung der „Resting-State-Netzwerke"

Allgemein wurden jedoch aufgabenbezogene Deaktivierungen bei kognitiven Paradigmen meistens ignoriert, bis Shulman et al. (1997) in einer wegweisenden Metaanalyse[3] zweifelsfrei zeigen konnten, dass Deaktivierungen bei den unterschiedlichsten Paradigmen und auch während Ruhephasen ähnliche Muster aufweisen. Sie beruhen wahrscheinlich auf internen neuronalen Prozessen – wie z. B. Verbalisierung von Gedanken, Verarbeitung emotionaler Ereignisse, oder Beobachten der Umwelt auf der Suche nach neuen Reizen. Diese ähnlichen Muster von Deaktivierungen innerhalb bestimmter Hirnareale[4] wurden später zum *„Default Mode*-Netzwerk" (DMN) zusammengefasst (Raichle et al., 2001). Interessanterweise wurde in dieser Metaanalyse die Arbeit von Andreasen und Kollegen nicht erwähnt, obwohl die neuronalen Korrelate wie auch die Interpretation der beobachteten Veränderung weitgehend übereinstimmten.

Zwei Jahre vor Shulman zeigten Biswal, Yetkin, Haughton und Hyde (1995) mittels funktioneller Magnetresonanztomographie (fMRT), dass im Gehirn funktionelle Areale (bei Biswal der motorische Kortex der linken und der rechten Hemisphäre) auch ohne Aufgabenstellung eng zusammenarbeiten. Da diese Aktivitätsmuster innerhalb der Areale über die Zeit konsistent beobachtbar waren, nannten sie diese Beobachtung *„resting state functional connectivity"*. So konnte zum ersten Mal gezeigt werden, dass (1) das Gehirn, auch wenn es keine expliziten Aufgaben bearbeitet, immer aktiv ist und (2) diese Aktivitäten eine Bedeutung haben. Zwar gab es schon früher Hinweise darauf, dass das Gehirn immer aktiv ist und nicht nur z. B. durch einen externen Stimulus „eingeschaltet" wird (siehe unter anderem Buckner, Andrews-Hanna & Schacter, 2008), jedoch blieben diese Entdeckungen weitgehend unbeachtet und wurden als Gehirnrauschen betrachtet.

---

[3] Eine zusammenfassende und vergleichende Analyse publizierter Arbeiten

[4] Anteriorer und posteriorer cingulärer Kortex, medialer präfrontaler Kortex, inferiorer parietaler Kortex und lateraler temporaler Kortex (siehe Abbildung 4.1).

In den folgenden Jahren konnte die Entdeckung des von Biswal beschriebenen *„Resting-State-Netzwerkes"* nicht nur bestätigt, sondern auch auf andere neuronale Systeme erweitert und einzelnen kognitiven Funktionen zugeordnet werden. So wissen wir heute über die Existenz von mindestens 12 verschiedenen „Resting-State"-Netzwerken, darunter auditorische, motorische und visuelle, aber auch Aufmerksamkeits- und Arbeitsgedächtnisnetzwerke (Rosazza & Minati, 2011). Dennoch lag das Hauptaugenmerk der wissenschaftlichen Forschung innerhalb der kognitiven Neurowissenschaften zu dieser Zeit auf der Suche nach einer Baseline für kognitive Studien.

Aus dieser Suche sollte 2001 eine neue Forschungsrichtung auf der Basis von drei richtungsweisenden Publikationen durch Raichle, Gusnard und Kollegen (Gusnard & Raichle, 2001; Gusnard et al., 2001; Raichle et al., 2001) entstehen. In dieser Publikationsserie beschäftigten sich die Autoren mit den empirischen und theoretischen Überlegungen zur „optimalen" Gestaltung einer Ruhe- oder Kontrollbedingung und mit der Frage, welche Implikationen Ruhebedingungen und hier im Besonderen das „Default-Mode-Netzwerk" (DMN) für die kognitive Forschung haben können. Dabei unterschieden sie nicht nur zwischen unterschiedlichen aufgabenbezogenen Formen von Deaktivierungen und deren Abgrenzung zum DMN, sondern legten aufgrund der empirischen Beschreibung der Neuroanatomie und Physiologie des „Default-Mode-Netzwerkes" auch den Grundstein für die Betrachtung des DMN als eigenes Forschungsgebiet, ähnlich dem sensorischen oder motorischen System. Eine Schlüsselrolle dafür war die Entdeckung, dass vor allem mediale präfrontale Areale innerhalb des DMN für das „Selbst" in all seinen Facetten eine wichtige Rolle einnehmen (Gusnard & Raichle, 2001). Gusnard und Kollegen verstanden unter „Selbst" alle „Ich"-bezogenen Prozesse, wie Nachdenken über die eigene Person, Gedanken über die unmittelbare eigene Vergangenheit, aber auch Überlegungen zur persönlichen Zukunft.

4.2.3 Das Default-Mode-Netzwerk oder „Was macht das Gehirn, wenn es nichts macht?"

Unter den heute bekannten „Resting-State"-Netzwerken (RSN; Rosazza & Minati, 2011), spielt das „Default-Mode-Netzwerk" nicht nur aufgrund seines Zusammenhanges mit auf die eigene Person bezogenen Prozessen eine besondere Rolle. Typische Versuchsbedingungen, mit denen das DMN nachgewiesen wird, verwenden Anweisungen wie: „Liegen Sie bitte ruhig, denken Sie an nichts Besonderes, versuchen Sie, nicht an einzelnen Gedanken oder Ideen festzuhalten und schlafen Sie bitte nicht ein." Für die Untersuchung des DMN ist es dabei völlig unerheblich, wie diese Instruktion lautet, solange sie bei allen Probanden einer Studie gleich ist. Kollndorfer, Fischmeister, Kasprian, Prayer und Schöpf (2013) konnten zum Beispiel mittels systematischer Variation der verwendeten Instruktionen zeigen, dass zwar die Aktivität innerhalb des DMN unterschiedlich ist (z. B. zeigte sich eine Verringerung der Gesamtaktivität im DMN, sobald die Augen geschlossen werden), aber die beteiligten neuronalen Regionen blieben die gleichen. Diese am DMN beteiligten Regionen umfassen durchgehend dieselben Hirnareale[5].

Ist kein externer Stimulus vorhanden und das Gehirn nicht mit einer spezifischen Aufgabe beschäftigt, können innerhalb der für den *„resting-state"* relevanten Regionen spontane, langsame Signaländerungen (Aktivitäten) beobachtet werden. Aufgrund des hohen Vernetzungsgrades des Gehirns – jede Nervenzelle hat Verbindungen zu 1000 bis 10 000 anderen Zellen – bilden sich sogenannte Netzwerke, innerhalb derer diese Signale weitergeleitet werden. Diese Signalfluktuationen können dann z. B. mittels fMRT gemessen werden und mittels geeigneter Methoden dargestellt werden (Rosazza & Minati, 2011).

Diese Signalfluktuationen und Netzwerke treten dabei nicht nur im

---

[5] Teile des medialen temporalen Lappens, des medialen präfrontalen Kortex, des posterioren cingulären Kortex, des Precuneus sowie des medialen, lateralen und inferioren parietalen Kortex (siehe Abbildung 4.1).

Wachzustand auf, sondern können auch unter Narkose, Müdigkeit, Schlaf oder allgemein bei unterschiedlichsten Bewusstseinszuständen beobachtet werden (Buckner et al., 2008). Somit stellen *„resting-state"*-Netzwerke und das DMN im Besonderen eine intrinsische Eigenschaft des Gehirns dar. Welche Funktion die einzelnen RSN und das DMN erfüllen oder welche Bedeutung sie haben ist jedoch schwer zu untersuchen.

Die funktionelle Bedeutung des „Default-Mode-Netzwerkes"

Die Schwierigkeit, dem *„Default-Mode*-Netzwerk" eine funktionelle Bedeutung zuzuordnen, ergibt sich aus dem einfachen Umstand, dass es nicht direkt mit klassischen experimentellen Versuchsdesigns untersucht werden kann. „Resting-State-Netzwerke" entstehen während einer Passiv-Bedingung („Liegen Sie bitte ruhig, denken Sie an nichts Besonderes, ... ") und sind als solches natürlich unkontrolliert; es gibt keine Information darüber, was die Versuchsperson gerade macht. Andererseits zeigt sich das DMN nur unter solchen Bedingungen, da sobald Aufmerksamkeit auf einen externen Stimulus, eine Aufgabe gerichtet ist, die neuronale Aktivität innerhalb das „Default-Mode-Netzwerks" entweder fehlt oder stark vermindert ist.

Aufgrund der beobachteten Interaktion zwischen Aufgabe und Ruhe wird dem DMN vor allem eine Bedeutung bei selbstreferenziellen Prozessen, wie innere Mediation, Tagträumen, Überlegungen zur persönlichen Zukunft und zur unmittelbaren Vergangenheit zugeordnet und diese stellen dabei eine interne mentale Repräsentation dieser Prozesse innerhalb des DMN dar (Buckner et al., 2008). Als solches ist das DMN der natürliche Gegenspieler zu allen aufgabenbezogenen, mit Aufmerksamkeit versehenen zielorientierten Prozessen (Fox et al., 2005).

Dennoch zeigen zahlreiche Studien eine gewisse Interaktion zwischen DMN und Aufgaben bezogenen Aktivitäten. Eine Verringerung der DMN-Aktivierung führt unter anderem zu einem verbesserten Lernen neuer Inhalte, einem verbesserten Abrufen von zuvor präsentierten

Inhalten aus dem Gedächtnis, aber auch zu einer Verbesserung des Arbeitsgedächtnisses. Eine mögliche Erklärung für diesen Zusammenhang ist, dass die Leistung in bestimmten Aufgaben bezogenen, zielorientierten und kognitiven Aufgaben umso größer ist, je effizienter Prozesse wie interne Meditation oder Tagträumen aktiv unterdrückt werden können. Auch wenn die exakten neuronalen Prozesse, die zu einer solchen Unterdrückung führen, noch nicht genau bekannt sind, so wird diese Hypothese durch Beobachtungen an klinischen Populationen unterstützt (Whitfield-Gabrieli & Ford, 2012).

Veränderungen im „Default-Mode-Netzwerke" bei Patienten

Eine immer größere Anzahl an Studien belegt Veränderungen innerhalb des DMN bei kognitiven Beeinträchtigungen und bei verschiedensten Symptomen in Verbindung mit neurologischen und psychiatrischen Erkrankungen, zum Beispiel Schizophrenie und Depression (Whitfield-Gabrieli & Ford, 2012). Schizophrenie ist eine psychische Störung, die mit inhaltlichen und formalen Denkstörungen, Wahnvorstellungen und Halluzinationen und einer emotionalen Störung einhergeht. Zahlreiche fMRT-Studien zur Schizophrenie zeigten eine Hyperaktivierung vor allem in frontalen Anteilen des DMN bei einer Vielzahl von kognitiven Aufgaben. Bei Patienten, die unter Schizophrenie leiden, wird diese Hyperaktivität und die damit verbundene fehlende Unterdrückung des DMN während der Bearbeitung von (vor allem anspruchsvollen) kognitiven Aufgaben als Ursache für Defizite im Arbeitsgedächtnis und in der Aufmerksamkeit – zentrale neuropsychologische Symptome der Schizophrenie – gesehen (Whitfield-Gabrieli & Ford, 2012). Diese Hyperaktivitäten in frontalen Anteilen des DMN können auch eine mögliche Erklärung für die starke Selbstfokussierung und eventuell sogar ursächlich am Entstehen von auditorischen Halluzinationen innerhalb dieser Patientengruppe sein (Northoff & Qin, 2011).

Ähnlich wie bei Schizophrenie kann auch bei Depression eine übersteigerte Aktivität in mehrheitlich frontalen Anteilen des DMN beobachtet werden. Hier zeigt sich eine fehlende Aktivitätsverminderung des DMN jedoch nicht bei anspruchsvollen kognitiven Aufgaben, sondern bei emotionalen Aufgaben, zum Beispiel der Bewertung von negativen Bildern. Da diese frontalen Anteile des DMN mit Selbstreferenzen und sozialen Kognitionen in Verbindung stehen, wird die Überaktivität des DMN bei Depression nicht als ein Aufmerksamkeitsproblem, sondern als vermehrtes internes Nachdenken, Grübeln, allgemein als ein Festhalten an negativen Gedanken gesehen. Einzelne Studien konnten sogar zeigen, dass der Schweregrad der Depression und das Gefühl der Hoffnungslosigkeit mit dem Vorherrschen von DMN-Aktivität und einer fehlenden Deaktivierung von posterioren cingularen und ventralen medialen präfrontalen kortikalen Arealen einhergeht (Whitfield-Gabrieli & Ford, 2012).

Diese beiden Beispiele zu Schizophrenie und Depression zeigen, dass das Default-Mode-Netzwerk nicht nur aufgrund seiner Bedeutung für selbstreferenzielle Prozesse und interne mentale Repräsentationen eine wichtige Rolle für das „Ich" innerhalb unseres Gehirns darstellt. In seiner Rolle als Gegenspieler zu aufgabenbasierter Aktivität beeinflusst das DMN somit neben unseren kognitiven Fähigkeiten und Leistungen auch unsere Wahrnehmung, indem es mit externen und internen Stimuli interagiert (Northoff, 2012).

Auch wenn wir heute noch nicht alle Funktionen und Mechanismen des Default-Mode-Netzwerks im Detail kennen, so kann das DMN schon heute als die neuronale und funktionelle Grundlage für „The Ghost in the Maschine"[6], also für den von Descartes beschriebenen nicht-materiellen Geist gesehen werden. Auch wenn das DMN nicht den Körper im Sinne von Descartes steuert, so beeinflusst es zumindest unser tägliches Leben und Erleben.

---

[6] Der Begriff „The Ghost in the Machine" wurde vom britischen Philosophen Gilbert Ryle im Buch „The Concept of Mind" (1949) als Beschreibung für die Absurdität einer dualistischen Sichtweise von Geist/Seele und Körper eingeführt.

5 Forschungsmethoden in der Psychologie

Philipp Mayring

Ich möchte hier allgemeine Grundlagen sozialwissenschaftlicher Forschungsmethodik auf einem einführenden Niveau zusammenstellen. Wichtigste Grundgedanken sind dabei erstens, keinen Gegensatz zwischen qualitativer und quantitativer Methodik aufzubauen. Diese Auseinandersetzung durchzieht die Methodendebatten der letzten Jahrzehnte und geht bis an die Anfänge der Wissenschaftsgeschichte zurück (vgl. Mayring, 2003).

- Qualitative Forschung will ganz offen, explorativ an den Gegenstand herangehen, ihn ganzheitlich verstehen und in all seinen Facetten beschreiben. Dazu sind in der Regel Einzelfallanalysen oder kleinere Untersuchungsgruppen angemessen.

- Quantitative Forschung will bestimmte, vorher festgelegte Aspekte, die von besonderem Interesse sind, systematisch erfassen. Dazu verwendet sie Messinstrumente, die zu quantitativen Ergebnissen (z. B. Häufigkeiten von Messwerten) führen (vgl. dazu auch Kapitel 6).

Die beiden methodischen Ausrichtungen lassen sich jedoch in der Praxis nicht genau abgrenzen und führen zu einem unproduktiven Gegeneinander. Viele methodische Grundlagen, wie sie im nächsten Kapitel vorgestellt werden (Stichprobenbildung, Operationalisierung,

Modellbildung, siehe dort) gelten für qualitative und quantitative Forschungsmethoden gleichermaßen. Hier soll deshalb von einem integrativen, beide Herangehensweisen zulassenden Verständnis ausgegangen werden, wie es heute auch unter dem Stichwort „Mixed Methodology" bzw. „Mixed Methods" diskutiert wird (Mayring, 2007a).

Zweitens soll von einem erweiterten Begriff von Forschungsmethoden ausgegangen werden, der auch kleinere Projekte in der Praxis umfasst, da sich auch dort methodische Fragen stellen.

5.1 Der Projektbegriff: Was ist ein empirisches Forschungsprojekt?

Die Begriffe Studie, Untersuchung, Projekt werden hier immer wieder austauschbar verwendet. Und in der Tat meinen sie meist dasselbe. Ich bevorzuge trotzdem den Projektbegriff, weil er am allgemeinsten und am stärksten praxisbezogen ist. Studien oder Untersuchungen können sich in der Alltagsbedeutung auf alles Mögliche beziehen, müssen keine klare Fragestellung haben und müssen nicht empirisch ausgerichtet sein, das heißt mit der systematischen Sammlung und Auswertung von Material verbunden sein. Projekte dagegen haben eine Problemstellung oder Zielformulierung am Beginn, sind in der Praxis angesiedelt und können in ihren Ergebnissen überprüft werden (Besio, 2009).

Ein weiteres Argument spricht für den Projektbegriff. Forschungsmethoden gelten oft – gerade unter Studierenden – als abgehoben, als Spezialwissen der Forschung, und daher wenig praxisrelevant. Wozu braucht jemand, der nicht in die Wissenschaft gehen will, Wissen in Forschungsmethoden? Das Argument, man brauche dieses Wissen, um Ergebnisse neuer Studien verstehen und einschätzen zu können, kann nur zum Teil überzeugen. Wir sind dagegen der Überzeugung, dass auch der Praktiker/die Praktikerin im Beruf Forschungsmethoden braucht, da es auch hier Projekte zu bearbeiten gilt. Wissenschaftliche Methoden sind nicht nur für hochspezialisierte Forschungsprojekte tauglich, sondern auch für Alltagsprojekte in der Praxis.

Human- und sozialwissenschaftliche Studienfächer (Psychologie, Soziologie, Erziehungswissenschaft, Betriebswissenschaft, Medizin, …)
enthalten eine Methodenausbildung auch, damit die Kompetenz vermittelt wird, selbst später kleinere Projekte durchführen zu können
(z.B. Fragebögen entwickeln und anwenden, Interviews führen und
auswerten, Statistiken aufstellen). Natürlich erfordern Forschungsprojekte höhere Gütestandards, die Vorgehensweisen sind aber in solchen
Praxisprojekten prinzipiell vergleichbar.

Der Projektbegriff hat dabei verschiedene Implikationen, wie in Abbildung 5.1 zum Ausdruck kommt.

Abbildung 5.1: Charakteristika eines wissenschaftlichen Projekts

Projekte weisen immer einen Problembezug auf. Dies ist für Wissenschaft wie für Praxis zentral. Wir brauchen am Beginn der Forschung
immer eine klare Fragestellung, die in einem Problem verankert ist.
Forschungsprojekte sind nicht Selbstzweck, l'art pour l'art. Deshalb
sollte ihr Ziel auch immer Problemlösung und damit Praxisverän-

derung sein. Problemstellung wie Praxisveränderung müssen dabei sinnvoll, ethisch vertretbar und sozial verträglich sein. Projekte in diesem Sinne sind immer wissenschaftlich fundiert, also methodisch abgesichert. Sie sind an einen vorab festgelegten Ablaufplan gebunden, der mit bewährten Forschungsmethoden arbeitet. Zur Beantwortung ihrer Fragestellung ziehen sie dabei Erfahrungsmaterial heran, das mit Erhebungsmethoden gesammelt wurde. Sie sind somit immer in ihrem Ansatz empirisch. Solch empirisches Material wird im Projekt gebraucht, da sich die Fragestellung nicht allein theoretisch beantworten lässt. Die bisherige Konzeptionsbildung und der Stand der Forschung reichen nicht aus, um das Problem zu lösen. Zwar gibt es Problemstellungen, die sich aufgrund des vorliegenden Wissensstandes bearbeiten lassen, dann handelt es sich aber nicht um ein vollständiges Projekt in unserem Sinne. Möchte man beispielsweise im Rahmen von pädagogisch-psychologischer Unterrichtsforschung Lernprozesse mit Neuen Medien (Computer) verbessern, so kann man auf zahlreiche Forschungsergebnisse zurückgreifen und muss das Rad nicht neu erfinden. Will man dabei aber auch berücksichtigen, welche emotionalen Prozesse (Freude, Furcht, Langeweile) Neue Medien bei den Lernenden auslösen und wie diese die Lernprozesse beeinflussen, so könnte dies ein interessantes Projekt werden.

Mit diesem Projektbegriff soll auch der strikte Gegensatz zwischen Forschung und Praxis überwunden werden. Gute (akademisch ausgebildete) PraktikerInnen sind imstande, praxisorientierte Forschung zu betreiben. Die heutige Berufswelt mit sich ständig verändernden Rahmenbedingungen erfordert reflektierende PraktikerInnen, eine Konzeption die in der Erziehungswissenschaft ausgearbeitet wurde. Hier hat sich mit dem Ansatz der Handlungsforschung (*action research*) bzw. Praxisforschung schon früh eine Tradition gebildet (Mey & Mruck, 2010). PraktikerIn als ForscherIn, damit soll eine Einstellung der Praktiker gemeint sein, das eigene Handeln auf dem aktuellen Stand der fachwissenschaftlichen Erkenntnisse kritisch zu reflektieren und sich stellende Probleme zu lösen.

Zudem wird im heutigen Berufsalltag immer stärker die Evaluation des beruflichen Handelns gefordert. Unter Evaluation ist dabei die Anwendung wissenschaftlich-empirischer Forschungsmethoden auf Praxisbewertung zu verstehen. Solche Evaluation kann nicht immer an Forschungsinstitute delegiert werden, interne Evaluation und Selbstevaluation sind gleichwertige Konzepte geworden. Und auch hier handelt es sich um Forschungsprojekte von PraktikerInnen in der Praxis. Der Projektbegriff hat sich damit als breites Konzept methodisch kontrollierten Forschens in Wissenschaft und Praxis erwiesen.

5.2 Was sind Forschungsmethoden in der Psychologie?

Vor diesem Hintergrund können wir nun eine Definition entwickeln. Forschungsmethoden sind demnach:

- Hilfsmittel, um Fragestellungen in Projekten wissenschaftlich fundiert zu beantworten,

- Hilfsmittel für empirische Arbeit,

- erlernbare Werkzeuge,

- einer „Philosophie" folgend, sie müssen passend sein,

- begründbar, rechtfertigbar, kritisierbar,

- fragestellungs- und gegenstandsbezogen.

Mit dem Begriff des Hilfsmittels soll betont werden, dass Methoden Werkzeugcharakter besitzen, also zielgerichtet eingesetzt werden und nicht nach quasi ideologischen Vorannahmen beschränkt werden sollten. Damit ist impliziert, dass sie erlernbar sind, nicht an bestimmte psychologische „Schulen" gebunden sind. Das Ziel ist dabei, wie bereits oben betont, wissenschaftliche Fragen durch Rückgriff auf systematisch gewonnene und ausgewertete Erfahrungstatsachen, also empirisches Material, zu beantworten. Die Auswahl der geeigneten Methoden ist allerdings nicht beliebig, da sie, im doppelten Sinne, einer Philosophie folgen: Zum einen stehen hinter methodischen Fragen immer methodologische und erkenntnistheoretische Fragen, Überlegungen also, welche Methoden angemessen sind und inwieweit diese Methoden im jeweiligen Anwendungsgebiet überhaupt empirische Erkenntnisse liefern können; solche Fragen werden, als Teildisziplin der Philosophie, im Bereich der Wissenschaftstheorie diskutiert (Kriz, Lück & Heidbrink, 1987). Andererseits sind auch ganz konkret in bestimmten Methoden Vorannahmen, Beschränkungen und Möglichkeiten impliziert. Mit Beobachtungsmethoden beispielsweise lässt sich menschliches Verhalten sehr gut untersuchen, für die Untersuchung des Denkens (Kognitionen) eignen sich eher Befragungstechniken. Deshalb müssen Methodenentscheidungen immer ausführlich begründet werden. Abgeschlossene Studien bzw. Projekte können immer nach ihrem Methodenkonzept einer Kritik unterzogen werden. Methodische Fehler lassen in aller Regel die Ergebnisse eines Projektes falsch werden. Kriterien für den richtigen Einsatz von Methoden liefert einerseits die Projektfragestellung, andererseits der empirisch zu untersuchende Gegenstandsbereich.

5.3 Ablaufmodell empirischer Forschungsprojekte

Im Folgenden soll der Frage nachgegangen werden, wie in einem empirischen Forschungsprojekt vorzugehen ist. Dabei hat es sich bewährt, sich auf ein festes Ablaufmodell bzw. Schrittmodell zu beziehen. Das hier vorgestellte Ablaufmodell orientiert sich dabei an traditioneller quantitativer Forschung, aber in einem erweiterten und ergänzten Sinne, um die Spezifika qualitativ orientierter Ansätze ebenso zu berücksichtigen (Mayring, 2001; 2003). Das Modell ist hier so erweitert, dass es auch Mixed-Methodology-Ansätze, also gerade diese Kombinationen von quantitativer und qualitativer Herangehensweise, einschließen kann. Es werden zehn Schritte differenziert:

1. Schritt: Konkrete Fragestellung

Verallgemeinerte Variablenzusammenhänge, Praxisrelevanz, ggf. Hypothesen, Formulierung des ForscherInnenstandpunkts

Hier stoßen wir bereits auf eine Schwachstelle vieler qualitativer Ansätze, die oft zur ihrer Ablehnung im traditionellen Wissenschaftsbetrieb führt: Sie wollen sich nicht auf eine konkrete Fragestellung festlegen lassen, geben nur ein Thema als Ausgangspunkt an und bleiben damit zu offen. Als erster Schritt in einem neuen Forschungsfeld kann das Sinn machen (wir nennen solches Vorgehen explorativ), es muss aber zu spezifischen Fragestellungen führen, die dann auch sinnvoll beantwortet werden können. Ansonsten verbleibt der Forschungsprozess in der Beliebigkeit. Eine Fragestellung, im Gegensatz zu einem Thema, zeichnet sich dadurch aus, dass sie eine konkrete Richtung der Forschung angibt. Rein formal drückt sich das in der Verwendung des Fragezeichens aus. Die Umformulierung eines Themas in eine Fragestellung gibt sofort den Weg an, wie etwas untersucht werden kann:

- Die Schule von heute wäre ein Thema, das noch ganz unspezifisch ist, eher ein Essay oder eine Erörterung tituliert, aber noch keine wissenschaftliche Untersuchung nach sich ziehen muss.

- Wie lernt man an der Schule von heute am nachhaltigsten? ist eine Fragestellung, die man wissenschaftlich untersuchen kann.

Die Fragestellung sollte zwar konkret (und damit auch empirisch untersuchbar) sein, sie sollte aber in einer allgemeinen Sprache formuliert werden, um sie im nächsten Schritt mit Theorie in Zusammenhang zu bringen. „Wie gut der Unterricht von Lehrer X ist", „Wie sich dabei Schülerin S fühlt", das sind keine wissenschaftlichen Fragestellungen. Welches Lehrerverhalten erfolgreich, welches weniger erfolgreich, in welchem Zusammenhang damit bestimmte SchülerInnenemotionen stehen, das können Fragestellungen für Studien bzw. Projekte sein. Damit haben wir Variablenzusammenhänge in der Fragestellung formuliert, und seien es auch „nur" qualitative, kategoriale (vgl. dazu

Abschnitt 6.2) Variablen (Emotionen im obigen Beispiel).

Unter Variablen (siehe dazu auch Abschnitt 6.1.3) verstehen wir dabei Merkmale (in der Psychologie in der Regel Personenmerkmale), die verschiedene Ausprägungen oder Werte annehmen können (z.B. Intelligenz, emotionale Stimmung). Dies ist deshalb so wichtig, da Theorien als Geflecht von Variablen aufzufassen sind, und daran soll die Forschung anknüpfen. Im Rahmen qualitativer Forschung wird das Denken in Variablen oft verteufelt; es verstelle den Blick auf das Ganze, gehe zergliedernd, atomisierend vor und sei zu starr. Allerdings sind die zentralen Ergebnisse qualitativer Forschungsprojekte dann doch in Variablen formuliert; und ein Formulieren der Fragestellung in Begriffen von Variablen verbietet ja nicht eine gleichzeitig ganzheitliche oder flexiblere Sicht auf den Gegenstand.

In der Formulierung einer konkreten Fragestellung äußert sich auch die Praxisrelevanz des Forschungsprojektes, ein Punkt, der im Rahmen qualitativer Forschung immer besondere Bedeutung besitzt.

Quantitative Forschung fordert an dieser Stelle zumeist die Formulierung von Hypothesen. Hypothesen stellen (vereinfacht ausgedrückt) vermutete Antworten auf Fragestellungen dar. In stark explorativen qualitativen Studien ist dies oft nicht möglich, da der Stand der Forschung dafür nicht ausreichend ist. Deshalb wurde in der Schrittbeschreibung (siehe oben) ein „gegebenenfalls" eingefügt. Allerdings ist es methodologisch sehr heilsam, auch in qualitativ orientierten Projekten Vermutungen über mögliche Forschungsergebnisse anzustellen. Einerseits wird dadurch auch der ForscherInnenstandpunkt deutlich. Dies ist für qualitatives Denken sehr wichtig, da der Forschungsprozess nicht als statisches Subjekt-Objekt (ForscherIn-Gegenstand)-Verhältnis verstanden wird, sondern als Interaktion. Andererseits kommt hier wieder ein wichtiges methodologisches Grundprinzip zum Tragen: die LeserInnen der Studie können überprüfen, ob die ForscherInnen auch genügend Mühe darauf verwandt haben, die eigenen Hypothesen zu widerlegen.

Soll in obigem Beispielprojekt der Zusammenhang zwischen Computereinsatz im Unterricht und Emotionen untersucht werden, so wäre es wichtig, hier als Hypothese die vermutete Richtung des Zusammenhangs zu formulieren: Computereinsatz hängt mit positiven Emotionen bei den SchülerInnen zusammen. Jetzt wäre es wichtig, zur Überprüfung des Zusammenhangs auch nach negativen Aspekten systematisch zu forschen. Wenn man hier wenig fündig wird, wäre das eine Bestätigung des vermuteten Zusammenhangs.

2. Schritt: Theorieeinordnung

Stand der Forschung, Theorieansatz bzw. integrierte -ansätze (Gegenstandstheorie, genereller psychologischer Theorieansatz)

Zentral für wissenschaftliches Vorgehen ist die Einordnung des Forschungsprojektes, sowohl der Fragestellung wie auch der Ergebnisse, in Theorie – als die Summe aller relevanten Forschungsansätze und Ergebnisse zum Gegenstand. Auch dies ist für qualitative Forschung nicht immer selbstverständlich; gerade im Zusammenhang mit der Grounded Theory, einer sehr offenen, eher explorativen Forschungsstrategie (siehe Mey & Mruck, 2010), wird manchmal gefordert, sich durch Theorie nicht den unvoreingenommenen, offenen Blick auf den Gegenstand zu verstellen. Ich denke aber, dass man einerseits implizit immer von Theorien ausgeht, andererseits nur durch Theorieverknüpfung wissenschaftlichen Fortschritt sichern kann. Denn eine Fragestellung zu verfolgen, die bereits hinreichend beantwortet ist, macht wenig Sinn.

Deshalb muss vorab durch sorgfältige Recherche der Stand der Forschung dargestellt werden. Bei der Unmenge an Forschungsergebnissen sollte dabei auch der Rechercheweg (welche Datenbanken, welche Stichwörter, welcher Zeitabschnitt?) dokumentiert werden. Hier sollte man vom Spezifischen zum Allgemeinen vorgehen: zunächst direkt zur konkreten Fragestellung Studien recherchieren, dann die Fragestellung schrittweise verallgemeinern und dazu ebenfalls recherchieren, bis ein ausreichender Studienhintergrund angesammelt ist. Die Studien müssen kritisch (vor allem methodenkritisch) analysiert werden und gegebenenfalls danach selektiert werden. Das obige Beispiel aufnehmend, sollte man sich auf die Suche machen nach möglichst fundierten, wissenschaftlichen Studien zu Emotionen im Schulunterricht (z.B. Lernfreude, Langeweile, Stress, Ärger) und deren Zusammenhang mit Lehrerverhalten.

An diesem Punkt sollten nicht nur konkrete Studien zur Fragestellung gesammelt werden, sondern auch der spezifische Theorieansatz der eigenen Studie festgelegt werden. Der Theorieansatz differenziert sich dabei in zwei Ebenen: die konkrete Gegenstandstheorie, im obigen Beispiel also der Bezug zu einer didaktischen Theorie, zu einer Lerntheorie und/oder einer Emotionstheorie, sowie der generelle psychologische Theorieansatz, also die Frage, ob im Projekt eher kognitivistisch, behavioristisch, psychoanalytisch, ökologisch vorgegangen werden soll.

Im Rahmen von Mixed-Methods-Projekten muss darüber hinaus auch die jeweilige Kombination bzw. Integration theoretisch verankert werden. Bereits Denzin (1970) sprach hier von einer *Theorietriangulation*.

3. Schritt: Ableitung und Ausarbeitung des Designs

Explorativ, deskriptiv, zusammenhangs-, kausalanalytisch, mixed

Aus der konkreten Fragestellung lässt sich das Forschungsdesign und damit die grundlegende Logik der Studie ableiten. An anderer Stelle (Mayring, Huber, Gürtler & Kiegelmann, 2007; 2010) ist gezeigt worden, dass dabei grundsätzlich vier verschiedene Möglichkeiten bestehen: explorative, deskriptive, zusammenhangsanalytische und kausalanalytische Designs. Explorative Fragestellungen wollen, besonders in Gebieten, die noch Neuland sind, konkrete Fragestellungen, Hypothesen oder Beschreibungsdimensionen aus dem Material heraus erst entwickeln. Deskriptive Designs bauen auf schon gefundenen Beschreibungsdimensionen (Variablen) auf und sammeln dazu systematisch Material (Variablenausprägungen). Zusammenhangsanalysen stellen verschiedene (mindestens zwei) Variablen zusammen und untersuchen gemeinsames Auftreten von Variablenausprägungen. Kausalanalysen schließlich analysieren Variablenzusammenhänge als

Ursache-Wirkungszusammenhänge. Wichtig ist nun, als wissenschaftlich fundierte Designs nicht nur zusammenhangsanalytische (Korrelationsstudien) und kausalanalytische (Experiment) Studien zuzulassen, wie dies traditionelle quantitative Forschung oft tut, sondern auch explorative und deskriptive Studien.

Eine eher explorative Fragestellung wäre: „Was läuft im Klasssenzimmer (4. Klasse Grundschule) auf emotionaler Ebene ab?" Eher deskriptiv wäre: „Welche konkreten Emotionen treten bei SchülerInnen im Zusammenhang mit Lernprozessen auf?" Beispiele für Zusammenhangsanalysen wären: „Inwieweit hängt Lernfreude vom Lehrerverhalten ab? Gibt es hier Geschlechtsunterschiede?" Eine Kausalanalyse wäre schließlich: „Lässt sich Lernfreude durch einen eher an Gruppenarbeit orientierten Unterricht steigern?"

Daneben lassen sich Studien natürlich auch in komplexeren Designs und, gerade im Zusammenhang mit Mixed Methods, als Designkombinationen planen. In jedem Falle ist es notwendig, das gewählte Design weiter auszuarbeiten, am besten in ein konkretes Schrittmodell für die geplante Studie.

4. Schritt: Klare Stichproben-/Materialbestimmung

Auswahlstrategie, auch kleine Stichproben, auch unterschiedliche Stichproben

Auch wenn in qualitativ orientierten Studien oft nur wenige Personen befragt oder beobachtet werden bzw. Fallanalysen vorgenommen werden, so stellt die untersuchte Gruppe trotzdem eine Stichprobe dar und muss sorgfältig begründet werden (vgl. zum Konzept der Stichprobe Abschnitt 6.1.2). Auch für qualitative Studien sollte gelten, dass die StudienteilnehmerInnen oder das zugrunde gelegte Material einer Strategie folgend ausgewählt werden. Dabei sind nicht nur Zufallsstichproben möglich, auch nach theoretischen Vorannahmen geschichtete oder gruppierte (Klumpenstichprobe) Samples (= Stichproben) können sinnvoll sein. Das Konzept des *Theoretical Sampling* der *Grounded Theory* (Mey & Mruck, 2010) sieht ein schrittweises, nach Zwischenergebnissen und theoretischen Erwägungen begründetes Erweitern der Stichprobe vor. Einzig die völlig beliebige und unsystematische Vorgehensweise, als „Anfallsstichprobe", „Convenience Sample" oder „Ad-hoc-Stichprobe" verbrämt, sollte vermieden werden. Wenn es aus praktischen Gründen trotzdem nicht anders möglich ist, so erschwert das die Verallgemeinerbarkeit der Ergebnisse enorm.

Für Mixed-Methods-Studien ergibt sich oft auch die Möglichkeit, verschiedene Stichproben zu kombinieren. Dadurch kann es auch möglich werden, unterschiedliche Samplingstrategien in Verbindung zu bringen.

5. Schritt: Methodenauswahl

Begründete und pilotgetestete Auswahl der Methoden (Erhebung qualitativ und/oder quantitativ, Auswertung textanalytisch und/oder statistisch)

Ein klares methodisches Vorgehen in Erhebung und Auswertung sowie seine Begründung spielen für qualitatives und quantitatives Vorgehen eine entscheidende Rolle. Eine gute Begründung für ein Vorgehen stellt immer der Vergleich mit einer Alternative dar. Wenn Interviews geplant sind, kann der Vergleich mit einer Fragebogenmethode die Vorteile des geplanten Vorgehens schön verdeutlichen.

In quantitativer Forschung werden hier in der Regel standardisierte Verfahren, z. B. eingeführte Testverfahren, bevorzugt. Qualitative Forschung entwickelt ihre Instrumente in der Regel neu für die eigene Studie. Ein Interviewleitfaden wird für die konkrete Studie entwickelt, ein Auswertungsschema neu zusammengestellt. Dies stellt einen methodologischen Nachteil dar, da keine Erfahrungen über die Bewährung des methodischen Vorgehens vorliegen. Deshalb wird hier gefordert, solche neu entwickelten oder zusammengestellten Instrumente in der qualitativen Studie einem Pilottest zu unterziehen. In aller Regel wird ein mehrmaliger Probelauf des Interviews beispielsweise zu Überarbeitungen und Verbesserungen führen und hat den

Nebeneffekt eines Interviewertrainings. Dies sollte in der Studie natürlich auch dokumentiert werden.

Bei der Erfassung von Schüleremotionen könnte man einen eingeführten Fragebogen verwenden. Hier werden meistens Fragen bzw. Aussagen (z.B. „Kam es in den letzten paar Wochen vor, dass du Magenschmerzen wegen der Schule hattest?", „Ich gehe gerne in die Schule.") und darauf bezogene Anwortkategorien vorgegeben (z.B. „ja", „eher ja", „eher nein", „nein"). Hier ist man an der Häufigkeit der jeweiligen Antworten interessiert. Man könnte aber auch mit jedem einzelnen Schüler nach dem Unterricht entlang eines Interviewleitfadens ein offenes Gespräch über die Gefühle im Unterricht führen. Vorteile der ersteren, quantitativen Vorgangsweise sind etwa die einfache Auswertung nach vorgegebenen Regeln und die direkte Vergleichbarkeit der Gesamtwerte unterschiedlicher Kinder. Vorteile der zweiten, qualitativen Vorgangsweise sind vor allem, dass man ein differenzierteres Bild über verschiedene, möglicherweise zusammenwirkende Aspekte bekommt und auch neue Aspekte entdecken kann, die man vorher nicht erwartet hatte. Interessant wäre natürlich, beide Arten von Material zur Beantwortung der Forschungsfrage zur Verfügung zu haben.

Die Erhebungen können also quantitativer, qualitativer oder vermischter Art sein. In der Auswertung handelt es sich entweder um die Verarbeitung numerischer Daten (Antworthäufigkeiten aus geschlossenen Fragebögen oder Tests, Strichlisten aus Beobachtungsstudien, Messwerte), die einer (begründeten) statistischen Auswertung unterzogen werden müssen. Die Grundlage der Auswertung können aber auch Texte sein (Interviewtranskripte, Beobachtungsprotokolle, Materialtexte, Antworten aus offenen Fragebögen), die einer Textanalyse unterzogen werden. Genauso wie bei statistischen Verfahren ist auch für Textanalysen die Auswahl und Begründung des adäquaten Verfahrens essentiell. Gleiches muss auch für Mixed-Methods-Studien gelten.

6. Schritt: Durchführung der Studie(n)

Bei Auftauchen neuer Aspekte Modifizierung der Fragestellung und neues Durchlaufen der Ablaufschritte

Erst wenn das methodische Konzept der Studie bzw. der Teilstudien bei Mixed Methods genau beschrieben und begründet ist, kommt es zu einer Beschreibung des Vorgehens. Bei der Durchführung von Projekten bzw. Studien ist in der Methodenforschung eine Kontroverse entstanden: Darf man vom einmal festgelegten Design abgehen, wenn neue, interessante Aspekte auftauchen? Hier setzt eine Kritik qualitativer Forschung an traditionellen quantitativen Verfahren an: Quantitative Forschung sei primär linear (so manche Kritiker, wie etwa Flick, 2002), führe den Forschungsprozess stringent von anfangs formulierten Hypothesen zu den Ergebnissen als Hypothesenprüfung, qualitative Forschung dagegen sei immer zirkulär, lasse sich von einer offenen Fragestellung zu ersten Ergebnissen und weiter zu einer Präzisierung oder gar Veränderung der Fragestellung leiten. Das birgt meiner Meinung nach allerdings die Gefahr, dass veränderte Fragestellungen ggf. neue Designs und Methoden erfordern und damit einen erneuten Durchlauf der oben beschriebenen Arbeitsschritte nach sich ziehen sollten; ansonsten bleiben nur ungeprüfte Vermutungen (die nur in einem streng explorativen Design sinnvoll sein können). Man sollte sich also als ForscherIn durchaus offen halten für Veränderungen der anfänglichen Fragestellung, sollte dann aber auf den erneuten Durchlauf nicht verzichten.

So könnte es sein, dass in der Studie zum Zusammenhang von Erziehungsstil von LehrerInnen und Lernemotionen die Frage auftaucht, wie sich dies in der Schulleistung niederschlägt. Dies würde aber wieder eigene Erhebungen (z. B. Schulnoten) erfordern und eine eigene Studie bedeuten.

7. Schritt: Ergebnisdarstellung

Klare Ergebnisdarstellung und Beantwortung der Fragestellung

Für qualitative, quantitative und vermischte Studien ist es wichtig, eine ausführliche Ergebnisdarstellung im deskriptiven Sinne und eine daraus abgeleitete Beantwortung der Forschungsfragestellung als zwei getrennte Schritte auseinanderzuhalten. Die LeserInnen der Studie müssen aufgrund des dargestellten empirischen Materials die Schlussfolgerungen auf die Fragestellung hin nachvollziehen können. Defizitär wäre es ebenso, in einer qualitativen Studie nur Material (z. B. Fallanalysen) darzustellen und die Schlussfolgerungen den Lesern zu überlassen. Es sei hier betont, dass auch Nicht-Ergebnisse, nicht bestätigte Zusammenhänge oder Effekte, völlig heterogene, nicht typisierbare Deskriptionen, gescheiterte Methodenansätze, berichtenswert sind, oftmals sogar wichtiger für wissenschaftlichen Fortschritt sind.

8. Schritt: Gütekriterien

Objektivität bzw. Diskussion der Subjekt-Objekt-Beziehung, Validität/Gegenstandsnähe; Reliabilität/Genauigkeit; methodenspezifische Gütekriterien

Gütekriterien (vgl. Kapitel 8) sind ein oftmals vernachlässigtes Kapitel in Projekten. Aus der Testpsychologie sind die drei wichtigsten Gütekriterien der Objektivität, Reliabilität und Validität auch auf andere Studien übertragen worden. In der qualitativen Forschung ist es umstritten, ob man sich auch an diesen Kriterien orientieren kann oder eigene Gütekriterien ausstellen sollte (Steinke, 1999). Für qualitativ orientierte Studien ist die Validität, also Gültigkeit der Ergebnisse, meist ein geringeres Problem, da man ja gerade die Gegenstandsnähe durch subjektorientierte Methoden und Feldforschungsansätze für wichtig hält. Aber auch die Reliabilität im Sinne der Genauigkeit, Regelgeleitetheit, intersubjektiven Nachvollziehbarkeit des methodischen Vorgehens sollte in qualitativen Projekten hochgehalten werden. Objektivität im Sinne der Unabhängigkeit der Forschungsergebnisse von der forschenden Person stellt in manchen qualitativen Projekten ein Problem dar. Im Rahmen von Grounded Theory wird oft explizit auf eine so verstandene Objektivität verzichtet. Wichtig wäre aber auch hier, den Einfluss von der Forscherperson auf die Ergebnisse nicht undiskutiert zu lassen.

9. Schritt: Generalisierungsargumente, Theoriekonsequenzen

Quantitative Forschung, die mit standardisierten Instrumenten und repräsentativen Stichproben arbeitet, hat hier wenig Probleme; sie kann von einer Generalisierbarkeit der Ergebnisse ausgehen, also einer Verallgemeinerbarkeit von der Stichprobe auf die Grundgesamtheit, vgl. dazu auch Abschnitt 6.1.2). Studien, die aufgrund des Anspruchs intensiverer Datenerhebung mit kleinen Stichproben oder gar Fallanalysen arbeiten, müssen hier Argumente anführen, warum und woraufhin Ergebnisse verallgemeinerbar sind (argumentative Verallgemeinerung, vgl. Mayring, 2003). Im Prozess der Verallgemeinerung lassen sich dabei viele Argumente finden (vgl. Mayring, 2007b). Zentral in diesem Verallgemeinerungsprozess ist das erneute Anknüpfen an die Theorie bzw. an bisherige Forschungsergebnisse zum jeweiligen Bereich. Es wird versucht, aufgrund eigener Ergebnisse den Stand der Forschung zu erweitern. Dies ist auch für quantitativ orientierte Studien zentral.

10. Schritt: Praxiskonsequenzen

Die Ableitung von Praxiskonsequenzen ist gerade für qualitativ orientierte Projekte ein großes Anliegen, da Forschungsfragestellungen oft aus konkreten Problemlagen heraus entwickelt werden. Dieser Punkt der Verwertung der Forschungsergebnisse darf nicht den AnwenderInnen völlig freigestellt werden, sondern sollte durch begründete Hinweise der ForscherInnen selbst strukturiert werden. Das hat wohl am drastischsten die Entwicklung der Atombombe im Zweiten Weltkrieg gezeigt: Wissenschaftler wie Albert Einstein, die entscheidende Grundlagenforschung in diesem Bereich beigesteuert haben, waren entsetzt über die Anwendung im Bombenbau und den Folgen ihres Einsatzes.

Hier sind die zehn Schritte noch einmal im Überblick dargestellt:

(1) Konkrete Fragestellung (verallgemeinerte Variablenzusammen-hänge), Praxisrelevanz, ggf. Hypothesen, Formulierung des ForscherInnenstandpunkts)

(2) Theorieeinordnung (Stand der Forschung, Theorieansatz bzw. integrierte -ansätze; Gegenstandstheorie, genereller psychologischer Theorieansatz)

(3) Ableitung und Ausarbeitung des Designs (explorativ, deskriptiv, zusammenhangs-, kausalanalytisch, mixed)

(4) Klare Stichproben-/Materialbestimmung (Auswahlstrategie, auch kleine Stichproben, auch unterschiedliche Stichproben)

(5) Begründete und pilotgetestete Methoden (Erhebung qualitativ und/oder quantitativ, Auswertung textanalytisch und/oder statistisch)

(6) Durchführung der Studie(n) (bei Auftauchen neuer Aspekte Modifizierung der Fragestellung und neues Durchlaufen der Ablaufschritte)

(7) Klare Ergebnisdarstellung und Beantwortung der Fragestellung

(8) Gütekriterien (Objektivität bzw. Diskussion der Subjekt-Objekt-Beziehung, Validität/Gegenstandsnähe; Reliabilität/Genauigkeit; methodenspezifische Gütekriterien)

(9) Generalisierungsargumente, Theoriekonsequenzen

(10) Praxiskonsequenzen

An ein solches Ablaufmodell können sich qualitativ wie auch quantitativ orientierte Forschungsprojekte halten und gewinnen dadurch Stringenz und wissenschaftliche Relevanz. Alle Modelle eines Mixed-Methods-Ansatzes haben dadurch ebenso die Möglichkeit, sich einem klaren methodologischen Gerüst zu verschreiben. Und vielleicht kann dadurch der unsägliche Streit zwischen qualitativer und quantitativer Forschung beigelegt werden.

6 Quantitative Methoden in der Psychologie

Rainer W. Alexandrowicz

Die Ausbildung in quantitativen Methoden – vulgo Statistik – zählt wohl zu den beliebtesten Fächern im Rahmen des Psychologiestudiums. Dieses Kapitel erläutert, wie wir im Rahmen psychologischer Forschung und Anwendung (z. B. Diagnostik) von statistischen Methoden profitieren können und welche Erkenntnisse ohne sie gar nicht, oder zumindest nur schwer, zu gewinnen wären. Dazu werden in Abschnitt 6.1 drei Begriffspaare vorgestellt, die die Grundlage für alle nachfolgenden Betrachtungen bilden. Anschließend zeigt Abschnitt 6.2, wie wir von beobachtbaren Phänomenen zu auswertbaren Zahlen kommen und welche Einschränkungen dabei zu beachten sind. Abschnitt 6.3 zeigt schließlich anhand einer Anwendung, wie wir das statistische Inventar zur Beschreibung und Erklärung komplexer psychologischer Phänomene nützen können.

6.1 Einige Grundbegriffe

„Die Psychologie befasst sich mit dem menschlichen Erleben, Denken, Empfinden und Verhalten, sowie deren Ursachen und Bedingungen." So lautet der einleitende Passus des Studienplans für das Bachelorstudium Psychologie der Alpen-Adria-Universität Klagenfurt, Abschnitt *(1) Allge-*

meine Ziele des Psychologiestudiums. Angewandt auf die wissenschaftliche Auseinandersetzung, die die Grundlage eines akademischen Studiums bildet, ergibt sich daraus die Notwendigkeit fundierter Methodenkenntnisse. Diese ermöglichen nicht nur die aktive Ausübung psychologischer Forschung, sondern sind auch unabdingbare Voraussetzung dafür, bestehendes Wissen in seiner Entstehung verstehen und hinsichtlich seiner Plausibilität kritisch hinterfragen zu können. Die drei nachfolgend dargestellten Begriffspaare spielen dabei eine grundlegende Rolle.

6.1.1 Ideographische vs. nomothetische Herangehensweise

Die beiden Prinzipien ideographisch und nomothetisch stellen zwei fundamentale Herangehensweisen dar, unter denen wir uns menschlichem Erleben, Denken, Empfinden und Verhalten nähern können.

Das ideographische Prinzip Einerseits kann versucht werden, eine Person in ihrer Individualität bestmöglich nachzuvollziehen, wie es beispielsweise in psychotherapeutisch ausgerichteten Settings der Fall ist. Dabei geht es darum, das Einzigartige, das eine Person auszeichnet und von allen anderen unterscheidet, bestmöglich zu begreifen. Jede so gewonnene Erkenntnis gilt vorerst nur für die betrachtete Person, eine Verallgemeinerung auf weitere Personen wird primär nicht angestrebt. Im Rahmen der ideographischen Herangehensweise spielen statistische Prinzipien keine maßgebliche Rolle.

Das nomothetische Prinzip Das nomothetische Prinzip ist gekennzeichnet durch das Bestreben, möglichst allgemeine Gesetz- bzw. Regelmäßigkeiten im menschlichen Erleben, Denken, Empfinden und Verhalten aufzudecken. Das Individuelle wird dabei als Mess„fehler" – nicht wertend, sondern im Sinne einer unvermeidbaren Ungenauigkeit! – betrachtet. Es ist in diesem Kontext nicht möglich, alle potentiell Betroffenen zu kennen oder gar zu erheben. Es gilt vielmehr, Gesetzmäßigkeiten zu finden, die über die konkret untersuchten Individuen hinaus Gültigkeit haben. In Abschnitt 6.3.1 wird anhand eines konkreten Beispiels gezeigt, wie dieses Prinzip in der Praxis umgesetzt werden kann.

6.1.2 Population und Stichprobe

Wir verwenden für die Menge aller Personen, für die eine wissenschaftliche Aussage Gültigkeit haben soll, den Begriff *Population* oder *Grundgesamtheit*. Dieser stimmt nicht zwingend mit einer geographischen oder politischen Definition des Begriffs überein, sondern stellt eine logische Auswahl dar. So könnten wir beispielsweise im Rahmen einer verkehrspsychologischen Studie eine Aussage über all jene machen, die sich im ersten Jahr nach ihrer Führerscheinprüfung befinden. Die gesamte Population kann grundsätzlich nicht erhoben werden. Daher ziehen wir eine *Stichprobe*, die stellvertretend für die Population betrachtet wird. Dabei ist die Frage, wie bei dieser Ziehung vorgegangen werden kann (die sogenannte *Stichprobentheorie*), von zentraler Bedeutung; nicht jede beliebige Gruppe erfüllt die Erfordernisse, die für generalisierbare Aussagen über die Population notwendig sind.

Von den Personen der Stichprobe soll dann ein Rückschluss auf die Population erfolgen. Dafür benötigen wir wissenschaftliche Rahmenbedingungen, die den Geltungsanspruch einer aus einer Stichprobe gewonnenen Gesetzmäßigkeit nach objektiven Kriterien festlegen. In diesem Zusammenhang spielt die Wahrscheinlichkeitsrechnung eine fundamentale Rolle: Im Kern wird die Frage beantwortet, ob ein Phänomen hinreichend gut durch das zufällige Zusammenwirken von untersuchten Faktoren zu erklären ist, oder ob sich eine offensichtlich über den Zufall hinausgehende Gesetzmäßigkeit abzeichnet.

6.1.3 Variablen und Ausprägungen

Das Merkmal, über das eine Aussage gemacht werden soll (beispielsweise die Körpergröße einer Person oder ein Punktewert, den sie im Rahmen einer psychologischen Testung erzielt hat), wird ganz allgemein als *Variable* bezeichnet und in der Regel mit einem Großbuchstaben – in allgemeinen Darstellungen häufig X – gekennzeichnet. Die konkreten Werte, die jede einzelne Person in dieser Variablen aufweist, nennt man *Ausprägungen* oder *Realisationen*. Diese werden mit dem entsprechenden Kleinbuchstaben sowie einem (tiefgestellten) Personen*index* gekennzeichnet, also x_1 für die erste Person, x_2 für die zweite, usw. Folgende Tabelle zeigt ein Beispiel für die Variable Körpergröße:

Index	1	2	3	4	5	6	7	8
Ausprägung	1.73	1.80	1.72	1.68	1.55	1.83	1.85	1.73

In diesem Beispiel ist die Ausprägung der ersten Person $x_1 = 1.73$, die Ausprägung der zweiten Person $x_2 = 1.80$, etc. Die *Anzahl der Beobachtungen* wird häufig mit n gekennzeichnet. In diesem Beispiel wurden insgesamt acht Personen erfasst, also ist $n = 8$. Zur allgemeinen Darstellung wird der generische Index i verwendet: x_i mit $i = 1 \ldots n$. So lassen sich alle Messwerte abstrakt ansprechen, wodurch sich eine mathematische Betrachtung in allgemeiner Form (d.h. ohne Bezugnahme auf konkret vorliegende Werte oder deren Anzahl) vornehmen lässt.

6.2 Skalendignität

Für eine quantitative Analyse ist es erforderlich, den Beobachtungen nach einer festgesetzten Regel Zahlenwerte zuzuweisen. Bei physikalischen Messungen (wie z. B. Körpergröße, Hautleitwert oder Reaktionszeiten) liefert ein Messgerät bereits numerische Werte, bei der Anwendung beobachtungs- oder kommunikationsbasierter Erhebungstechniken (Fragebogen, Interview, Fokusgruppe) ist hingegen eine explizite Zuweisung von Zahlenwerten (die *Codierung*) erforderlich.

Ziel ist es, empirische (beobachtbare) Relationen von Objekten als numerische Relationen abzubilden: Die empirischen Relationen können beispielsweise die beobachtbaren Körpermassen (große Masse, geringe Masse ...) einer Gruppe von Personen sein, aus denen die numerischen Relationen (z. B. 95 kg, 63 kg, ...) gewonnen werden. Dabei ist die *Isomorphie* (eine umkehrbare Abbildung) der empirischen und der numerischen Relationen herzustellen. Erst diese erlaubt es, Schlussfolgerungen aus den numerischen Relationen wieder auf die empirischen zu übertragen. Eine Abbildung, die dies zulässt, nennt man *empirisch gehaltvoll*. Eine Schlussfolgerung aus den Gewichtsangaben (numerische Relationen) wäre dann zum Beispiel deren Summe, die wiederum eine empirische Entsprechung hat – bedeutsam etwa bei der maximalen Belastbarkeit eines Aufzugs.

Im Falle der hier genannten Körpermassen ist die Isomorphie intuitiv nachvollziehbar. Wir haben es aber im Rahmen psychologischer Forschung auch mit Phänomenen zu tun, bei denen sich diese Eigenschaft nicht so unmittelbar erschließt. Dann ist eine bewusste *Entscheidung* notwendig, welche numerischen Relationen überhaupt noch empirisch gehaltvoll sind, oder, vereinfacht ausgedrückt, welchen Informationsgehalt sie aufweisen (wir werden auf diesen Aspekt in Abschnitt 6.2.7 nochmals zurückkommen). Neben Skaldignität werden dafür auch die Begriffe *Skalenniveau* oder *Messniveau* synonym verwendet. Dieser Informationsgehalt bestimmt, welche statistischen Verfahren auf die numerischen Abbildungen sinnvoll anwendbar (also empirisch gehaltvoll) sind. Stevens (1946) hat hierfür ein hierarchisches Kategorisierungssystem ausformuliert, das fünf Ebenen des Informationsgehalts unterscheidet und im Rahmen psychologischer Forschung eine fundamentale Rolle spielt. Hier wird eine geringfügig erweiterte Version dieser Taxonomie vorgestellt.

6.2.1 Nominale Daten

Beschreibung Der Begriff leitet sich aus dem Lateinischen *nomen, -inis* (der Name), her und charakterisiert damit das wesentliche Merkmal nominaler Daten: Jeder möglichen Ausprägung einer Variable wird ein benennender Wert (ein „Name") zugeordnet. Diese Zuordnung ist immer richtig, solange hinsichtlich dieses Merkmals unterschiedliche Objekte auch anhand ihrer Benennung (Codierung) unter-

121

schieden werden können. Wir sind daher frei in der Wahl der Codierung. Typische nominale Variablen sind etwa Geschlecht (codierbar durch m/w, 1/2 oder ♂/♀), Studienfach, Haarfarbe oder Antwortmöglichkeiten in einem Multiple-Choice-Test. Im Rahmen statistischer Auswertungen werden die Benennungen in der Regel numerisch gewählt. Nominale Daten haben den geringsten Informationsgehalt, da sie lediglich Aussagen über die Gleichheit bzw. Ungleichheit zweier Objekte hinsichtlich des untersuchten Merkmals zulassen.

Nominale Daten werden auch *kategoriell* genannt, da die Ausprägungen ausschließlich in (ungeordnete) Kategorien eingeteilt werden können. Liegen genau zwei Kategorien vor, dann spricht man auch von *dichotomen* Variablen, bei mehr Kategorien von *polytomen* oder mehrkategoriellen Variablen. Bei der Bestimmung nominaler Daten wird noch nicht von „Messung" des Merkmals gesprochen: Die Studienrichtung beispielsweise braucht nicht gemessen werden, sie kann einfach bestimmt werden. Für dichotome Daten wird hierfür auch der Begriff der *Identifikation* und bei mehrkategoriellen jener der *Klassifikation* verwendet.

Transformation Es kann (z. B. für eine bestimmte Darstellung) vorteilhaft sein, die Benennungen zu verändern (sie zu *transformieren*: aus x_i wird x_i^*). Eine solche Transformation ist bei nominalen Daten zulässig, solange die Unterscheidung der einzelnen Objekte dabei nicht verlorengeht. Die Codierungen können also *frei transformiert* werden, man spricht auch von einer *äquivalenten Transformation*. Mathematische Berechnungen (z. B. Mittelwert) sind mit nominalen Variablen in der Regel nicht sinnvoll, da die Codierungen (z. B. Studienkennzahlen) selbst keine empirischen Relationen abbilden. Stattdessen werden die Häufigkeiten der einzelnen Kategorien einer weiterführenden Analyse unterzogen.

6.2.2 Rang- oder Ordinalskala

Beschreibung   Variablen, deren Ausprägungen hinsichtlich eines relevanten Aspekts sortiert werden können, werden *rang-* oder *ordinalskaliert* genannt. Das ist z. B. bei Beurteilungen oder Einschätzungen der Fall, wie etwa der Sternchenvergabe von Artikeln in Online-Verkaufsportalen oder den Ergebnispräsentationen von Produkttests von Konsumentenschutzvereinen. Das häufig in Fragebögen verwendete Antwortformat der abgestuften Zustimmung (stimme *nicht – etwas – ziemlich – sehr* zu) entspricht diesem Informationsniveau. Auch hier wird in der Regel eine numerische Codierung vorgenommen, häufig werden dazu die Zahlenwerte 1 – 2 – 3 – ... verwendet. Hier ist bereits große Vorsicht geboten: Die in der Erfassung verwendeten Benennungen („etwas" oder „ziemlich") implizieren keine exakte numerische Quantität, die Wahl der Codierung 0 – 1 – 2 – ... ist daher ebenso korrekt. Es wäre sogar zulässig, Werte wie 1 – 10 – 63 – ... zu vergeben, da auch sie die Originalabfolge korrekt widerspiegeln. Wir sind in der Wahl der Codierung frei, solange die Abfolge der Objekte durch die Zahlenfolge korrekt wiedergegeben wird. Die Codierung mit 1 – 3 – 2 – ... wäre daher unzulässig, da *etwas* Zustimmung einen höheren Wert erhielte als *ziemliche* Zustimmung).

Rangdaten sind im Kern auch kategoriell (da keine Abstände definiert sind), aber es handelt sich um *geordnete Kategorien*.

Transformation   Wir können die Codierung verändern, solange dabei die Reihenfolge erhalten bleibt. Man nennt dies eine *monotone Transformation*[1]. Mathematische Berechnungen mit den Codierungen rangskalierter Variablen sind in der Regel nicht sinnvoll, da bei Anwendung einer zulässigen monotonen Transformation ein nicht nachvollziehbares Ergebnis entstehen kann.

---

[1] Genau genommen ist nur eine streng monotone Transformation zulässig, da sonst unterschiedliche Ausgangswerte zu gleichen transformierten Werten führen könnten. Dies würde sogar die für nominale Daten geforderte Unterscheidbarkeit gleicher vs. ungleicher Ausprägungen verletzen. Dennoch wird üblicherweise die unexakte Bezeichnung verwendet.

Ein Beispiel Ein praktischer Fall, wo diese Problematik zwar sichtbar (aber kaum diskutiert) wird, stellt die Punktevergabe bei Sportereignissen dar. Die in der Formel 1 angewendeten Mechanismen eignen sich in besonderem Maße zur Illustration:

Die Platzierung am Ende eines Rennens stellt die natürliche Rangfolge der Fahrer dar, es handelt sich also um Rangdaten sui generis. Zur Wertung werden den Platzierungen nun Punkte zugeordnet, nämlich 25 für einen Sieg, 18 für den zweiten, 15 für den dritten, 12 für den vierten Platz usw. Diese Umrechnung ist eine monotone Transformation, bei der neue Werte gewählt werden, ohne einem später eintrudelnden Fahrer mehr Punkte zuzuschreiben als einem vor ihm (also ohne Veränderung der natürlichen Abfolge) – sie ist also entsprechend der Definition von Rangdaten zulässig und damit unproblematisch.

Das methodische Problem entsteht bei der Ermittlung des Weltmeisters: Er wird am Ende einer Saison durch eine mathematische Operation der Codierungen (also der numerischen Relationen) ermittelt: Es wird die Summe der nach wie vor rangskalierten Punkte gebildet. Und hier offenbart sich die Problematik: Würden wir nämlich den Weltmeister anhand der Summe der Platznummern (also der (empirische Relationen) ermitteln, dann bekäme in den meisten Saisonen ein anderer Fahrer den Titel verliehen.

Aus methodischer Sicht nachgerade unterhaltsam war die Änderung des Punktesystems 2010: Zuvor hatte der Sieger 10 Punkte erhalten, der Zweitplatzierte 8, der Dritte 6 und die weiteren fünf Fahrer 5 bis 1 Punkte. Auch dies war eine für Rangdaten zulässige monotone Transformation der Platznummern (grob gerechnet: Multiplikation mit der Konstanten 2.5) – aber mit gravierenden Auswirkungen auf die Ermittlung des Weltmeisters. Die einschlägige Berichterstattung war daraufhin voll der Diskussion, wer nach welchem System welche WM-Platzierung erzielt hätte und welches System „besser" wäre. Aus methodischer Sicht ist diese Diskussion müßig, da sie einer *willkürlichen* Zuordnung entspringt und damit wissenschaftlich vollkommen uninteressant ist (nicht aus wirtschaftlicher Sicht, denn das eigentliche Ziel wurde erreicht: Der Sport war im Gerede, Magazine wurden gekauft, Online-Seiten besucht und Werbegelder dabei umgesetzt). Exakt die gleiche Problematik offenbart sich auch im ATP-Ranking im Tennis, den FIS-Punkten im Ski-Weltcup oder den ELO-Punkten im Schach; auch hier werden nach einem willkürlichen System Punkte vergeben.

Diese Beispiele sind für die psychologische Forschung wenig relevant. Doch ändern wir den Bezugsrahmen und ersetzen die Reihung von in Autos im Kreis oder auf Skis den Berg hinab Rasender durch eine punktebasierte Leistungsbeurteilung, die über die weitere Schullaufbahn eines Kindes entscheidet, dann haben wir wieder mit psychologisch relevanten Fragestellungen zu tun, die sehr detaillierte Methodenkenntnisse erfordern, um sie seriös und fair beantworten zu können. Die mediale Präsenz und Diskussion im Zusammenhang mit bildungspolitischen Großuntersuchungen (z. B. der PISA-Studie) belegen die Relevanz dieser Problematik.

6.2.3 Intervallskala

Beschreibung Das Problem im vorangegangenen Beispiel war das Fehlen eines empirisch interpretierbaren Intervalls zwischen zwei Punktewertungen. Es wird kein empirisches Kriterium genannt, wonach der Sieg (25) um 7 Punkte mehr wert sein soll als der zweite Platz (18). Es gibt aber Variablen, die eine empirisch gehaltvolle Interpretation des Intervalls zwischen zwei Werten zulassen. Ein klassisches (weil im Originaltext von Stevens verwendetes) Beispiel hierfür ist die Temperaturangabe in Grad Celsius. Bei dieser wird das Intervall zwischen dem Schmelz- und dem Siedepunkt von Wasser auf Meereshöhe in 100 gleiche Intervalle unterteilt – die Abstände zwischen den Werten sind damit normiert und daher empirisch gehaltvoll. Die Differenz zwischen 10° und 15° entspricht demselben Temperaturunterschied wie jene zwischen 40° und 45°. Gleiche Zahlendifferenzen entsprechen bei intervallskalierten Merkmalen auch gleichen Merkmalsdifferenzen.

Wir können daher auf die numerischen Relationen (Celsiusskala) eine mathematische Operation anwenden (die Summenbildung, wie sie z. B. im Zuge der Ermittlung der Jahresdurchschnittstemperatur vorgenommen wird), die eine reale Entsprechung (das Temperaturgeschehen) haben. Das Vorliegen genormter Intervalle entspricht dem Vorhandensein einer *Maßeinheit*. Intervallskalierte Variablen stellen damit die erste Form sogenannter *metrischer* Daten dar (weitere folgen in den Abschnitten 6.2.4, 6.2.5 und 6.2.6).

Transformation Die Eigenschaften der Intervallskala bedingen bestimmte Anforderungen an die Transformierbarkeit der Werte, denn eine freie oder eine monotone Transformation würden eine auf den numerischen Relationen beruhende mathematische Operation verfälschen. Wir dürfen aber eine sogenannte *lineare Transformation* anwenden, die der Bedingung $x_i^* = ax_i + b$ genügt. Dabei ist a eine *multiplikative Konstante* (die auch ein Bruch sein kann) und b eine *additive Konstante* (die auch negativ sein kann). Vereinfacht ausgedrückt dürfen wir die vier Grundrechenarten verwenden.

Angewandt auf das Temperaturbeispiel wäre es etwa zulässig, die Werte in Grad Celsius der Transformation $F = 9/5C + 32$ zu unterziehen (d.h. $a = 9/5$ und $b = 32$) – wir dürfen also in Fahrenheit umrechnen. Diese lineare Transformation ist empirisch gehaltvoll: Beiderseits des Atlantiks wird je nach Wetterbericht die richtige Kleidung gewählt.

Das Temperaturbeispiel ist in der Psychologie wenig relevant, es wurde gewählt, weil es eine gut nachvollziehbare Illustration sowohl der Definition als auch der Transformation intervallskalierter Variablen zulässt. Im Rahmen psychologischer Forschung spielen vor allem *standardisierte* Testwerte eine zentrale Rolle. Dabei wird ein Test vor seiner Verwendung einer umfangreichen sogenannten *testtheoretischen* Analyse unterzogen, im Zuge derer er hinsichtlich bestimmter strenger formaler Kriterien optimiert wurde und wodurch er sich fundamental von dem unterscheidet, was in Illustrierten zu finden ist.

6.2.4 Rational- oder Verhältnisskala

Beschreibung Hierbei handelt es sich um Messungen i.e.S., also vor allem physikalische Größen wie Längen-, Volums- oder Geschwindigkeitsangaben, elektrische Ableitungen (z. B. der Hautleitwert beim Biofeedback, s. Abschnitt 4.1, insbes. S. 71) oder Masse- und Gewichtsangaben. Sie zeichnen sich dadurch aus, dass ein *empirisch bedeutsamer, natürlicher Nullpunkt* definiert ist. Dieser bildet die Grundlage zur Bildung von *Verhältnissen einzelner Messwerte.* Eine Person mit 1.80 m Körpergröße ist beispielsweise *doppelt* so groß wie ein Kind mit 90 cm. Auch wenn der Nullpunkt selbst nicht realisiert ist (es kann keine Person mit 0 cm Körpergröße geben), so bildet er einen inhaltlich sinnvollen (weil unabhängig von der Messung festgelegten) Bezugspunkt.

Die Maßeinheit einer rationalskalierten Variable ist hingegen (wie auch bei intervallskalierten Daten) willkürlich festgelegt und daher veränderbar. Aus diesem Grund ist auch eine Benennung (z. B. cm, km/h oder Liter) erforderlich, um die gewählte Maßeinheit kenntlich zu machen.

Intervall- oder rational? Eine Frage des Nullpunktes

Der natürliche Nullpunkt einer rationalskalierten Variable darf nicht mit dem willkürlichen einer intervallskalierten verwechselt werden. Beispiel Celsius-Skala: Eine Temperatur von 20°C ist nicht doppelt so hoch wie 10°C, denn bei der (zulässigen!) Lineartransformation in Fahrenheit erhielten wir die Werte 68°F und 50°F, die zueinander nicht mehr im Verhältnis 2 : 1, sondern 1.36 : 1 stehen.

Anders hingegen verhält es sich bei der Darstellung in Kelvin: Hier wird auf einen absoluten Nullpunkt Bezug genommen. *Dieser ist unverrückbar, da er eine reale Entsprechung hat:* Die Brown'sche Teilchenbewegung kommt zum Erliegen, kein Objekt kann daher kälter werden (ca. −273.15°C). Die Einheiten entsprechen jenen der Celsius-Skala, sind also willkürlich gewählt, haben aber über den gesamten Wertebereich dieselbe Bedeutung. Angaben in Kelvin entsprechen daher den Erfordernissen einer Rationalskala.

In Kelvin können folglich auch Verhältnisse angegeben werden, in unserem Beispiel $293.15K/283.15K = 1.035$. An einem durchschnittlichen Maitag ist die Temperatur etwa 1.04-mal so hoch wie in den Iden des März.

Transformation Bei rationalskalierten Variablen ist nur mehr eine Veränderung der willkürlichen Maßeinheit zulässig, es darf also nur mit einer multiplikativen Konstante ($x_i^* = ax_i$) transformiert werden. Man nennt sie auch *proportionale* Transformation, da sie die Verhältnisse der Abstände zum Nullpunkt nicht verändert. Die in Europa übliche Darstellung der Geschwindigkeit eines Fahrzeugs in km/h kann zum Beispiel durch die multiplikative Konstante $a = 0.622$ in die in Amerika übliche Angabe in Meilen pro Stunde umgerechnet werden: 100 km/h entsprechen ca. 62 mph, 50 km/h etwa 31 mph. Der Nullpunkt darf hingegen nicht verändert werden, ein stehendes Fahrzeug hat in beiden Systemen den Wert null. Das Verhältnis der beiden Geschwindigkeitsangaben wird daher in beiden Maßeinheiten korrekt wiedergegeben ($100 : 50 = 62 : 31 = 2 : 1$).

Ein Spezialfall Eine wichtige Anwendung im Rahmen psychologischer Forschung stellt die Reaktionszeitmessung dar. Die Reaktionszeit im Sinne einer physikalischen Größe ist rationalskaliert, sie hat einen natürlich definierten Nullpunkt und eine festgelegte Maßeinheit, Verhältnisse sind daher sinnvoll interpretierbar (Person A hat doppelt so lange für eine Aufgabe benötigt wie Person B).

Im psychologischen Kontext stehen wir allerdings vor einem Interpretationsproblem. Angenommen, Versuchspersonen sollen nach Darbietung einer Aufgabe am Bildschirm möglichst rasch eine bestimmte Taste betätigen. Dann werden häufig Reaktionszeiten von deutlich weniger als einer Sekunde beobachtet. Manche Personen werden aber

2 oder sogar 5 Sekunden benötigen. Während die raschen Reaktionen mit hoher Wahrscheinlichkeit die zu erfassenden kognitiven Prozesse abbilden, haben bei den extrem verlängerten Reaktionen wahrscheinlich andere Prozesse zusätzlich stattgefunden (die Person musste husten oder jemand hat den Raum betreten und dadurch abgelenkt). Dann bildet die erfasste Reaktionszeit zusätzliche Komponenten ab, die nicht Gegenstand der Untersuchung sind. Ein Unterschied von beispielsweise 20 Millisekunden bedeutet nicht zwingend über den gesamten Wertebereich das gleiche (im Sinne der zu erfassenden Prozesse).

Als generell präventive Maßnahme kann eine Reaktionszeit wie eine rangskalierte Variable betrachtet werden, auch wenn die Zeitangabe selbst eigentlich rationalskaliert ist. Damit werden die Differenzen nicht mehr ausgewertet, was vor Fehlinterpretation schützt. Allerdings wird dabei nicht alle enthaltene Information aus den Daten ausgeschöpft, es gibt daher für Reaktionszeiten eigene, spezielle Auswertungsmethoden.

6.2.5 Differenzenskala

Beschreibung In bestimmten Fällen kann es vorteilhaft sein, die Werte einer Rationalskala zu logarithmieren. Dadurch verändert sich deren Skalenniveau: Jedem *Verhältnis* zweier rationalskalierter Werte steht eine *Differenz* ihrer logarithmierten Werte gegenüber. Sie verfügt daher über eine feste, unveränderliche Maßeinheit, die eine reale Entsprechung hat. Damit unterscheidet sie sich fundamental von einer intervallskalierten, wo die Maßeinheit *willkürlich* festgelegt wird (z. B. durch den von Anders Celsius gewählten Normierungsfaktor 100).

Eine differenzenskalierte Variable verfügt hingegen nicht über einen festgelegten Nullpunkt, dieser kann willkürlich gewählt und ohne Informationsverlust verändert werden. Differenzen- und rationalskalierte Variablen weisen denselben Informationsgehalt auf, sie können durch Logarithmieren bzw. Exponentiation ineinander überführt werden.

Transformation Differenzenskalierte Werte dürfen nur einer Transformation mit einer additiven Konstante ($x_i^* = x_i + b$), einer sogenannten *Translation*, unterzogen werden. Anschaulich ausgedrückt wird dabei ein geeigneter Nullpunkt gewählt, ohne die Maßeinheit (die ja empirisch begründet ist) zu verfälschen.

Eine wichtige Anwendung wird uns im Rahmen der Testtheorie begegnen, wo wir die Schwierigkeit von Testaufgaben auf einer Differenzenskala abbilden werden.

6.2.6 Absolutskala

Definition Diese höchste Stufe des Informationsgehaltes beschreibt solche Messwerte, die für sich genommen interpretiert werden und daher auch keine Maßeinheit mehr benötigen. Bei Werten, die auf einer Absolutskala liegen, sind sowohl der Nullpunkt als auch die Maßeinheit empirisch festgelegt.

Beispiele sind absolute Häufigkeiten (178 von 245 Befragten haben Aufgabe A gelöst), relative Häufigkeiten (72.7% der Befragten haben Aufgabe A gelöst) oder Wahrscheinlichkeitsangaben. Im Rahmen des Studiums werden uns ebenfalls statistische Kennzahlen begegnen, die Werte auf einer Absolutskala ausgeben.

Transformation Bei absolutskalierten Daten ist *keine Transformation* mehr zulässig: Sowohl der Nullpunkt als auch die Maßeinheit haben eine reale Entsprechung, die durch jegliche Transformation verlorenginge.

6.2.7 Zusammenfassung

Die vorgestellten Skalenniveaus decken praktisch alle für uns relevanten Fälle ab. Tabelle 6.1 fasst die Skalen und ihre wesentlichen Eigenschaften nochmals zusammen.

Tabelle 6.1: Zusammenfassung Skalen

Skala	emp. geh. Aussagen	Nullp.	Maßeinh.	Transformation
Nominal	$= \neq$	n. def.	n. def.	frei
Rang	$= \neq < >$	willk.	n. def.	monoton
Intervall	$= \neq < > + -$	willk.	willk.	linear
Rational	$= \neq < > + -$ $\odot \oslash$	fix	willk.	multiplikativ
Differenzen	$= \neq < > \oplus \ominus \cdot \div$	willk.	fix	additiv
Absolut	$= \neq < > \oplus \ominus \odot \oslash$	fix	fix	keine

Erklärungen: emp. geh.: empirisch gehaltvoll; Nullp.: Definition des Nullpunktes; Maßeinh.: Definition der Maßeinheit; n. def.: nicht definiert; willk.: willkürlich;
$=\neq$: Aussagen über Gleichheit bzw. Ungleichheit zweier Objekte;
$<>$: Aussagen darüber, welches von zwei Objekten größer oder kleiner ist;
$+-$: Aussagen basierend auf der Differenz zweier Messwerte;
$\cdot\div$: Aussagen über das Verhältnis zweier Messwerte;
$\oplus\ominus$: Differenzen von Messwerten, die nicht durch Transformation modifiziert werden dürfen, da sie empirisch bedeutsam sind;
$\odot\oslash$: Verhältnisse von Messwerten, die nicht durch Transformation modifiziert werden dürfen, da sie empirisch bedeutsam sind.

Bestimmung des Skalenniveaus   Zur korrekten Bestimmung des Skalenniveaus einer Variable ist eine Reihe differenzierter Beurteilungen erforderlich, die ein substantielles Verständnis des Messobjektes und der gewählten Operationalisierung (s. Abschnitt 6.3.1) voraussetzen. In manchen Fällen mag die Bestimmung auch nicht eindeutig sein, zum Beispiel, wenn die testtheoretische Überprüfung eines Erhebungsinstrumentes unbekannt oder ungenügend ist. Skalenbestimmung ist daher ein auf Abwägung und Beurteilung mehrerer Aspekte beruhender Vorgang des Verstehens. Es ist aus diesem Grund nicht möglich, eine automatisierte Skalenzuordnung durchzuführen, auch wenn eine solche in manchen Statistikprogrammen angeboten wird. Diese Programme arbeiten mit Algorithmen, die im Kern zählen, wie viele verschiedene Ausprägungen (also realisierte Kategorien) in einer Variable vorkommen. Variablen (Spalten) mit nur zwei oder drei verschiedenen

Werten werden dann als kategorial oder nominal eingestuft, solche mit vielen Ausprägungen hingegen als metrisch (hier erfolgt in der Regel keine weitere Differenzierung in intervall oder rational). Werden beispielsweise nur Kinder aus bestimmten Klassen untersucht, so kann das Alter in nur zwei oder drei Ausprägungen vorkommen. Die automatisierte Erkennung würde dann auf nominal entscheiden, obwohl das Alter rationalskaliert ist. Hingegen führte eine Erfassung von Postleitzahlen zu vielen verschiedenen (numerischen) Ausprägungen, bleibt aber dennoch nominal. Die Anzahl der unterschiedlichen Variablenkategorien allein kann daher in keinem Fall ein hinreichendes Kriterium für eine korrekte Skalenfestlegung darstellen.

Skalenniveau und Transformation Wird eine Transformation angewendet, die einem geringeren Skalenniveau entspricht (z. B. monotone Transformation auf intervallskalierte Daten), dann liegt auch das Ergebnis nur mehr auf dem Niveau der angewendeten Transformation, es ist also Information verloren gegangen. Das kann in manchen Fällen nützlich sein oder irrelevant, wenn beispielsweise das eingesetzte Verfahren ohnehin nur Informationen des niedrigeren Skalenniveaus auswertet.

Informationsverlust und Informationsverzicht Die korrekte Identifikation des Skalenniveaus ist essentiell, da mit ihr auch die Auswahl anwendbarer statistischer Verfahren erfolgt. Eine Fehlannahme kann unterschiedliche Konsequenzen haben:

- Wird der Skalentyp fälschlich zu hoch angenommen (z. B. Intervall statt Rang), dann wurden mathematische Operationen ausgeführt, die nach zulässiger Transformation der Originaldaten (bei Rang etwa monotone Transformation) zu anderen Ergebnissen führen würden. Ein klassisches Beispiel hierzu: Wenn Schulnoten (Rangskala) zu einem Notendurchschnitt gemittelt werden, so würde bei (für Rangskala zulässiger) monotoner Transformation ein anderer Mittelwert resultieren.

- Wird der Skalentyp hingegen zu niedrig angenommen, dann wird nicht die gesamte in den Daten verfügbare Information ausgeschöpft. Das Ergebnis ist dann zwar nicht falsch, aber nicht so genau, wie es mit der adäquaten Technik vielleicht möglich gewesen wäre. Das ist nicht zwingend problematisch: Bei rationalskalierten Daten beispielsweise wird selten die gesamte Information ausgeschöpft, da die meisten statistischen Auswertungsmethoden ohnehin nur die Intervallinformation verwenden. Im Fall der Reaktionszeiten (s.o.) kann sogar die Reduktion auf nur Ranginformation sinnvoll sein.

6.3 Statistisches Modellieren

Die Ausführungen des vorangegangenen Abschnittes zeigen, welche Informationen uns im Rahmen psychologischer Forschung zur Verfügung stehen. Je nach Skalenniveau können wir unterschiedliche Auswertungstechniken anwenden. Die Entwicklung der heute verwendeten Verfahren blickt mittlerweile auf eine – grob gerechnet – hundertjährige Tradition zurück. Die Anfänge sind sogar deutlich älter, doch hier ist der moderne Methodenkanon gemeint. Ein zentrales Element stellt dabei das statistische *Modellieren* dar. Dabei wird versucht, reale Phänomene durch ein mathematisches Modell, also durch eine mathematische Abstraktion, möglichst präzise zu beschreiben.

6.3.1 Theorie – Operationalisierung – Modell

Dieser Abschnitt umreißt das grundlegende Prinzip statistischen Modellierens, wodurch ein Eindruck vermittelt werden soll, wie psychologische Phänomene zu einer mathematischen Abstraktion verdichtet werden können. Die Ausführungen können allerdings keine erschöpfende Einführung in das Modellieren bieten, da mathematische Details (die in der Methodenausbildung vermittelt werden) weggelassen werden.

Theorie Aufgrund theoretischer Überlegungen bzw. auf Basis von Erkenntnissen bisheriger Studien wird eine Theorie über den Untersuchungsgegenstand formuliert bzw. eine bestehende Theorie erweitert oder modifiziert. Will man ein völlig neues Thema erkunden, so kann dabei auch eine Alltagserfahrung oder -beobachtung als Grundlage dienen. Die Formulierung einer solchen Theorie bedient sich im Allgemeinen unspezifischer Begriffe, denen noch keine exakte Definition zugrunde liegen muss.

Operationalisierung Um diese Begriffe empirischer Überprüfbarkeit zugänglich zu machen, müssen sie in messbare Größen (Variablen) gefasst werden. Dieser Schritt wird *Operationalisierung* genannt, da Handlungen (Operationen) festgelegt werden, anhand derer das in Alltagsbegriffen formulierte Konzept empirisch erfasst werden kann. Die Wahl der Operationalisierung spielt eine zentrale Rolle, da sie zwei wesentliche Aspekte beeinflusst: Einerseits können unterschiedliche Operationalisierungen zu unterschiedlichen Ergebnissen führen, da andere Teilaspekte abgebildet werden, und andererseits wird durch die Operationalisierung auch das Skalenniveau und damit das anwendbare statistische Inventar festgelegt. So kann beispielsweise Depressivität durch einen speziell dafür entwickelten Fragebogen erfasst werden oder durch eine fachärztliche Diagnose. Im ersten Fall ist der Aufwand geringer, da Fragebögen von den untersuchten Personen selbst ausgefüllt werden können und kein Fachpersonal erforderlich ist. Meist liefern einschlägige Verfahren einen Summenwert (*Score*), der das Ausmaß der Depressivität ausdrückt und (je nach Verfahren) rang- oder intervallskaliert ist. Allerdings stellt dieser Score keine Diagnose dar, wäre daher für eine klinische oder epidemiologische Untersuchung nicht verwendbar. Im zweiten Fall erhält man eine klinische Diagnose, die im Sinne einer ja/nein-Antwort dichotom und damit nominaler Natur ist. Eine klinische Diagnose ist für epidemiologische Studien notwendig.

Modell Die Art, wie die Variablen zueinander in Beziehung stehen, lässt sich (unter Berücksichtigung ihres jeweiligen Skalenniveaus) durch ein mathematisches Modell ausdrücken, das das postulierte Beziehungsgeflecht in Form einer mathematischen Gleichung beschreibt. Ein Beispiel einer solchen Gleichung wäre $Y = b \cdot X$. Hier wird angenommen, dass Y und X in einer multiplikativen Beziehung mit dem Faktor b zueinander stehen. Diese Beziehung wird unabhängig von den Daten aufgrund theoretischer Überlegungen formuliert.

Der Multiplikator dieser Gleichung b wird *Modellparameter* genannt. Er drückt aus, um wie viel sich Y *im Allgemeinen* ändert, wenn sich X um eine Einheit ändert. Parameter der Modellgleichung werden aus den erhobenen Daten *geschätzt*. Diese *Parameterschätzung* ist keine „Schätzung" im alltäglichen Sinn, sondern beruht auf komplexen mathematischen Verfahren, die aus den beobachteten Realisationen der Variablen die plausibelsten Werte für die Modellparameter ermitteln: In unserem Beispiel werden also aus den Realisationen von X und Y die plausibelsten Werte für b bestimmt.

Ist Y beispielsweise der Kenntnisstand einer zu lernenden Materie in erzielten Punkten und X der Lernaufwand in Stunden, dann würde ein Ergebnis von $b = 0.4$ bedeuten, dass eine Stunde mehr Lernaufwand einen mittleren Zuwachs von 0.4 Punkten bewirkt. Dieser strenge mathematische Zusammenhang $Y = 0.4X$ stellt dabei das verallgemeinerte Prinzip im Sinne des in Abschnitt 6.1.1 definierten nomothetischen Zugangs dar. Das bedeutet nicht, dass bei jeder beliebigen Person eine Stunde mehr Lernen tatsächlich genau 0.4 Punkte Leistungszuwachs bewirkt: Individuelle Komponenten allgemeiner Natur (z. B. Gedächtnisleistung) bzw. situativer Natur (z. B. Tagesverfassung) überlagern diese generelle Tendenz. Die geschätzte Gleichung $Y = 0.4X$ stellt vielmehr das „Extrakt" (die mathematische Abstraktion) dar, das mittels eines Modells aus beobachteten Daten gewonnen wurde. Gleichzeitig veranschaulicht das Beispiel eine in der Psychologie verbreitete Möglichkeit, wie Verhalten statistisch vorhergesagt werden kann: Wenn der Lernaufwand einer Person bekannt ist, kann der Wert in das Modell eingesetzt werden, um den laut Modell *zu erwartenden* Kenntnisstand der Person zu bestimmen.

Die individuellen Abweichungen von dieser verallgemeinerten Beziehung, wie sie im Modell formuliert und durch die geschätzten Parameter quantifiziert wurden, sind nach der Parameterschätzung Gegenstand der *Modellkontrolle*, bei der die Güte der Modellpassung (*model fit*) überprüft wird. Im Kern wird dabei untersucht, wie gut die laut Modell erwarteten Werte von Y (im letzten Beispiel der Kenntnisstand) mit den real beobachteten jeder Person übereinstimmen. Möglicherweise lassen systematische Abweichungen erkennen, dass ein anderes Modell geeigneter wäre, den tatsächlichen Zusammenhang der Variablen zu beschreiben. Im genannten Beispiel könnte z. B. dem Potenzgesetz der Übung (Newell & Rosenbloom, 1981) folgend angenommen werden, dass der Lernzuwachs in den ersten Stunden, beim Erwerb der Grundlagen der Materie, schneller verläuft und sich mit der Zeit verringert. Dann wäre die Annahme des linearen Wachstums wahrscheinlich eine ungenügende Abstraktion des tatsächlichen Lernfortschrittes und stattdessen ein nicht-lineares Modell besser geeignet, die beobachteten Daten zu beschreiben. Für diesen Zweck stehen uns eine Reihe statistischer Techniken zur Verfügung, die uns dabei helfen, von mehreren „Modellkandidaten" (*candidate models*) jenes zu identifizieren, das die Daten am besten beschreibt. Weiters gibt es Kennzahlen und graphische Darstellungen, die die Aufdeckung systematischer Abweichungen ermöglichen. Das kann wiederum darüber Aufschluss geben, in welchen Aspekten ein Modell vielleicht zu modifizieren wäre, um eine bessere Abstraktion realen Geschehens – also psychologischer Phänomene – zu ermöglichen.

Modelle dienen u.a. dazu, psychologische Theorien zu überprüfen, sie zu präzisieren und Vorhersagen zu treffen. Modelle reduzieren komplexe psychologische Phänomene auf die essentiellen Zusammenhänge der involvierten Variablen. Sie versetzen uns durch die Elimination individueller Besonderheiten in die Lage, zentrale Wirkprinzipien zu isolieren und in ihrem Zusammenspiel besser zu verstehen.

6.3.2 Ein Beispiel: *inattentional blindness*

Zur Illustration soll anhand des folgenden kleinen Beispiels demonstriert werden, wie ein statistisches Modell bei der Beantwortung einer psychologischen Frage helfen kann. Es ist einer Studie von Koreimann, Gula und Vitouch (in Druck) nachempfunden:

Theorie Es ist aus der Alltagserfahrung bekannt, dass man Dinge übersehen kann, obwohl sie im Blickfeld stattfinden. Beispielsweise kann man eine bekannte Person in der Menschenmenge einer Fußgängerzone übersehen, weil man konzentriert nach einem Artikel in den Schaufenstern gesucht hat. Diese Alltagserfahrung bildet nun die Grundlage für die Theorie, dass Menschen, die mit einer kognitiven Aufgabe beschäftigt sind, auch sehr ungewöhnliche Ereignisse ausblenden können, selbst wenn diese unmittelbar vor ihnen stattfinden. Diese Theorie fußt auf einem Experiment von Simons und Chabris (1999), bei dem Personen die Aufgabe gestellt bekamen, in einer Videoaufzeichnung eines Basketballspiels die Anzahl der gespielten Pässe zu zählen. Diese Aufgabe erfordert keine komplexen kognitiven Operationen, aber konzentriertes Beobachten der einzelnen Spieler und Spielzüge. Während des Spiels lief plötzlich eine als Gorilla verkleidete Person quer über das Spielfeld. Es zeigte sich, dass die Hälfte der Personen so mit dem Zählen beschäftigt war, dass ihnen der Gorilla nicht aufgefallen ist. Dieses Phänomen wird *inattentional blindness* genannt.

Wir wollen uns, aufbauend auf diesem empirischen Befund, nun die Frage stellen, ob das Phänomen der *inattentional blindness* auch im akustischen Bereich auftreten kann. Wir formulieren die Theorie, dass durch konzentrierte Auseinandersetzung mit akustischem Material andere akustische Information überhört wird. Dazu führen wir ein virtuelles, dem Gorilla-Experiment nachempfundenes Experiment durch: Versuchspersonen wird die Aufgabe gestellt, in einem Ausschnitt eines klassischen Musikstücks markante Trommelschläge zu zählen. In die Audiosequenz wird – analog zum Gorilla – ein Saxophonsolo eingeblendet. Laut unserer Theorie sollten die Versuchspersonen durch die intensive Konzentration auf die Zählaufgabe das Solo überhören.

Operationalisierung   In unserem Beispiel könnte etwa die „Intensität der konzentrierten Tätigkeit" operationalisiert werden durch die Erfassung, wie viele Trommelschläge in der Tonaufnahme korrekt gezählt wurden. Zur Operationalisierung der Ablenkbarkeit wird erhoben, ob einer Person das Solo aufgefallen ist oder nicht. Damit liegen für jede Person zwei Variablen vor: Die Anzahl der korrekt gezählten Schläge ist eine Häufigkeit und damit absolutskaliert, die Wahrnehmung des Solos kann als dichotome Variable operationalisiert werden (hat es wahrgenommen oder nicht) oder als dreikategorielle (hat es wahrgenommen – fällt auf Nachfrage ein – hat es nicht wahrgenommen; vgl. Abschnitt 6.2). Hier wird die dichotome Variante gewählt, da sie sehr anschaulich darzustellen ist. Wie bereits in Abschnitt 6.2.7 ausgeführt, ist es zulässig, eine Variable auf niedrigerem als dem eigentlichen Skalenniveau zu verwenden, wir werden die Anzahl der Trommelschläge wie eine intervallskalierte Variable auswerten.

Modell   Wenn das Phänomen der *inattentional blindness* auch im akustischen Bereich zutrifft, dann sollten Personen umso eher das Solo überhören, je konzentrierter sie gezählt haben. Das hier vorliegende Zusammenspiel der Variablen lässt sich somit als *Je–desto*-Aussage formulieren: „Je konzentrierter gezählt, desto eher überhört". Für diese Form von Fragen stehen unter anderem sogenannte *Regressionsmodelle* zur Verfügung, die (frei formuliert) die „desto"-Variable als mathematische Funktion der „je"-Variable ausdrücken (auch das eingangs verwendete Beispiel $Y = 0.4X$ ist eine sehr einfache Form eines Regressionsmodells). Dabei ist Y die *abhängige Variable* oder das *Kriterium* (Solo überhört) und X die *unabhängige Variable* oder der *Prädiktor* (Genauigkeit des Zählens als Operationalisierung der Konzentration). Die Benennung „un/abhängige Variable" drückt aus, dass im gewählten Modell das Kriterium vom Prädiktor abhängt, es wird damit eine Richtung des Zusammenhangs postuliert.

Aus den vielen Regressionsmodellen ist aufgrund der Skaleneigenschaften (Kriterium: dichotom; Prädiktor: mindestens intervallskaliert) das sogenannte *logistische Modell* (die *logistische Regression*) anzuwenden. Bei diesem Regressionsmodell wird ein Boden- und Deckeneffekt angenommen, d.h. der Zuwachs erfolgt in Form einer Kurve, die ansteigt und wieder abflacht. Da die abhängige Variable *Y* „Solo überhört" dichotom ist, wird in der logistischen Regression die *Wahrscheinlichkeit* modelliert, das Solo zu überhören: Sie ist bei geringer Konzentration (wenige Trommelschläge werden korrekt gezählt) sehr gering (nahe null) und steigt mit wachsender Konzentration (viele Trommelschläge erkannt) an. Einige Trommelschläge sind alleine zu hören und daher sehr leicht zu erkennen, andere sind eingebettet in das gesamte Orchester. Bei Letzteren muss man schon sehr konzentriert zuhören, um sie zu hören, wodurch die Zählaufgabe hinreichend gut zwischen hoher und geringer Konzentration differenzieren sollte. Die durch das Modell definierte Kurve enthält zwei Parameter, die aus den Daten geschätzt werden. Anschaulich ausgedrückt wird bei diesem Vorgang die Kurve so durch die Punktewolken gelegt, dass sie allen Punkten möglichst nahekommt. Die *Form* der Kurve wird durch das vorab gewählte Modell festgelegt, ihre *Lage* durch die Daten.

Ergebnis In Abbildung 6.1 ist die Anzahl der gezählten Trommelschläge waagrecht und das Überhören des Solos senkrecht aufgetragen. Jeder Punkt symbolisiert eine Person, wobei die Punkte durch den dichotomen Charakter der Erkennung nur zwei Positionen (null für „nicht überhört" und eins für „überhört") einnehmen. Deutlich ist zu erkennen, dass die beiden Punktewolken waagrecht zueinander verschoben sind. Diese Beobachtung spricht bereits für das vermutete Phänomen, dass bei höherer Konzentration (Zählgenauigkeit, waagrecht) auch vermehrt das Saxophonsolo überhört wird. Darüber wurde der vom Modell geschätzte Verlauf der Wahrscheinlichkeit, das Solo zu überhören, als durchgezogene Linie eingezeichnet. Wahrscheinlichkeiten liegen *zwischen* null und eins, die Kurve liegt daher zwischen den beiden Grenzen 0 und 1 der senkrechten Achse.

139

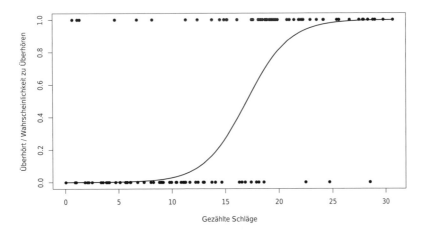

Abbildung 6.1: Visualisierung des Zusammenhangs gezählter Schläge (Prädiktor, waagrechte Achse) und des überhörten Solos (Kriterium, senkrechte Achse, durch Punkte gekennzeichnet). Die durchgezogene Linie zeigt die mit dem Modell geschätzte Wahrscheinlichkeit, mit zunehmender Konzentration auf das Zählen das Solo zu überhören.

Modellkontrolle Wie Abbildung 6.1 auch zeigt, gibt es einige Personen, die das Solo überhört haben, obwohl sie nur wenige Trommelschläge gezählt haben (Punkte links oben), und andere, denen trotz konzentrierten Zählens auch das Solo aufgefallen ist (Punkte rechts unten). Diese individuellen Abweichungen zeigen, dass die Vorhersage des realen Verhaltens durch das Modell nicht perfekt ist. Aus diesen Abweichungen lassen sich standardisierte Kennzahlen bilden, die uns sagen, ob das Modell die erhobenen Daten insgesamt „gut" oder nicht beschreibt. In diesem virtuellen Beispiel wäre die Berücksichtigung weiterer Prädiktoren zu überlegen, die auch die verbleibenden Abweichungen erklären könnten.

Damit würden wir in einer realen Forschungssituation den nächsten Schritt beginnen: Das Modell hat bereits eine teilweise Erklärung des interessierenden Phänomens ermöglicht, den verbleibenden Abweichungen (Antworten, die das Modell nicht gut vorhersagen konnte) wird in weiteren Analyseschritten nachgegangen. Eine vielversprechende Erweiterung wäre beispielsweise die Frage, ob sich das Saxophonsolo hinreichend stark vom Originalstück abgehoben hat oder fälschlich als dessen Teil hätte wahrgenommen werden können (man nennt diesen Effekt *salience*). Dann müsste mit einer zweiten Aufnahme gearbeitet werden, in der sich das Solo stärker vom Stück abhebt. Es könnte auch untersucht werden, ob sich die Personen hinsichtlich der Vertrautheit des Stückes unterscheiden: Je bekannter das Stück, desto eher werden minimale Abweichungen registriert. Auch könnte es einen Unterschied machen, ob jemand selbst Musik macht oder nicht. Die Liste ließe sich fortsetzen – wir sehen, Forschung erfordert neben handwerklichen Fähigkeiten auch Kreativität und Phantasie, die richtigen Fragen zu stellen. Die Daten sagen uns dann, ob die Frage gut gewählt war.

6.3.3 Zusammenfassung

Es wurde in diesem Abschnitt das Prinzip skizziert, wie aus inhaltlichen Überlegungen, darauf aufbauenden Operationalisierungen und unter Berücksichtigung der Skaleneigenschaften der erhobenen Variablen ein Modell psychologischen Geschehens formuliert, überprüft und ggf. verbessert werden kann. Dieses Prinzip hilft uns dabei, interessierende Phänomene besser zu verstehen.

Ein Modell ist im Kern eine mathematische Gleichung. Daraus lässt sich erahnen, dass es unzählige Modellarten gibt, da das komplette algebraische Inventar zur Verfügung steht. Einige dieser Gleichungen haben sich besonders bewährt und stellen „Standardfälle" dar, die auch in den einschlägigen Statistik-Softwarepaketen implementiert sind. Daher müssen die den Modellen zugrundeliegenden Prinzipien bekannt sein, um die Software korrekt bedienen zu können.

Die Methodenentwicklung schreitet stetig fort, es werden immer komplexere mathematische Strukturen für psychologische Fragestellungen nutzbar gemacht, wodurch die psychologische Methodenlehre dauerhaft spannend bleibt.

6.4 Conclusio und Ausblick

Die Statistikausbildung im Psychologiestudium wird zuweilen auf eine Reihe mehr oder wenig simpler „Rechenregeln" heruntergebrochen. Tatsächlich liegt *jeder* statistischen Auswertung ein Modell zugrunde, auf das allerdings nicht in allen Fällen explizit hingewiesen wird. Es ist wichtig, sich des Modellcharakters bewusst zu sein, da mit der Wahl des Modells bereits eine grundlegende Entscheidung über die Struktur des Ergebnisses getroffen wird. Mechanisch angewandte Auswertungsstrategien bergen das Risiko, wichtige Phänomene (wie etwa ein unpassendes Saxophonsolo oder einen dahergelaufenen Gorilla) zu übersehen. Statistik bedeutet nicht, Zahlen nach einem festgelegten Schema in andere Zahlen zu transformieren, sondern sich in einem kreativen Prozess der Realität vorsichtig anzunähern und mit großer Sensibilität den Daten ihre Information zu entlocken.

Die Vielfalt des Methodeninventars wird in mehreren Lehrveranstaltungen des Studium vorgestellt. Sie zu unterrichten und zu deren Erwerb zu motivieren ist die Aufgabe der Lehrenden, sie dauerhaft zu erwerben und sich zu motivieren jene der Studierenden.

Wir tragen als Forschende eine große Verantwortung für die Korrektheit und Seriosität unserer Ergebnisse und die daraus gezogenen Schlussfolgerungen. Statistische Auswertungen bilden die Grundlage für die Gestaltung von Ausbildungseinrichtungen, Personalentscheidungen, Therapieangeboten oder Beratungen in Krisensituationen, um nur einige zu nennen. In vielen Fällen sind Menschen direkt oder indirekt betroffen. Ebenso tragen wir als Ausübende (z. B. als klinische Psychologen) die Verantwortung, die auf wissenschaftlichen Erkenntnissen beruhenden Vorgaben und Richtlinien (etwa hinsichtlich eingesetzter Testverfahren) kritisch hinsichtlich ihrer Plausibilität hinterfragen zu können, um Fehleinschätzungen oder Schaden für Betroffene zu vermeiden. Nur solides methodisches Fachwissen versetzt uns in die Lage, dieser Verantwortung auch gerecht werden zu können.

7 Allgemeine Psychologie

Merim Bilalić

Hinweis: Dieser Text wurde vom Autor in englischer Sprache verfasst. Das Original ist unter www.facultas.at/psychologie-kompakt erhältlich. An der Übersetzung wirkten Barbara Sobe, Bartosz Gula und Rainer W. Alexandrowicz mit.

Allgemeine Psychologie beschäftigt sich damit, wie Menschen denken, fühlen und handeln. Die zentralen Forschungsfelder der Allgemeinen Pychologie lauten daher Kognition, Emotion und Motivation. In diesem Kapitel soll vor allem der erste der drei Bereiche vorgestellt werden: Der Begriff Kognition (*Cognition*) umfasst mentale Prozesse wie Wahrnehmung, Aufmerksamkeit, Bewusstsein, Lernen, Gedächtnis, Denken oder Sprache. Anhand einiger ausgewählter Forschungsarbeiten soll ein Eindruck vermittelt werden, wie Menschen Entscheidungen treffen, Probleme lösen und Expertise erwerben – und wie diese Prozesse wissenschaftlich untersucht werden können.

7.1 Entscheidungsfindung

Im alltäglichen Leben müssen wir häufig wichtige Entscheidungen treffen, ohne dabei über alle relevanten Informationen zu verfügen. Die Unsicherheit, die sich daraus ergibt, ist ein wichtiger Gegenstand des Forschungsfeldes Entscheidungsfindung.

In diesem Sommer stehen vielleicht auch Sie am Scheideweg: Sie müssen entscheiden, ob Sie studieren möchten und wenn ja, was und wo. Diese wichtigen Entscheidungen hängen von vielen Faktoren ab, unter anderem etwa Ihren Wünschen und der Selbsteinschätzung Ihres Potenzials. Angenommen, Sie haben sich bereits entschieden, in Klagenfurt Psychologie zu studieren, können Sie sich noch daran erinnern, wie Sie zu diesem Entschluss gekommen sind? Wieso haben Sie sich für Psychologie entschlossen? Und weshalb haben Sie genau die Alpen-Adria-Universität ausgewählt?

7.1.1 Nutzenmaximierung und Satisficing

Im Nutzenmaximierungs-Ansatz wird davon ausgegangen, dass Menschen zunächst alle verfügbaren Informationen sammeln. Entscheidungen richten sich danach, wie erstrebenswert (attraktiv) jede ihrer Konsequenzen ist und mit welcher Wahrscheinlichkeit sie eintritt. Im Prinzip beruht die Entscheidung auf einer Maximierung der Produkte aus Attraktivität und Eintretenswahrscheinlichkeiten (dem sogenannten Nutzen, *utility*). Solche Modelle kommen häufig in den Wirtschaftswissenschaften zum Einsatz, wo davon ausgegangen wird, dass Menschen Entscheidungen unter Abwägung sämtlicher Faktoren und auf mathematischen Prinzipien beruhend treffen. Im einführenden Beispiel wäre das eben die Wahl der Studienrichtung und der Universität. Nach diesem Ansatz sind Menschen *Maximierer* (*maximizers*), die immer die bestmögliche Option wählen.

Sehr wahrscheinlich gibt das Maximizer-Modell nicht exakt wieder, wie Sie Ihr Studienfach und den Studienort tatsächlich gewählt haben, noch, wie Sie bei weniger wichtigen Entscheidungen vorgehen. Diese Beobachtung machte auch Herbert Simon, als er in seine Heimatstadt Milwaukee zurückkehrte, um zu erforschen, wie Menschen Entscheidungen in ihrem natürlichen Umfeld treffen. Simon beobachtete, wie in der Freizeitabteilung der Stadtverwaltung das Budget verteilt wurde. Es stellte sich heraus, dass die Leiter dieses Ressorts weder alle möglichen Optionen in Betracht zogen noch die zur Verfügung stehenden Informationen sorgfältig gegeneinander abwogen. Sie versuchten auch nicht, das gesamte Problem zu erfassen, um zu einer optimalen Lösung zu gelangen. Sie betrachteten lediglich eine Möglichkeit nach der anderen, überlegten, ob diese es wert sei, verfolgt zu werden und entschieden sich schlussendlich für eine Variante, deren erwartete Ergebnisse *hinreichend* gut erschienen. Diese Menschen waren viel eher „*satisficer*"[1] als *Maximizer*.

Eine naheliegende Erklärung für das Vorgehen nach dieser Strategie liegt in der Begrenztheit unseres kognitiven Systems: Menschen sind einfach nicht dazu fähig, Unmengen von Informationen im Gedächtnis zu behalten und diese weiterzuverarbeiten. Zudem kann man annehmen, dass uns diese Menge an Gedächtnisinhalten in den meisten Fällen ohnehin nicht zugänglich wäre, da deren Abruf einfach viel zu viel Zeit in Anspruch nehmen würde. Menschen sind und handeln sicherlich nicht völlig irrational. Allerdings verfügen wir aufgrund der Begrenztheit unserer kognitiven Leistungsfähigkeit auch nur über eine begrenzte Rationalität.

Simon, dem für diese und ähnliche Befunde im Jahr 1978 der Nobelpreis für Wirtschaftswissenschaften verliehen wurde, zeigte, dass Menschen beim Ausloten möglicher Lösungen unterschiedliche Strategien, sogenannte kognitive *Shortcuts* (Abkürzungen) und Daumenregeln anwenden. Diese sogenannten *Heuristiken* werden auch im weiteren Verlauf dieses Kapitels besondere Beachtung finden. Daniel Kahneman und Amos Tversky führten schließlich die Forschungsarbeit Simons fort und demonstrierten eindrucksvoll, in welchen Situationen uns diese Heuristiken in die Irre führen können. Kahnemanns Forschung zur menschlichen Entscheidungsfindung brachte ihm schließlich im Jahr 2002 ebenfalls den Wirtschaftsnobelpreis ein.

---

[1] Dieser englische Kunstbegriff lässt sich nur schwer übersetzen: Er stellt eine Vereinigung aus *satisfy* (befriedigen), und *suffice* (genügen) dar. Am nächsten kommt wohl der deutsche Begriff des „Genügsamen".

7.1.2 Die Verfügbarkeitsheuristik

Häufig ist zu hören: „Fliegen ist eine der sichersten Arten zu reisen." Und tatsächlich ist Fliegen sogar erheblich sicherer als mit dem Auto zu reisen – immerhin ist es etwa deutlich wahrscheinlicher, dass Sie bei einem Autounfall ums Leben kommen als bei einem Flugzeugabsturz. Dennoch haben viele mehr Angst davor, in ein Flugzeug zu steigen als in ein Auto. Aber warum bevorzugen Menschen das gefährlichere Transportmittel, wenn es darum geht, sich zwischen einem Flugzeug und einem Auto zu entscheiden?

Eine Ursache liegt in bisher gemachten Erfahrungen. Dinge, die wir selbst erlebt haben – in diesem Fall was das Verreisen mit Autos und Flugzeugen betrifft –, sind hierbei zweifellos von großer Wichtigkeit. Jedoch haben auch die Erfahrungen anderer Menschen, über die wir lediglich gehört oder gelesen haben, einen großen Einfluss auf uns. Bezogen auf das vorliegende Beispiel lässt sich davon ausgehen, dass ein Autounfall für gewöhnlich weniger Todesopfer fordert und daher auch seltener in den Nachrichten erscheint. Ein Flugzeugabsturz macht hingegen jedes Mal Schlagzeilen. Das liegt einerseits daran, dass dabei eine größere Anzahl von Menschen ihr Leben verliert, aber auch daran, dass Flugzeugabstürze generell sehr seltene Ereignisse sind. Wenn nun Menschen ihre Entscheidungen auf ihre Erfahrungswerte stützen, ist es wenig überraschend, dass bei dem Versuch, negative Erfahrungen mit Autos und Flugzeugen aus dem Gedächtnis abzurufen, Flugunfälle besser im Gedächtnis *verfügbar* sind. Die Berichterstattung zu solchen Katastrophen hat eine starke emotionale Wirkung auf uns, was wiederum zu einer sehr einprägsamen kognitiven Verarbeitung und Speicherung (*Enkodierung*) führt.

Ein noch nicht lange zurückliegendes, trauriges Beispiel für die Gefahren und den Einfluss dieser *Verfügbarkeitsheuristik* zeigte sich in den Nachwirkungen der tragischen Ereignisse vom 11. September. Verängstigt von den Geschehnissen an diesem Tag entschlossen sich viele Menschen, mit dem Auto zu fahren, anstatt wie üblich, das Flugzeug zu nehmen. Die Straßen, die zu dieser Zeit nicht einmal annähernd so sicher waren wie gewöhnlich, wurden infolgedessen noch überfüllter, was letztendlich zu weiteren Todesfällen führte. In den drei Monaten nach dem Anschlag auf das WTC starben etwa 350 Menschen mehr im Straßenverkehr als im Vergleichszeitraum der Jahre davor.

Kahneman und Tversky beschrieben eine Reihe von Gefahren, die sich ergeben, wenn wir uns bei Entscheidungen zu sehr auf Vorerfahrungen stützen. Eine ihrer bekanntesten Aufgaben lautet:

Wenn man aus einem (englischen) Text zufällig ein Wort mit drei oder mehr Buchstaben herausgreift, ist es wahrscheinlicher, dass dieses Wort mit einem R beginnt oder dass der dritte Buchstabe des Wortes ein R ist?

Bitte versuchen Sie, diese Frage zu beantworten, bevor Sie weiterlesen!

Vermutlich haben Sie nach Begriffen gesucht, die den beiden Bedingungen entsprechen. Dabei wird Ihnen aufgefallen sein, dass Wörter mit R am Anfang leichter zu generieren sind als solche mit R an dritter Stelle – obwohl es mehr mit R an dritter Stelle als an erster gibt. Wer das nicht glaubt, möge einfach die beiden Wortarten in diesem Absatz zählen!

7.1.3 Die Repräsentativitätsheuristik

Glücksspieler kennen die Situation: Die favorisierte Zahlenkombination ist schon länger nicht mehr gezogen worden und man hat daher das Gefühl, dass sie bald wieder drankommen *muss*. Aber aus irgendwelchen Gründen erscheinen die Zahlen trotzdem nicht bei den nächsten Ziehungen.

Betrachten wir im Vergleich dazu die folgende Situation: Ihr Freund wirft eine perfekt ausbalancierte Münze fünfmal und jedes Mal zeigt sie „Kopf". Gewiss sollte der nächste Wurf „Zahl" sein, nicht wahr? Sie setzen Ihr ganzes Geld auf Zahl, aber die Münze zeigt schon wieder „Kopf"! Langsam werden Sie wütend auf Ihren Freund und verdächtigen ihn schließlich sogar des Betrugs. Allerdings sollten Sie dabei vorsichtig sein, wie die folgenden Ausführungen zeigen werden.

Gambler's Fallacy

Die Problematik in diesem Beispiel liegt darin, dass unsere Einschätzung nur auf der sehr kurzen Sequenz von 6 Würfen beruht. Rein theoretisch beträgt die Wahrscheinlichkeit für „Kopf" bei einer fairen Münze 50%. Das heißt aber nicht, dass tatsächlich jeder zweite Wurf Kopf ergeben muss, denn die Münze hat kein Gedächtnis. Erst bei deutlich längeren Serien können wir nach dem sogenannten „Gesetz der großen Zahlen" einen Anteil von „Kopf" erwarten, der auch der Auftretenswahrscheinlichkeit entspricht. Die spezifische Sequenz sechsmal „Kopf" hat die gleiche Auftretenswahrscheinlichkeit von $(1/2)^6 = .016$ wie etwa die spezifische Sequenz „Kopf", „Zahl", „Kopf", „Kopf", „Zahl", „Zahl", die aber als weniger verdächtig erlebt wird. Sollte die Münze allerdings nach 600 Würfen immer noch ausschließlich „Kopf" zeigen, dann sollten Sie vielleicht die Beziehung zu Ihrem Freund überdenken.

Die Tendenz, Entscheidungen fälschlicherweise anhand zu kleiner Stichproben zu treffen, bezeichnet man als *gambler's fallacy* („Trugschluss des Glücksspielers"). Die *gambler's fallacy* ist ein Spezialfall einer weiter gefassten Heuristik, nämlich der *Repräsentativitätsheuristik*. In Entscheidungen fließen stets persönliche Vorerfahrungen sowie konkrete Beispiele aus der Erinnerung mit ein, die aber auf einer irreführend geringen Anzahl von Vergleichsfällen beruhen kann – manchmal scheint sogar ein einziger Fall zu genügen: etwa im Beispiel des Verwandten, der ein langes und gesundes Leben geführt hatte, obwohl er zeitlebens starker Raucher war. Ein solcher Einzelfall kann eine Person überzeugen, dass Rauchen nicht in dem Maße gefährlich zu sein scheint, wie von den Medien berichtet wird. Für eine realistische Einschätzung über eine bestimmte Person oder Sache muss eine Entscheidung daher auf einer hinreichend großen Anzahl von Vorkommnissen beruhen, nicht nur auf einigen wenigen.

Base Rate Fallacy

Stellen Sie sich vor, Sie leben in London. Eines Tages kommt Ihnen zu Ohren, dass Ihr neuer Nachbar Professor ist und sich für Poesie begeistert. Er soll auch eher schüchtern und von kleiner Statur sein. Glauben Sie, handelt es sich bei ihm eher um einen Sinologieprofessor oder um einen für Psychologie? Es zeigt sich, dass die meisten Menschen diese Beschreibung eher mit einem Sinologieprofessor verbinden und gehen klischeehaft von einem Zusammenhang zwischen Körpergröße und Sinologieprofessor aus. Allerdings gibt es in England mehr Professoren für Psychologie als für Sinologie. Somit ist es auch wahrscheinlicher, dass es insgesamt eine größere Anzahl an schüchternen, klein gewachsenen und von Lyrik begeisterten Psychologie- als Sinologieprofessoren gibt. Der Schlüssel für die Fehleinschätzung ist die sogenannte Basisrate (base rate). Das ist die Häufigkeit, mit der bestimmte Ereignisse oder Merkmale in einer Population vorkommen (z.B. Psychologieprofessoren in England). Menschen tendieren dazu, diese Basisrate zu ignorieren, wenn sie für eine konkrete Person angeben sollen, ob sie einer bestimmten Population angehört oder nicht (Basisraten-Fehler oder *base rate fallacy*).

Die Schlussfolgerung daraus lautet somit, dass Menschen oft nur das Offensichtliche sehen und dabei dazu tendieren, Hintergrundinformationen, die für die gesamte Bevölkerung gelten, zu vernachlässigen.

7.1.4 (Ir-)Rationalität?!

Tversky und Kahnemann haben vor beinahe 40 Jahren ein Forschungsprogramm ins Leben gerufen, das sich mit Heuristiken und *Biases* (kognitive Verzerrungen bzw. Urteilsfehler) im menschlichen Denken befasst. Die Ergebnisse dieser Studien vermitteln ein recht düsteres Bild menschlicher *Rationalität*. Dieser Eindruck passt jedoch nur bedingt zu unserem Erleben: Auch wenn wir wissen, dass wir wahrscheinlich nicht immer optimale Entscheidungen treffen, so erscheinen uns unsere Entschlüsse nicht sonderlich schlecht. Zumindest würden wir uns selbst kaum als irrational bezeichnen. Auch der deutsche Wissenschaftler Gerd Gigerenzer stellte sich entschieden gegen die Behauptung, dass menschliche Entscheidungen so fehlerhaft wären, wie von Kahneman und Tversky beschrieben.

Nehmen wir zum Beispiel die Fehler, die sich durch die *Verfügbarkeitsheuristik* ergeben. Gigerenzer und Kollegen sagen, dass Entscheidungen auf Basis von Verfügbarkeit nicht unbedingt falsch sein müssen – im Gegenteil, meist sei es sogar vorteilhafter, wenn wir uns auf unsere Erfahrungen und Wiedererkennung verlassen. Sie zeigen, dass einfache Regeln durchaus zu gleich guten oder sogar zu besseren Entscheidungen führen als komplexe Entscheidungsprinzipien, die unzählige Faktoren berücksichtigen. Zum Beispiel kann eine einfache Heuristik, die auf Wiedererkennung basiert, sehr effizient sein. Angenommen, Sie müssen entscheiden, ob Herne oder Köln mehr Einwohner hat. Dabei werden Sie auf Ihr Wissen zurückgreifen, das Sie bereits über diese Städte haben. Wie es der Zufall will, haben Sie bereits von Köln gehört – z. B. vom berühmten Dom oder dem bekannten Fußballclub – Herne ist Ihnen jedoch neu. Daher entscheiden Sie, dass Köln wohl mehr Einwohner haben muss. Amerikanische Studenten wendeten bei solchen Aufgaben in 90% der Fälle die *Rekognitionsheuristik* an – sogar dann, wenn ihnen mitgeteilt wurde, ob die Städte eine Fußballmannschaft in der Bundesliga haben oder nicht (eine Fußballmannschaft in der Bundesliga deutet auf eine große Stadt hin). Die *Rekognitionsheuristik* ist sehr einfach, intuitiv und ziemlich effizient.

Zweifelsohne kann es um unsere Entscheidungsfähigkeit nicht so schlecht bestellt sein, denn trotz limitierter kognitiver Ressourcen kommen wir mit unserer komplexen Umgebung bemerkenswert gut zurecht. Anstatt perfekte Lösungen anzustreben, haben wir mit den Heuristiken nützliche kognitive „Abkürzungen" entwickelt, die uns langwierige Kalkulationen ersparen. Jedoch hat alles seinen Preis – und der Preis, den wir für unsere begrenzte Rationalität (*bounded rationality*) und Anpassungsfähigkeit zahlen müssen, ist der *kognitive Bias*, der sich über scheinbar triviale Problemstellungen aufdecken lässt.

7.2 Problemlösung

Im Alltag müssen wir uns mit verschiedensten Problemstellungen auseinandersetzen. Einige davon sind so trivial, dass wir sie nicht einmal als Probleme wahrnehmen und bezeichnen würden. Wenn Sie hungrig sind, dann gehen Sie zum Kühlschrank und holen sich etwas zu essen, außer Haus suchen Sie ein Geschäft oder ein Lokal auf und kaufen sich dort etwas. Das ist noch nicht genau das, was wir unter Problemlösen verstehen – sogar Tiere müssen anspruchsvollere Kunststücke vollbringen, um als Problemlöser bezeichnet zu werden.

Stellen Sie sich nun vor, Sie sind hungrig, befinden sich aber auf einer einsamen Insel. Nun können Sie nicht mehr auf Ihre Vorerfahrung, dass im Kühlschrank Essen lagert, zurückgreifen. Vielmehr werden Sie erfinderisch sein müssen, um nicht zu verhungern. Dieses Beispiel veranschaulicht, womit sich Forschung zu Problemlöseprozessen beschäftigt: Lösungen in unbekannten Situationen zu finden.

7.2.1 Assoziationen versus Einsicht

Klavierspielende Katzen, Tauben, die Instruktionen auf Karten befolgen oder Schweine, die Münzen in Spardosen (natürlich in Form von Sparschweinen) werfen, sind im Zirkus – oder der modernen Form davon, YouTube – nichts Ungewöhnliches mehr. Solche Kunststücke mögen auf den ersten Blick durchaus bemerkenswert erscheinen, auf den zweiten Blick ist allerdings wenig Erstaunliches daran zu finden: Die Tiere wurden trainiert, ein Handlungsmuster bzw. eine Handlungssequenz auszuführen. Diese Art des Lernens hat wenig mit Einsicht und Reflektion zu tun, sondern beruht vielmehr auf dem einfachen Prinzip von Versuch und Irrtum (*trial-and-error*).

In einem klassischen Experiment des amerikanischen Verhaltensforschers (Behavioristen) Edward Thorndike mussten hungrige Katzen in einem Käfig einen Hebel betätigen, um herauszukommen und dargebotenes Futter zu erreichen. Dabei gingen die hungrigen Tiere im Käfig auf und ab, bis sie zufällig einmal jenen Hebel betätigten, der ihnen den Weg zum Futter freigab. Eigentlich sollte dieses Erfolgserlebnis ausreichen, um den Weg zum Futter zu erlernen. Dennoch benötigten die Katzen noch eine Reihe weiterer Durchgänge, bis sie den Hebel erneut betätigten. Allerdings fanden die Tiere den Hebel mit jedem Mal rascher, bis sie die Lösung schließlich direkt ausführten. Sie hatten aber Dutzende von Durchgängen benötigt, bis sie die korrekte Assoziation zwischen ihrem Verhalten und dessen Konsequenzen ausgebildet hatten. Das Ergebnis – eine Katze drückt scheinbar gezielt einen Hebel, um an Nahrung zu gelangen – mag beeindruckend erscheinen, ist aber letztlich nur auf die Ausbildung einer Assoziation zurückzuführen und damit eigentlich ziemlich unspektakulär. Für tatsächlich intelligentes Verhalten hätte bereits die erste erfolgreiche Betätigung des Hebels zu der Einsicht führen müssen, dass sie dadurch an das Futter kommen kann.

Der deutsche Forscher Wolfgang Köhler lieferte jedoch den Nachweis, dass auch das Verhalten von Tieren von Einsicht geprägt sein kann. Während des Ersten Weltkrieges führte Köhler im Exil auf den Kanarischen Inseln eine Reihe von Experimenten mit Affen durch. Dabei stellte sich heraus, dass Schimpansen tatsächlich die Fähigkeit besitzen, Probleme durch *Einsicht* zu lösen (*insightful problem solving*).

Die Tiere wurden in einen Käfig gesetzt, in dem sich zwei Stöcke befanden. Außerhalb des Käfigs wurde Nahrung platziert (vorwiegend Bananen), die aber mit einem einzelnen Stock nicht zu erreichen waren – das war nur möglich, wenn sie die beide Stöcke zu einem einzigen langen verbanden. Ein besonders schlauer Schimpanse namens Sultan war zunächst wie die meisten seiner Genossen frustriert, da es ihm einfach nicht gelingen wollte, die Nahrung mit den Stöcken zu erreichen. Schließlich setzte er sich in eine Ecke des Käfigs und blieb dort für eine Weile still sitzen. Plötzlich sprang er auf, rannte zu den Stöcken, setzte den einen auf den anderen und konnte so die Bananen erreichen. Sultan war auch dazu fähig, andere, ähnlich schwierige Aufgaben zu lösen. Beispielsweise wurden in einem Experiment Bananen an der Decke des Käfigs befestigt. Indem Sultan zwei Container aufeinanderstapelte, konnte er sich auch diesmal seine Bananen holen. Bei jeder dieser Aufgaben verbrachte Sultan nach einer Reihe vergeblicher Versuche eine Zeit lang damit, scheinbar nichts zu tun. Unmittelbar nach dieser Phase konnte er das ihm gestellte Problem bewältigen.

Diese Studie von Köhler war auch eine der ersten gestaltpsychologischen Studien zum Problemlösen. Die Schule der Gestaltpsychologie folgt dem Ansatz, dass ein Problem in seiner Ganzheit mehr ist als die Summe seiner einzelnen Teile. Wenn die Elemente des Problems so wie wahrgenommen (zwei unverbundene, zu kurze Stöcke) nicht ausreichen, um das Problem zu lösen, dann ist eine neue mentale Repräsentation der Beziehung zwischen den Elementen notwendig (Kombination zweier kurzer Stöcke zu einem mit ausreichender Länge). Der Moment, in dem diese Veränderung der mentalen Repräsentation der Beziehung zwischen den Elementen stattfindet, wird als *Umstrukturierung* bezeichnet und ist für gewöhnlich mit dem sogenannten *Aha-Erlebnis*, einem Gefühl plötzlicher Klarheit, verbunden.

Ein interessantes Experiment zum Erkenntnisprozess bei Menschen ist das Zwei-Seile-Problem von Norman Maier. Dabei hängen zwei Seile von der Decke eines Raumes, die miteinander zu verknoten sind. Allerdings hängen sie so weit voneinander entfernt, dass sie nicht gleichzeitig erreicht werden können. Es stehen aber noch weitere Materialien zur Verfügung, unter anderem auch eine Zange. Auch wenn diese auf den ersten Blick wenig zur Lösung beiträgt, stellt sie das zentrale Werkzeug dar: Denn sie ist nicht im herkömmlichen Sinn zu verwenden, sondern als Pendel. Dazu bindet man sie einfach an das Ende eines Seils und setzt es in Bewegung. Nun muss man lediglich das zweite Seil in die eine Hand nehmen und mit der anderen das schwingende Seilende auffangen.

Das Problem erwies sich als recht schwierig, selbst wenn subtile Hinweise gegeben wurden – etwa das zufällige Anstreifen des Versuchsleiters am Seil, wodurch es leicht zu schwingen begann. Die Schwierigkeit dieser Aufgabe liegt in einem allgemeinen Phänomen, das vom Gestaltpsychologen Karl Duncker (1945) als *funktionale Gebundenheit* bezeichnet wurde. Diese bezeichnet die Tendenz, für ein Objekt lediglich dessen herkömmlichen Gebrauch in Betracht zu ziehen –

im Zwei-Seile-Problem also die Assoziation von Zangen mit deren gewohnter Funktion als Schneidewerkzeug.

7.2.2 Analogien herstellen

Im Idealfall lernen wir durch das Lösen von Problemen, das heißt, wir können die erfolgreiche Strategie in derselben Situation sofort anwenden und sie auch auf ähnliche Situationen übertragen. Eine solche Übertragung von Problemlösungsstrategien und Lösungskonzepten wird als *analoges Schließen* (*analogical problem solving*) bezeichnet. Die Fähigkeit, nicht offensichtliche Analogieschlüsse zu ziehen, stellt für viele Wissenschaftler den Schlüsselfaktor des Lernens und der Kreativität dar. Es hat sich gezeigt, dass Menschen spontan kaum dazu in der Lage sind, Analogien herzustellen – ganz gleich, wie offensichtlich diese auch erscheinen mögen.

Betrachten wir dazu das Einsichtsproblem von Karl Duncker, bei dem ein Chirurg einen Patienten mit einem bösartigen Tumor im Bauchraum operieren muss. Der Tumor kann entfernt werden, wenn man einen speziellen Laserstrahl direkt auf ihn richtet. Allerdings würde ein so starker Strahl auch umliegendes gesundes Gewebe zerstören. Ein Strahl von geringerer Intensität wäre hingegen zur Entfernung des Tumors zu schwach. Wie kann der Tumor dennoch, aber ohne Verletzung von gesundem Gewebe, entfernt werden? Das ist ein schwieriges Problem, dessen Lösung nur etwa 10% der Personen ohne weitere Hilfestellungen gelingt. Bemerkenswerterweise fällt es den Personen sogar schwer, die dargebotenen Hinweise für die Lösung der Aufgabe anzuwenden.

Selbst die Lösung eines ähnlichen Problems scheint nicht hilfreich zu sein. So wäre es etwa möglich, den Teilnehmern die folgende Geschichte zu präsentieren: Ein General möchte mit seiner Armee eine feindliche Festung einnehmen. Es gibt zwar viele verschiedene Straßen, die zu dieser Festung führen, die aber alle minenverseucht sind. Die gesamte Armee kann daher die Festung nicht über eine einzige Straße erreichen. Zur Einnahme der Festung müssen jedoch alle Soldaten gleichzeitig angreifen. Dieses Problem ist tatsächlich mit den Tumor-Problem verwandt: Der Laserstrahl steht für die Armee, der Tumor repräsentiert die Festung, das Risiko, gesundes Gewebe zu zerstören, entspricht der Detonation der Minen und unser General ist der Chirurg. Dieser kam zu einer recht cleveren Lösung, die auch auf das Tumorproblem übertragbar ist: Er teilte die Soldaten auf alle zur Festung führenden Straßen auf, wodurch er keine Soldaten durch Minen verlor und mit allen angreifen konnte. Die Lösung für das Tumor-Problem besteht in analoger Form darin, den Laserstrahl in mehrere schwächere Strahlen aufzuteilen und diese von allen Seiten auf das Geschwür zu richten. Mit den gebündelten Strahlen ist die Entfernung des Tumors möglich, wobei das gesunde Gewebe verschont wird.

Auch wenn die Ähnlichkeit zwischen diesen Aufgabenstellungen offenkundig scheint und die Analogie daher leicht herzustellen sein sollte, waren nur etwa 20% der Teilnehmer dazu in der Lage. Die Schwierigkeit liegt darin, dass die Analogie auf einer tiefer liegenden, semantischen Ebene existiert. Mangels *Oberflächenähnlichkeit* der beiden Problemstellungen fällt es schwer, deren identische *Tiefenstruktur* zu erkennen. Erst nach direktem Hinweis auf die Relevanz der Geschichte des Generals für die Lösung des Tumor-Problems konnten fast alle Personen die richtige Antwort finden.

7.3 Expertise

Wie im vorigen Kapitel werden auch in diesem Abschnitt Problemlöseprozesse im Mittelpunkt stehen, allerdings liegt das Hauptaugenmerk nun darauf, wie sich Experten der jeweiligen Domäne mit Problemstellungen auseinandersetzen. Den besten Zug im Schach zu finden scheint für Laien eine praktisch unlösbare Herausforderung zu sein – insbesondere, da manche behaupten, es gäbe mehr Möglichkeiten im Schachspiel als Atome im Universum. Ähnlich dazu scheinen Tennisspieler schneller auf einen Aufschlag reagieren zu können als es menschenmöglich erscheint. Nichtsdestotrotz erbringen die besten Schach- und Tennisspieler regelmäßig solche Meisterleistungen. Verfügen sie über übermenschliche Fähigkeiten, die sie schneller und besser machen als „Normalsterbliche"? Dies sind nur einige Fragen, auf die die Expertiseforschung Antworten zu finden versucht.

Sowohl das Forschungsfeld des Problemlösens als auch die Expertiseforschung beschäftigen sich damit, wie Menschen Probleme bearbeiten. Im Gegensatz zur Problemlöseforschung verfügen die untersuchten Personen in der Expertiseforschung bereits über Erfahrung mit der jeweiligen Fragestellung. Sie haben sich in ihrer Vergangenheit mit denselben oder ähnlichen Problemen auseinandergesetzt und dabei bereits erfolgreiche Konzepte entwickelt. Dieser Erfahrungsvorsprung, oder genauer ausgedrückt, der dadurch erzeugte Performanceunterschied, ist eines der zentralen Themen der Expertiseforschung. Während bei der Problemlösungs- und Entscheidungsforschung *Heuristiken* im Vordergrund stehen, liegt der Fokus in der Expertiseforschung auf dem *Wissen* in einer bestimmten Domäne.

7.3.1 Kognitive Expertise

Laien haben den Eindruck, dass Personen, die außergewöhnliche Leistungen erbringen, auch außerordentlich talentiert sind. Der wichtigste Befund in der Expertiseforschung ist hingegen, dass kein nennenswerter Unterschied hinsichtlich ihrer basalen kognitiven Leistungen (u.a. im Bezug auf Intelligenz oder Gedächtniskapazität) besteht. Experten verfügen also im Prinzip über dieselbe physische Grundausstattung, von Wissenschaftlern gerne als *Hardware* bezeichnet. Der Unterschied von Experten und Novizen besteht vielmehr nur im Spezialwissen im jeweiligen Kompetenzbereich.

Eine bahnbrechende Forschungsarbeit im Bereich der Expertise stammt von dem niederländischen Psychologen Adrian de Groot (1978). Er hat sich damit beschäftigt, wie Schachexperten spezifische Spielprobleme lösen. Entgegen der gängigen Annahme zeigte sich, dass Experten nicht mehr Züge vorausplanen als Novizen, sondern dass sie augenblicklich in der Lage sind, die vielversprechenden Kombinationen zu erkennen und sich daher in ihrer Analyse gleich auf diese konzentrieren. De Groot fand heraus, dass Schachexperten bereits nach Sekunden das Wesentliche der Schachposition erkannt hatten. Somit konnten sie ihre kognitiven Ressourcen (die sich, wie bereits erwähnt, nicht von denen der Novizen unterschieden) sofort mit den relevanten Lösungsvarianten beschäftigen. Schwächere Spieler mussten hingegen eine Vielzahl von irrelevanten Lösungsmöglichkeiten ebenso durchdenken. Metaphorisch ausgedrückt haben Experten eine Art Taschenlampe zur Hand, die ihnen bei der Orientierung im Dschungel der zur Verfügung stehenden Möglichkeiten hilft. Schwächere Spieler versuchen dasselbe zu tun – allerdings in völliger Dunkelheit. Die Taschenlampe steht jedoch nicht für die überragende Fähigkeit der Experten vorauszuplanen, sondern für ihr bisher erworbenes Wissen und ihre Erfahrungswerte.

De Groots Studien zu den Denkprozessen von Schachspielern demonstrierten überzeugend, dass domänenspezifisches Wissen den Hauptbestandteil von Expertise darstellt. Dieses Wissen befähigt Experten dazu, das Wesentliche von neuen Problemstellungen zu erfassen. Die im Gedächtnis abgespeicherten Muster werden mit denen der neuen Situation verglichen, wodurch sie ihren Fokus direkt auf die wichtigsten Merkmale legen und weniger informative Details ausblenden können. Dieser Mechanismus der Mustererkennung ähnelt der Rekognitionsheuristik, die Laien im alltäglichen Leben anwenden (siehe Abschnitt Entscheidungsforschung). Im Sinne obiger Computeranalogie entspräche diese Fähigkeit einer elaborierteren *Software* von Experten im Vergleich zu Novizen.

7.3.2 Motorisch-perzeptive Expertise (*Peceptual-motor expertise*)

Die Beschäftigung mit Expertise im Bereich kognitiver Fähigkeiten hat gezeigt, dass (Schach-)Experten weder über außergewöhnliche kognitive Fähigkeiten im Allgemeinen, noch über ein besseres Gedächtnis verfügen. Aber wie verhält es sich in Bereichen, in denen neben hoher Wahrnehmungsgeschwindigkeit auch rasche motorische Reaktion gefordert ist? Es ist eine Sache, einen heranrasenden Tennisball zu erkennen, aber eine ganz andere, ihn erfolgreich zu retournieren. Sind Tennisprofis auf körperlicher Ebene begabter als andere Menschen, wie gemeinhin vermutet wird? Jeglicher – auch noch so geringer – Vorsprung würde ihnen natürlich einen Vorteil gegenüber Amateuren in den meisten motorisch-perzeptiven Aktivitäten verschaffen.

Es scheint jedoch, dass sich die besten Sportler nicht von ihren schwächeren Mitstreitern in ihrer Reaktion auf einfache Stimuli unterscheiden – etwa mit einem Knopfdruck auf einen visuellen Reiz. Ihre Leistungen unterscheiden sich auch nicht von denen junger Menschen, die keine sportlichen Aktivitäten betreiben. Laboruntersuchungen zu Reaktionszeiten belegen, dass die einfache Reaktionszeit eines motivierten Studienteilnehmers kaum schneller als 200 Millisekunden ist. Wie können Tennisspieler trotzdem einen mit mehr als 220 km/h heranrasenden Ball retournieren – dieser braucht weniger als 500 Millisekunden, bis er beim Spieler ankommt! Während dieser halben Sekunde sind nicht nur Richtung, Distanz und Aufschlagsort abzuschätzen, sondern der Spieler muss zudem eine komplexe Bewegung ausführen. Auf den ersten Blick scheint es unmöglich, solche Bälle zu treffen oder sie gar erfolgreich zurückzuspielen – und ist doch Routine für Tennisprofis. Kann es sein, dass die experimentelle Messung von Reaktionszeiten für Spitzensportler einfach nicht gültig ist? Oder wenden Tennisprofis spezielle Techniken an, ähnlich den kognitiven Strategien der Schachprofis, wodurch sie die Grenzen ihres motorischen Systems überlisten?

Psychologen haben sich dieser Fragestellung mittels des sogenannten *Okklusionsparadigmas* angenähert. Es wurden Tennisprofis und –anfängern Videoaufnahmen vorgespielt, die den kompletten Bewegungsablauf eines Spielers beim Aufschlag zeigten, bis zum Punkt der Berührung von Ball und Schläger. Die Profis konnten erwartungsgemäß besser vorhersagen, auf welcher Seite und in welcher Entfernung der Ball einschlagen würde. Die zentrale Frage war jedoch, ob ihre Vorhersagen genauso überlegen sind, wenn einzelne Körperteile des Spielers auf dem Video oder gar dessen Schläger verdeckt werden. Die

Performance von Experten und Novizen litt gleichermaßen dann am meisten, wenn die Bewegung des Schlägers vor der Ballberührung nicht sichtbar war. Position und Bewegung des Schlägers sind also besonders wichtig, um den Ball erfolgreich zurückspielen zu können. Darüber hinaus schienen die Profis aber noch zusätzliche Hinweise (*cues*) für ihre Vorhersage zu verwenden, denn ihre Vorhersagen waren auch dann schlechter, wenn der ganze Körper oder auch nur der Schlagarm verdeckt wurden. Routinierte Tennisspieler nehmen offensichtlich differenziertere Hinweise (*advanced perceptual cues*) wahr und können diese für ihre Vorhersage verwerten. Intensive Übung und Erfahrung haben ihre Wahrnehmung und Aufmerksamkeit so verfeinert, dass sie diese komplexeren Cues einkalkulieren können. So wie Schachspieler ihr Wissen zur rascheren Identifikation vielversprechender Züge anwenden, verhilft Tennis-Profis die spezialisierte Wahrnehmung zu ihrem immensen Vorteil gegenüber unerfahreneren Gegnern.

7.3.3 Kognitive und motorisch-perzeptive Fähigkeiten – Zwei verschiedene Welten?

Es zeigt sich, dass kognitive Skills (wie beim Schachspiel) und perzeptuell-motorische Fähigkeiten (wie beim Tennis oder Cricket) mehr gemeinsam haben als auf den ersten Blick zu vermuten wäre. Einige der populärsten theoretischen Erklärungen für perzeptuell-motorische Fähigkeiten beinhalten Mechanismen, die jenen in klassischen Theorien über Expertise und Fachkompetenz ähnlich sind. In beiden Domänen wird erfahrungsbasierte Mustererkennung als Erklärungsgrundlage dafür herangezogen, wie Menschen zusehends komplexere Information über das Umfeld (*environment*) ableiten. Dabei gehen die meisten Theorien davon aus, dass Personen ihre Konzentration auf die relevantesten Hinweise richten müssen, um bei einer Vielzahl von möglichen Vorgehensweisen überhaupt erst eine realistische Chance zu haben, einen zufriedenstellenden Lösungsweg zu finden. Diese *selektive Aufmerksamkeit* könnte die Folgeerscheinung der limitierten kognitiven Ressourcen sein, von denen auch die talentiertesten Spezialisten nicht verschont bleiben. Wird die selektive Aufmerksamkeit von dem erworbenen Wissen gelenkt, erfüllt sie ihre Aufgabe perfekt.

Wir haben gesehen, dass sowohl Experten im Schach als auch im Tennis von ihrem umfangreichen Wissen bei der Antizipation künftiger Entwicklungen profitieren. Während Novizen von der Komplexität der Sachlage überwältigt sind, gelingt es Experten, zweckmäßige Informationen aus ihrem großen Wissensschatz abzurufen. Demnach liegt den besseren Leistungen der Experten in beiden Domänen die Wiedererkennung von Mustern im jeweiligen Umfeld zugrunde. Diese Mechanismen sind unweigerlich und automatisch mit dem Abruf und der Ausführung von Handlungssequenzen verbunden. Daher ist es auch nicht überraschend, dass Befunde aus dem kognitiven Bereich oft in visuell-perzeptiven Kontexten repliziert werden konnten.

Am bedeutendsten ist jedoch die Tatsache, dass Experten weder in kognitiven noch in motorisch-perzeptiven Domänen von Geburt an notwendigerweise mit außergewöhnlichen Fähigkeiten und Eigenschaften gesegnet sein müssen, um außergewöhnliche Leistungen zu vollbringen. Wodurch sie sich in erster Linie auszeichnen, ist die effiziente Suche nach Lösungswegen, mit denen sie die natürlichen Grenzen ihrer kognitiven Leistungsfähigkeit umschiffen können. Obwohl diese Erkenntnisse den Nimbus der weltbesten Performances ein wenig reduzieren, so mindern sie keineswegs die Verwunderung darüber, wie so außergewöhnliche Fähigkeiten erworben und trainiert werden können.

8 Klinisch-psychologische Diagnostik am Beispiel der Erfassung der Schwere einer psychischen Störung

Sylke Andreas

8.1 Psychologische und klinisch-psychologische Diagnostik

Das folgende Kapitel soll eine Einführung in das Gebiet der *Psychologischen Diagnostik* geben, wobei das Hauptaugenmerk auf der Diagnostik bei Patienten mit psychischen Erkrankungen liegt. Zunächst soll erläutert werden, was unter psychologischer Diagnostik zu verstehen ist und in welchen Bereichen der Psychologie diese Anwendung findet. Wenn wir uns mit der Diagnostik von Psychopathologien, d. h. von normabweichendem Verhalten, beschäftigen, wird das als *Klinischpsychologische Diagnostik* bezeichnet. Auf dieses Teilgebiet der psychologischen Diagnostik soll später mit einem Beispiel zur differenzierten Erfassung der Schwere einer psychischen Problematik ausführlicher eingegangen werden.

8.1.1 Begriffsbestimmung der Psychologischen Diagnostik

Psychologische Diagnostik findet in sehr vielen Bereichen der Psychologie statt (siehe Abbildung 8.1). Die Diagnostik in der Pädagogischen Psychologie befasst sich mit der Feststellung der Schulfähigkeit mittels Schuleingangstests oder mit der Feststellung der Eignung für Studiengänge bzw. mit der Eignung zu Förder- oder Umschulungsmaßnahmen. In der Forensischen Psychologie wird Diagnostik vor allem zur Feststellung der Schuldfähigkeit eines Straftäters angewendet oder aber auch um die Glaubwürdigkeit von Zeugen zu überprüfen. In der Organisations- und Wirtschaftspsychologie wird Diagnostik in der Personalauswahl und Personalfortbildung angewendet. Ein weiteres Gebiet, in dem Psychologische Diagnostik eine Rolle spielt, ist die Verkehrspsychologie. Hier wird vor allem die Tauglichkeit zur Lenkung eines Fahrzeuges überprüft. Der größte Teil von Diagnostik findet sicherlich in dem Bereich der Klinischen Psychologie statt. Der Fokus liegt hierbei auf der Erfassung von Erkrankungen (z. B. Depressionen oder Angsterkrankungen) bzw. auf der Eingangsdiagnostik zu Beginn einer Behandlung.

Abbildung 8.1: Bedeutsamkeit von Psychologischer Diagnostik für die Anwendungsgebiete der Psychologie

Aber was genau versteht man nun unter einer *Diagnose*? Unter dem Begriff Diagnose wird die Feststellung des Vorhandenseins eines Merkmals oder einer klar definierten Kombination von Merkmalen (z. B. Persönlichkeitseigenschaften, normale oder abnormale Verhaltensweisen) verstanden, welche auf der Basis von festgelegten Kriterien erfolgt (z. B. depressive Symptomatik oder Panikattacken; vgl. Zimbardo & Gerrig, 1999). Es geht also um das wissenschaftlich akkurate Messen von Eigenschaften einer Person oder zwischen verschiedenen Personen. Eine Zielsetzung der Psychologischen Diagnostik stellt dabei dar, zukünftiges Verhalten auf Grundlage des gegenwärtigen Verhaltens vorhersagen zu können (Amelang & Schmidt-Atzert, 2006).

8.1.2 Klinisch-psychologische Diagnostik

Ein Spezialgebiet der psychologischen Diagnostik ist die *Klinisch-psychologische Diagnostik*. Es handelt sich hierbei um eine Wissenschaftsdisziplin und ein Teilgebiet der Klinischen Psychologie, die bedeutsame klinische Aspekte mithilfe von reliablen und validen Methoden erhebt. Mit Reliabilität ist dabei die Zuverlässigkeit der Messung und mit Validität die Gültigkeit der Messung gemeint. Dabei werden unterschiedliche Ebenen (u.a. Verhaltensebene, emotionale/gefühlsmäßige oder kognitive Ebene), Datenquellen (u.a. der Patient selbst, Familienangehörige oder Therapeuten) und Zeitpunkte (u.a. zu Beginn einer Behandlung oder am Ende einer Behandlung) genutzt. Die Maxime sollte sein, die Daten so sparsam, also möglichst ökonomisch, ethisch einwandfrei und so nützlich wie möglich zu erheben (Röhrle, 2008).

Das Aufgabenspektrum

Das *Aufgabenspektrum* in der Klinisch-psychologischen Diagnostik erstreckt sich von der Feststellung einer Diagnose bis zur Erfassung der Ausprägungen von Symptomen mithilfe von Fragebögen oder Interviews. Weiterhin sollen die im Rahmen der Klinisch-psychologischen Diagnostik gewonnenen Daten Entscheidungsprozesse vorbereiten, die z. B. die Grundlage für die Auswahl einer geeigneten Behandlungsmethode bilden (z. B. Verhaltenstherapie oder Systemische Familientherapie). Sie können aber auch zur Evaluation von Behandlungen eingesetzt werden. So gilt zum Beispiel eine psychotherapeutische Behandlung als „erfolgreich", wenn sich die Symptomatik eines Patienten am Ende der Behandlung reduziert hat (Amelang & Schmidt-Atzert, 2006; Röhrle, 2008).

Ferner gehört es zu den Aufgaben der Klinisch-psychologischen Diagnostik, ein Erkrankungsbild und seine aufrechterhaltenden Bedingungen festzustellen. Damit ist die Diagnose von spezifischen Störungsbildern, wie der Depression, gemeint. Auf der anderen Seite kann auch ein Ist-Zustand und ein Soll-Zustand für eine Person festgelegt oder diagnostiziert werden. Beides sollte dann die Grundlage für die Auswahl einer geeigneten Behandlung darstellen (Amelang & Schmidt-Atzert, 2006; Röhrle, 2008). Neben der Feststellung einer Störung gehören aber auch *Klassifizieren*, Selektieren und Beschreiben von Personen- oder Umweltfaktoren zur Aufgabe der klinisch-psychologischen Diagnostik (Amelang & Schmidt-Atzert, 2006; Röhrle, 2008).

Klassifizieren meint, dass bestimmte Personenmerkmale (z. B. Niedergeschlagenheit) nach zugrunde liegenden Regeln (z. B. Klassifikationssystemen) ausgesucht und bestimmten Merkmalsgruppen (z. B. Depression) zugeordnet werden. Das geht dann über eine bloße Feststellung einer psychischen Erkrankung hinaus und soll eine Reduktion der Komplexität von ähnlichen Merkmalsgruppen zu einer Kategorie (z. B. Depression) zum Ziel haben. In der Klinisch-psychologischen Diagnostik wird vor allem anhand von zwei Klassifikationssystemen klassifiziert. Das ist zum einen die *International Classification of Diseases* (World Health Organization, 1992), die von der *World Health Organization* (WHO) herausgegeben wird und zum anderen das *Diagnostic and Statistical Manual of Mental Disorders* (American Psychiatric Association, 2013) welches von der *American Psychiatric Association* (APA) editiert wird.

Hier soll anhand eines Beispiels der Grundgedanke der Klassifikation erläutert werden. Eine der am häufigsten diagnostizierten Erkrankungen ist die Depression (Jacobi et al., 2004). Wenn Personen über eine längere Zeit niedergeschlagen und bedrückt sind, kaum noch aus dem Haus gehen, keine Lust haben, etwas zu unternehmen und von Selbstzweifeln geplagt sind, sind damit schon die Kriterien für die Diagnose einer Depression erfüllt? In einem Klassifikationssystem werden die einzelnen Symptome zu einer Störung zusammengefasst (World Health Organization, 1992). Eine klinisch relevante und bedeutsame Depression zeichnet sich dadurch aus, dass eine Person unter einer gedrückten Stimmung, Interessenverlust, Freudlosigkeit und einer Verminderung des Antriebes leidet. Das kann wiederum mit Schlaf- und Appetitstörungen einhergehen. Diese Beschwerden müssen in der gleichen Intensität tagtäglich mindestens über einen Zeitraum von zwei Wochen anhalten (World Health Organization, 1992), damit sie als Depression zu klassifizieren sind.

Wenn nun zu Beginn einer psychotherapeutischen Behandlung bei einem Patienten eine Depression diagnostiziert wird, dann ist man auch daran interessiert zu erheben, wie stark diese Depression ausgeprägt ist. Die Bestimmung des Schweregrades ist mithilfe von „Instrumenten" – wie etwa Fragebögen – möglich. Aber was ist überhaupt ein *Instrument* im Kontext der Klinisch-psychologischen Diagnostik?

Klinisch-diagnostische Instrumente

Klinisch-diagnostische Instrumente werden eingesetzt, um Merkmale der Erkrankung oder der Person und die entsprechende Ausprägung dieser Merkmale zu erfassen. Ein Beispiel soll das kurz illustrieren: Einer der im klinischen Bereich am häufigsten eingesetzten Fragebögen, den die Patienten selbst ausfüllen und beantworten, ist ein Instrument zur Erfassung von allgemeinen Beschwerden bzw. Symptomlast. Bei dem Fragebogen handelt es sich um die Symptom-Check-List-90R (SCL-90R; Derogatis, 1977). Die aus neun Skalen (Somatisierung, Zwanghaftigkeit, Unsicherheit im Sozialkontakt, Depressivität, Ängstlichkeit, Aggressivität/ Feindseligkeit, Phobische Angst, Paranoides

Denken, Psychotizismus) bestehende SCL-90R erfasst mit 90 Fragen die subjektiv empfundene Symptombelastung, also wie stark belastet sich ein Patient bzw. Proband durch körperliche und psychische Beeinträchtigungen während der letzten sieben Tage gefühlt hat (Franke, 1995, 2002). Der Patient bzw. Proband kann auf einer fünfstufigen Antwortskala mit den Ausprägungen

> 0 = „überhaupt nicht",
> 1 = „wenig",
> 2 = „ziemlich",
> 3 = „stark",
> 4 = „sehr stark"

seine individuelle Belastung angeben. So setzt sich zum Beispiel der Fragebogenteil „Somatisierung", aus 12 Fragen zusammen, die einfache körperliche Beschwerden bis zu funktionellen Beschwerden erfassen (z. B. Item 1 „Kopfschmerzen") (siehe Abbildung 8.2).

Wie sehr litten Sie in den letzten sieben Tagen unter…					
1. Kopfschmerzen	0	1	2	3	4
2. Nervosität oder innerem Zittern	0	1	2	3	4
…					

Abbildung 8.2: Auszug aus der deutschen Version der Symptom-Check-List-90R (Franke, 1995, 2002)

Die drei Hauptgütekriterien

Ein Instrument muss bestimmte Voraussetzungen erfüllen, die als *Gütekriterien* bezeichnet werden. Wir unterscheiden drei Arten von Güterkriterien: Objektivität, Reliabilität und Validität. Im Folgenden sollen diese Begriffe einführend erläutert werden.

Objektivität   Eine Messung in der Psychologie sollte in erster Linie *objektiv* sein, d. h. ihre Ergebnisse sollten nicht davon abhängen, wer die Messung durchführt, auswertet und die Ergebnisse interpretiert. Wir unterscheiden dementsprechend

- *Durchführungsobjektivität* (die Ergebnisse sind unabhängig von der Person, die den Test durchführt),

- *Auswertungsobjektivität* (bezeichnet den Grad der Übereinstimmung in der Auswertung) und

- *Interpretationsobjektivität* (die Ergebnisse sind unabhängig von der Person, die den Test auswertet bzw. die Ergebnisse interpretiert).

Reliabilität   Das Gütekriterium der *Reliabilität* beschreibt – vereinfacht ausgedrückt[1] – die „Genauigkeit" oder „Zuverlässigkeit" der Messung einer Eigenschaft (z. B. Persönlichkeitseigenschaften wie Introvertiertheit oder Zurückgezogenheit). Auch bei der Reliabilität existieren verschiedene Überprüfungsmöglichkeiten. An dieser Stelle sollen zwei der häufigsten zur Anwendung kommenden Methoden der Reliabilitätsprüfung aufgeführt werden.

Wir können zum Beispiel einen Test oder einen Fragebogen in einem Abstand von einer Woche zweimal den gleichen Personen geben und überprüfen, ob die Angaben der Personen gleich geblieben sind (*Messwiederholungs-* oder *Test-Retest-Reliabilität*). Wenn sich die Antworten über eine Woche stark verändern würden, würde das dafür sprechen, dass der Test nicht zuverlässig eine bestimmte Eigenschaft misst. Die Test-Retest-Reliabilität ist sicherlich eine der am häufigsten angewendeten Methoden zur Überprüfung der Zuverlässigkeit einer Messung.

Eine weitere Form, die Zuverlässigkeit einer Messung zu prüfen, besteht darin, parallele Versionen eines Tests – also Versionen, die unterschiedliche Fragen enthalten, die sich aber auf die gleiche Eigenschaft

---

[1] Im Rahmen Ihres Studiums werden Sie eine exakte, mathematisch fundierte Definition der Reliabilität kennenlernen.

beziehen sollten – den gleichen Personen vorzugeben (*Paralleltestreliabilität*). Wenn die Personen in den beiden Versionen sehr unterschiedliche Ergebnisse erzielen, misst der Test nicht zuverlässig (Lienert & Raatz, 1998).

Validität Neben der Objektivität und der Reliabilität ist natürlich von großer Bedeutung, ob ein Test auch wirklich das misst, was er messen soll: also ob eine Eigenschaft, die man erfassen möchte, auch wirklich in dem Fragebogen abgebildet wird. Dieses Gütekriterium nennt man *Validität*. Auch bei der Validität gibt es viele verschiedene Unterkriterien, wie z. B. die Beurteilerübereinstimmung, die Übereinstimmungsvalidität oder die Änderungssensitivität.

Eine Möglichkeit, die Gültigkeit eines Instrumentes zu prüfen ist die Bestimmung der *Beurteilerübereinstimmungen*. Die Beurteilerübereinstimmung besteht darin, dass ein Instrument von zwei unabhängigen Beurteilern bewertet wird und im Anschluss die Werte miteinander verglichen werden. Wenn diese Werte sehr ähnlich sind, dann wird das zu messende Merkmal inhaltlich gültig abgebildet (Amelang & Schmidt-Atzert, 2006).

Die *Übereinstimmungsvalidität* wird ermittelt, indem untersucht wird, inwieweit der Test ähnliche Ergebnisse liefert wie ein anderes anerkanntes, also bereits überprüftes Verfahren. Wenn man beispielsweise einen neuen Kurztest zur Messung von Depression entwickelt hätte, müsste man überprüfen, ob Testpersonen darin ähnliche Ergebnisse erzielen wie bei einem bereits etablierten längeren Test.

Die *Änderungssensitivität* gibt an, wie sensibel ein Test auf Veränderungen reagiert. Manche Tests sind recht gut geeignet, stabile Eigenschaften zu messen, können aber Veränderungen nicht gut erfassen. Die Änderungssensitivität wird mittels einer Vorher-Nachher-Messung überprüft, also beispielsweise zu Beginn und am Ende einer Behandlung (Lienert & Raatz, 1998).

Ein Anwendungsbeispiel

Nach dieser allgemeinen Einführung in die Begrifflichkeiten der psychologischen, im Speziellen der Klinisch-psychologischen Diagnostik sollen nun anhand eines Beispiels die eben schon erwähnten Begriffe weitergehend vertieft werden. Es handelt sich um ein Instrument, mit welchem ich in den letzten Jahren viel Forschungsarbeit unternommen habe. Die *„Health of the Nation Outcome Scales"* (HoNOS; Andreas et al., 2007; Andreas et al., 2010; Wing et al., 1998) bilden ein Instrument zur differenzierten Erfassung des Schweregrades einer psychischen Erkrankung. Menschen mit psychischen Erkrankungen kommen mit vielfältigen Problemen in eine psychotherapeutische Behandlung. So leiden sie nicht nur unter ihren psychischen oder körperlichen Beschwerden, sondern weisen oft auch Probleme im sozialen und beruflichen Umfeld auf. Um diese vielfältigen Probleme erfassen zu können, benötigt man spezifische Instrumente, wie eben die HoNOS-D.

8.2 Die Erfassung der Schwere einer Erkrankung am Beispiel der *„Health of the Nation Outcome Scales"*

In Großbritannien wurde mit der Zielsetzung der differenzierten Erfassung des Schweregrades und der sozialen Funktionsfähigkeit ein Instrument (*„Health of the Nation Outcome Scales"*, HoNOS) entwickelt, welches gleichzeitig im Routineeinsatz zur Überprüfung des Erfolges von Psychotherapien verwendbar sein sollte (Wing et al., 1998). Inzwischen wird dieses Instrument auch in vielen anderen Ländern (u.a. Schweiz, Australien, Neuseeland, Großbritannien) zur Qualitätssicherung von psychotherapeutischen Behandlungen eingesetzt. Wie werden solche Instrumente entwickelt, konzipiert?

8.2.1 Die Entwicklung der HoNOS in Großbritannien

Innerhalb der *„Health of the Nation Strategy"* formulierte die Regierung Großbritanniens drei umfassende Ziele zur Verbesserung der Versorgung psychisch Kranker. Das vorrangige Ziel bezog sich darauf, die Gesundheit und das soziale Funktionsniveau (z. B. Arbeitsfähigkeit, Eingebundensein in die Gesellschaft) psychisch Kranker signifikant zu verbessern. Das *Royal College of Psychiatrists* wurde daraufhin 1992 vom *Department of Health* damit beauftragt, ein Set von Fragen bereitzustellen, welches die Gesundheit und soziale Funktionsfähigkeit von Patienten mit psychischen Störungen erfassen sollte. Dabei sollte das Instrument verschiedene Anforderungen erfüllen. In erster Linie sollte es für den routinemäßigen Einsatz geeignet sein, sollte generelle klinische Probleme und soziale Funktionsfähigkeit messen, änderungssensitiv sein und über zufriedenstellende Reliabilitäts- und Validitätskennwerte verfügen (Wing et al., 1998; Wing, Curtis & Beevor, 1996). Zu Beginn der Entwicklung stand eine ausführliche Literaturrecherche zu Messinstrumenten psychologischer und sozialer Funktionsfähigkeit. Es konnte kein bereits bestehendes Instrument identifiziert werden, das kurz genug für einen klinischen Einsatz war, landesweit verwendbar war und gleichzeitig klinische und soziale Funktionsfähigkeit erfasste. Mit dem Ziel, eine hohe Praktikabilität und routinemäßige Anwendbarkeit herzustellen, war auch die Anforderung verbunden, möglichst Skalen zu konstruieren, die einfach und schnell zu erfassen waren. Vier Funktionsbereiche wurden dabei als zentral definiert:

(1) Belastung durch Depression, Ängstlichkeit, Halluzinationen oder Wahn,

(2) Defizite in Basisfunktionen, wie z. B. Verlangsamung, kognitive und körperliche Beeinträchtigungen,

(3) Verhaltensprobleme, wie z. B. Selbstverletzung oder Gewaltanwendung,

(4) Probleme, die mit der Umgebung des Patienten in Zusammenhang stehen, wie z. B. finanzielle oder soziale Probleme.

Die Entwicklung der HoNOS durchlief 4 sorgfältig geplante und durchgeführte Phasen in einem Zeitraum von 1992 bis 1995 (Wing et al., 1998). Die Phasen bestanden aus einer Entwicklung von Fragen, Überprüfung der Fragen bei Patienten, Anmerkungen von klinischen Experten und abschließende Überprüfung der Fragen mittels statistischer Methoden hinsichtlich Praktikabilität, Reliabilität und Validität.

Der nächste Schritt bestand nun darin, eine von den Testherausgebern autorisierte Übersetzung in die deutsche Sprache durchzuführen. Das Vorgehen soll im Folgenden beispielhaft beschrieben werden. In Anlehnung an das von der Weltgesundheitsorganisation empfohlene Vorgehen (Sartorius & Kuyken, 1994) wurde im Februar 2003 in einem ersten Schritt der HoNOS von drei Mitgliedern der Arbeitsgruppe für Psychotherapie- und Versorgungsforschung (AGPV) am Institut und Poliklinik für Medizinische Psychologie des Universitätsklinikums Hamburg-Eppendorf in Deutschland von der englischen in die deutsche Sprache übersetzt. Im nächsten Schritt wurde die deutsche Übersetzung von einem unabhängigen Experten – ebenfalls mit langjähriger klinischer Erfahrung – begutachtet. Seine Korrekturen wurden dann mit den Übersetzern diskutiert und eingearbeitet. Anschließend wurde diese erste deutsche Version von einem *native speaker* zurückübersetzt und den Testautoren der Originalfassung zum Abgleich mit der englischen Originalversion der HoNOS (Endversion) übersandt. Nach geringfügigen Veränderungen und Anmerkungen durch die Testautoren erfolgte die Fertigstellung der endgültigen Fassung der deutschen Version der HoNOS-D im April 2003 (Andreas et al., 2007; Andreas et al., 2010).

Wie ist nun so ein Instrument aufgebaut? Welche Bereiche für den Schweregrad wurden von den Experten ausgewählt und hielten einer ersten Überprüfung stand? Und wie muss der HoNOS hinsichtlich seiner Gütekriterien (Objektivität, Reliabilität und Validität) bewertet werden?

8.2.2 Aufbau der deutschen Version der „*Health of the Nation Outcome Scales*" (HoNOS-D)

Bei der HoNOS-D handelt es sich um ein weitverbreitetes Fremdeinschätzungsinstrument, d. h. die Beurteilung des Patienten erfolgt meist durch seine Behandler, also durch eine fremde Person. Die HoNOS-D ist ein 12 Fragen umfassendes Instrument zur Erfassung des Schweregrades einer psychischen Erkrankung. Jede der 12 Fragen beschreibt einen spezifischen Problembereich von Patienten mit psychischen Erkrankungen, z. B. Frage 7 „Gedrückte Stimmung". Die Einschätzungen werden auf einer Antwortskala von 0 = „kein Problem" bis 4 = „sehr schweres Problem" vorgenommen (eine vollständige Auflistung der Fragen findet sich in Tabelle 8.2 auf Seite 175).

Zur Konkretisierung der Schweregradeinschätzungen gibt ein umfangreiches Manual detaillierte Anweisungen. Tabelle 8.1 zeigt zur Illustration die Informationen zur Frage 7 „Gedrückte Stimmung" aus dem Manual. So wird bei dieser Frage der Beurteiler angewiesen, eine „1" (klinisch unbedeutendes Problem ohne Handlungsbedarf) zu vergeben, wenn nur geringe Veränderungen im Vergleich zum Normalzustand in der Stimmung des Patienten bestehen. Dagegen soll der Beurteiler eine „4" (schweres bis sehr schweres Problem) angeben, wenn eine schwere oder sehr schwere Depression mit Schuldgefühlen oder Selbstanklage vorliegt (siehe Tabelle 8.1).

Wie bereits im einführenden Kapitel erwähnt, zeichnet sich ein Instrument durch die Güte der Messung aus (Objektivität, Reliabilität, Validität). Exemplarisch sollen nun im Folgenden einige ausgewählte Gütekriterien anhand der HoNOS-D vorgestellt und näher erläutert werden. Alle hier vorgestellten Ergebnisse wurden auf der Basis einer repräsentativen, also einer typischen Stichprobe von 3169 Patienten aus verschiedenen Kliniken gewonnen. In der Mehrheit waren die Patienten Frauen (72 %) und wiesen ein Durchschnittsalter von 45 Jahren auf. Zu Beginn der stationären psychotherapeutischen Behandlung waren 51 % der Patienten der Stichprobe berufstätig, 11 % arbeitslos und 6 % pensioniert. 44 % der Patienten waren verheiratet und 29 %

Tabelle 8.1: Auszug aus Frage 7 „Gedrückte Stimmung" der HoNOS-D („*Health of the Nation Outcome Scales*", deutsche Version) zur Illustration der Operationalisierungen der einzelnen Skalenstufen

0	Kein Problem in Zusammenhang mit gedrückter Stimmung während des Bewertungszeitraums.
1	Bedrückt; oder geringe Veränderungen in der Stimmung.
2	Leichte(s), jedoch eindeutig vorhandene(s) Depression und Leiden (z. B. Schuldgefühle; Verlust des Selbstwertgefühls).
3	Depression mit unangemessenen Selbstvorwürfen; zwanghaft beschäftigt mit Schuldgefühlen.
4	Schwere oder sehr schwere Depression mit Schuld oder Selbstanklage.

Single. Die häufigste Diagnose waren depressive Störungen (35 %).

Bei einem Instrument, welches im Routineeinsatz anwendbar sein soll, spielt natürlich die Praktikabilität beim Ausfüllen eine wichtige Rolle. Meistens ist es so, dass Behandelnde einer hohen Dokumentationspflicht unterliegen und kaum Zeit haben, aufwendige Instrumente oder Testinventare zu ihren Patienten auszufüllen. Das ist ein Hauptgrund, weswegen häufig nur die Sicht der Patienten erhoben wird. Dementsprechend ist es wichtig, wenn man diese Angaben von Therapeuten (Ärzte, Psychologen oder Sozialarbeiter) als bedeutsam erachtet, ein möglichst kurzes Instrument mit präzisen Anweisungen vorzugeben. Ob diese Aufgabe den Testkonstrukteuren hier gelungen ist, wurde im Rahmen einer Praktikabilitätsanalyse überprüft.

8.2.3 Die Praktikabilität der HoNOS-D

Zuerst wird untersucht, wie viele Beurteiler die einzelnen Fragen nicht beantwortet haben. Das ist eine sogenannte Analyse fehlender Werte. Im Falle der HoNOS-D ergaben sich für die Analyse fehlender Werte für 11 der 12 Fragen zufriedenstellende Ergebnisse mit einer durchschnittlichen prozentualen Rate von 3.3 %. Die Spannweite reichte für 11 der 12 Fragen von 1.3 % bis 4.5 %. So wurde z. B. die Frage 7 „Gedrückte Stimmung" nur in 1.3 % der Fälle nicht beantwortet. Diese verhältnismäßig niedrigen Prozentwerte lassen auf eine praktikable Beantwortung der HoNOS-D schließen.

Als Beispiel für die Bewertung der Zuverlässigkeit der Messung der HoNOS-D soll im Folgenden die Beurteilerübereinstimmung oder Interraterreliabilität herangezogen werden.

8.2.4 Zur Beurteilerübereinstimmung der HoNOS-D

Wenn man also herausfinden möchte, wie zuverlässig eine Messung ist, kann man ein Instrument von zwei Beurteilern gleichzeitig ausfüllen lassen und vergleicht dann die Ähnlichkeiten der Angaben der beiden Beurteiler. Diese Art der Reliabilität nennt sich Übereinstimmungsreliabilität oder *Interraterreliabilität*. Das bedeutet im Fall der HoNOS-D, dass zwei Therapeuten einen Patienten in den 12 Fragen beurteilen. Also die Therapeuten haben unabhängig voneinander, in Unkenntnis dessen, was der andere angegeben hat, z. B. die Depressivität eines Patienten beurteilt (Frage 7 der HoNOS-D).

Bei der Überprüfung der Zuverlässigkeit der Messung mit der HoNOS-D kam heraus, dass 11 der 12 Fragen zufriedenstellende Übereinstimmungen aufwiesen (siehe Tabelle 8.2). Von einer zufriedenstellenden Übereinstimmung spricht man, wenn die Werte größer als 0.70 sind. Nur eine Frage konnte nicht so gut zuverlässig messen: bei Frage 9, die sich auf Beziehungen bezieht, waren die Beurteiler oft anderer Meinung, weswegen der Wert unter 0.70 ist.

8.2.5 Zur Validität der HoNOS-D

Jetzt weiß man, dass das Instrument zum Großteil praktikabel anzuwenden ist und auch, dass die Messung zuverlässig ist. Man weiß aber immer noch nicht, ob mit dem Instrument auch tatsächlich der Schweregrad oder nicht etwas anderes gemessen wird. Um die Gültig-

Tabelle 8.2: Übereinstimmungsmaße (Üb.) für die 12 Fragen der HoNOS-D

Frage	Itembezeichnung der Dimensionen (Kurzbezeichnung)	Üb.
1	Überaktives, aggressives, Unruhe stiftendes Verhalten (Aggression)	0.82
2	Absichtliche Selbstverletzung (Selbstverletzung)	0.81
3	Problematischer Alkohol- oder Drogenkonsum (Substanzmissbrauch)	0.78
4	Kognitive Probleme	0.68
5	Probleme in Zusammenhang mit körperlicher Erkrankung oder Behinderung (Probleme mit körperlichen Erkrankungen)	0.89
6	Probleme in Zusammenhang mit Halluzinationen oder Wahnvorstellungen (Halluzinationen und Wahnvorstellungen)	0.71
7	Gedrückte Stimmung	0.80
8	Andere psychische und verhaltensbezogene Probleme (andere Symptome)	0.82
9	Probleme mit Beziehungen	0.64
10	Probleme mit alltäglichen Aktivitäten	0.86
11	Probleme durch die Wohnbedingungen	0.79
12	Probleme durch die Bedingungen im Beruf und im Alltag	0.76

keit der Messung zu bestimmen, muss man im nächsten Schritt eine Validitätsüberprüfung vornehmen.

Die Überprüfung einer Komponente der Validität soll exemplarisch anhand der konvergenten (Übereinstimmungsvalidität) Validität erfolgen. Bei diesem Ansatz überlegt man sich, mit welchen anderen, bereits etablierten Instrumenten man starke Zusammenhänge erwartet. Ein Bespiel für die konvergente Validität wäre die Frage 7 der HoNOS-D. Die Frage 7 erfasst gedrückte Stimmung. Damit wäre ein deutlicher Zusammenhang zwischen dieser Frage der HoNOS-D und einer anderen Skala, die Depressivität zuverlässig und valide erfasst, nämlich die Skala „Depressivität" der SCL-90-R, zu erwarten. In dem Fall der HoNOS-D gab es einen statistisch gesehen mittleren Zusammenhang, was bedeutet, dass Patienten, für die in der HoNOS-D eine stark gedrückte Stimmung angegeben wurde, auch in der Depressivitätsskala mit einiger Wahrscheinlichkeit höhere Werte aufweisen als andere Patienten. Daraus lässt sich schließen, dass die Frage 7 der HoNOS-D auch wirklich Depressivität erfasst.

Zielsetzung des vorliegenden Kapitels war es, eine Einführung in die Begriffe der psychologischen und im Speziellen der Klinisch-Psychologischen Diagnostik zu geben. Das wurde gleichzeitig durch viele Beispiele illustriert und anhand eines Instrumentes zur differenzierten Erfassung der Schwere einer Erkrankung vertiefend erläutert.

9 Differentielle Psychologie

Walter Renner

9.1 Begriffsbestimmung

Der Begriff „Differentielle Psychologie" geht auf Stern (1911) zurück und lässt sich kurz als „Psychologie der interindividuellen Unterschiede" (Asendorpf, 2004, S. 453) charakterisieren. Das Fach beschäftigt sich also mit der Frage, wodurch sich Menschen in psychischer Hinsicht voneinander unterscheiden. Die Bezeichnung „Differentielle Psychologie" ist weitgehend deckungsgleich mit „Persönlichkeitspsychologie", das ist „die empirische Wissenschaft von überdauernden, nichtpathologischen, verhaltensrelevanten individuellen Besonderheiten von Menschen innerhalb einer bestimmten Population" (Asendorpf, 2004, S. 11). Diese Definition legt zunächst fest, dass Differentielle und Persönlichkeitspsychologie einer erfahrungswissenschaftlichen (empirischen) Methodik verpflichtet sind (im Gegensatz etwa zu bloßer Selbstbeobachtung oder geisteswissenschaftlich-philosophischer Erkenntnis). Das Fach wird durch diese Definition auch von der klinischen Psychologie abgegrenzt, welche sich mit pathologischen Besonderheiten von Individuen befasst und es wird festgehalten, dass die Einzelperson in Relation zu einer Bezugsgruppe (Population) beschrieben wird.

9.2 Gibt es psychische „Eigenschaften"?

Des Weiteren enthält die Definition die Forderung, dass die untersuchten Unterschiede zwischen Individuen „überdauernd" sein müssen. Merkmale können in zwei Bedeutungen „überdauernd" sein: Wir sprechen von

(1) zeitlicher Stabilität (z. B. ein geselliges Kind wird auch ein geselliger Erwachsener sein) und

(2) transsituativer Konsistenz (z. B. wer in seinem Familienkreis ein zumeist fröhliches Temperament hat, wird auch am Arbeitsplatz und im Sportverein durch seine Fröhlichkeit auffallen).

Bereits im Falle körperlicher Merkmale sind Stabilität und Konsistenz keineswegs selbstverständlich. Denken Sie etwa an sportliche Leistungsfähigkeit. Es ist klar, dass diese trainierbar ist und durch mangelndes Training wieder sinken kann, sodass die zeitliche Stabilität nur bedingt gegeben ist. Zum anderen hängt die tatsächlich gezeigte (und damit messbare) sportliche Leistung sehr stark von der Motivation ab, diese zu erbringen. Diese kann aber je nach Situation stark unterschiedlich sein, sodass auch die transsituative Konsistenz nur bedingt gegeben ist.

Wenn wir an Leistungs- oder Fähigkeitsmerkmale im psychischen Bereich denken, verhält es sich ähnlich. So können Differenzen in der tatsächlich gezeigten intellektuellen oder schulischen Leistung zumindest teilweise auf unterschiedliche Förderung zurückgeführt werden, sind also nur teilweise zeitlich stabil; andererseits kann die Bereitschaft einer Person, Leistungsverhalten tatsächlich zu zeigen, von der unterschiedlichen Leistungsmotivation je nach Situation abhängen. Somit ist auch die transsituative Konsistenz nur bedingt gegeben.

Wie verhält es sich aber hinsichtlich der Stabilität und Konsistenz von sogenannten Temperamentsmerkmalen, also etwa der Frage, ob sich eine Person eher anderen zugewandt oder von ihnen zurückgezogen, ängstlich-besorgt oder mutig-draufgängerisch, nachlässig oder pedantisch etc. verhält? Während manche dieser Merkmale auch über lange

Zeiträume recht hohe Stabilität aufweisen (z. B. Lebhaftigkeit und Aufgeschlossenheit in neuen Situationen, sogenannte Extraversion), wurde deren Konsistenz über unterschiedliche Situationen etwa von dem aus Wien stammenden und später in die USA emigrierten Walter Mischel anhand von Analysen früherer Studien massiv in Frage gestellt (Mischel, 1968). Spätere Studien Mischels führten zu einer differenzierteren, „interaktionistischen" Sichtweise, wonach sowohl Persönlichkeits- als auch Situationsmerkmale zur korrekten Vorhersage individuellen Verhaltens in bestimmten Situationen beitragen: Auch wenn sich jemand je nach Situation oft recht unterschiedlich verhält, gibt es dennoch gewisse Regelhaftigkeiten im Verhalten einer Person, durch die sie sich von anderen unterscheidet. Auch deutet vieles darauf hin, dass sich manche Menschen situationsübergreifend eher konsistent verhalten, während das Verhalten anderer von Situation zu Situation stärker variiert (Carver & Scheier, 2008).

Verhalten kann also nur aus dem Zusammenwirken von Persönlichkeit und Situationsbedingungen verstanden und vorhergesagt werden. Trifft es zu, dass Eigenschaften menschliches Verhalten zumindest teilweise „verursachen"? Die großen Fortschritte der biologischen Psychologie legen eine reduktionistische Sichtweise nahe, wonach Leistungs- und Temperamentsmerkmale „letztlich" auf Unterschiede in der biologischen Basis des Zentralnervensystems zurückgehen. Hier besteht die Gefahr, vorschnell Ursache und Wirkung festzulegen. Zum Vergleich: Geht die sportliche Leistung auf die gut ausgeprägte Muskulatur zurück oder ist die gut trainierte Muskulatur Folge intensiver sportlicher Betätigung? Hinzu kommt, dass die aktuelle neurobiologische Forschung noch immer wenig darüber weiß, mit welchen neurobiologischen Prozessen Persönlichkeitsunterschiede im Einzelnen zusammenhängen.

Eigenschaften werden daher besser als „Konstrukte" konzipiert, welche aus konkretem Verhalten erschlossen werden. Wenn etwa eine Person zahlreiche schwierige Aufgaben in einem Test richtig lösen kann, schreiben wir ihr eine hohe Ausprägung des Konstrukts „Intelligenz", wenn sie sich im zwischenmenschlichen Kontakt lebhaft und aufgeschlossen verhält, eine hohe Ausprägung des Konstrukts „Extraversion" zu usw. Aus diesem Ausprägungsgrad der Konstrukte wird im nächsten Schritt auf künftiges, beobachtbares Verhalten geschlossen. So könnte etwa hohe Intelligenz in Kombination mit hoher Extraversion vermuten lassen, dass sich die betreffende Person in komplexen zwischenmenschlichen Situationen kompetent verhalten wird (vgl. Cronbach & Meehl, 1955).

Entscheidend dabei ist, dass die Festlegung, „was" genau unter einem Konstrukt, zum Beispiel unter Intelligenz, zu verstehen sei, von gesellschaftlichen, kulturellen und wissenschaftlichen Konventionen abhängt und sich daher im Lauf der Zeit ändern kann. So wurde etwa „Intelligenz" in der Anfangszeit der Leistungsdiagnostik von Binet und Simon (1905) vorrangig als Schulfähigkeit gesehen, später als allgemeine intellektuelle Leistungsfähigkeit, wobei in der zweiten Hälfte des Jahrhunderts mehr und mehr betont wurde, dass Intelligenzdiagnostik kulturell fair sein und nicht besser Gebildete bevorzugen solle. Daher traten nun abstraktere Fähigkeiten in den Vordergrund. So mussten etwa bei den völlig sprachfreien „Matrizenaufgaben" geometrische Figuren nach logischen Gesichtspunkten ergänzt werden. In den letzten Jahrzehnten betonte man mit der Idee der „sozialen Intelligenz" einen geschickten und einfühlsamen Umgang mit anderen.

9.3 Persönlichkeitsbereiche: Fähigkeiten, Temperament und Motive

9.3.1 Fähigkeiten

Die Geschichte der psychologischen Diagnostik begann mit dem von Binet und Simon (1905) entwickelten ersten Intelligenztest. Dieser hatte das Ziel, die Entscheidung, Kinder der Sonderschule oder der Regelschule zuzuweisen, statt, wie bis dahin, die Entscheidung dem intuitiven Urteil von Lehrkräften zu überlassen. Dafür wurde bestimmt, ob ein Kind eine alterstypische Anzahl von Testaufgaben richtig lösen konnte. Stern (1911) schlug vor, die relative individuelle Leistungs-fähigkeit durch den Intelligenzquotienten (IQ) anhand der Formel $IQ = 100 \times IA/LA$ zu bestimmen, wobei IA für das Intelligenzalter und LA für das Lebensalter des Kindes steht. Somit hätte etwa ein sechsjähriges Kind, welches bereits Aufgaben für Achtjährige lösen kann, einen $IQ = 100 \times 8/6 = 133$. Das Konzept des Intelligenzalters wurde allerdings bald aufgegeben, weil ab dem späten Jugendalter keine altersbedingte Zunahme der Intelligenz mehr zu verzeichnen ist. Der Begriff des Intelligenzquotienten hat somit nur noch historische Bedeutung. Nach wie vor werden aber Leistungen in Intelligenztests in IQ-Punkten gemessen, wobei eine (der vergleichbaren Gesamtbevöl-kerung entsprechende) durchschnittliche Intelligenz einem $IQ = 100$ und der Standardabweichung 15 entspricht. Dies bedeutet, dass circa zwei Drittel der Untersuchten einen IQ zwischen 85 und 115 aufwei-sen.

Es gibt unterschiedliche Ansätze zu der Frage, aus welchen Teilberei-chen intellektuelle Leistungsfähigkeit besteht („Intelligenzstruktur"). Ein klassisches Modell war die Zwei-Faktoren-Theorie von Spearman (1904): Abgesehen von einem Generalfaktor g, welcher für alle Ar-ten der Problemlösung benötigt wird, sind demnach, je nach Art der Aufgabe, unterschiedliche voneinander unabhängige Spezialfaktoren der Intelligenz beteiligt. Alternativ dazu schlug Thurstone (1938) ein Intelligenzmodell mit neun sogenannten Primärfaktoren vor, welche an spezifischen Problemlösungen in unterschiedlichem Maß beteiligt sind. In der Praxis unterscheiden moderne Intelligenztests vor allem zwischen verbalen und nicht-verbalen Fähigkeiten. Ein im deutschen Sprachraum sehr häufig verwendetes Testverfahren, der Intelligenz-Struktur-Test in seiner revidierten Fassung (IST-2000-R), differenziert zwischen verbalem, rechnerischem und räumlichem Problemlösen (Liepmann, Beauducel, Brocke & Amthauer, 2007).

Die Leistungen in Intelligenztests haben einen schwachen bis mittel-hohen Zusammenhang mit Schulnoten. Es besteht jedoch statistisch ein sehr starker Zusammenhang zwischen dem im Kindesalter gemes-senen IQ und dem insgesamt im Leben erreichten Bildungsniveau bzw.

beruflichen Status. Insbesondere Berufstätigkeiten mit hohem sozialem Prestige werden durch hohe Intelligenztestleistung im Kindesalter prognostiziert (Asendorpf, 2004).

Bereits Flynn (1987) stellte anhand von Längsschnittvergleichen der Leistungen in Intelligenztests fest, dass es seit Jahrzehnten zu einer kontinuierlichen deutlichen Zunahme der Intelligenztestleistungen gekommen war, ohne dass die schulischen Leistungen zugenommen hätten. Die Ursachen dieses „Flynn-Effekts" sind nicht völlig klar, werden aber meistens, ähnlich wie die epochale Zunahme der Körpergröße, mit den verbesserten Ernährungs- und allgemeinen Lebensbedingungen während der Schwangerschaft und der Kindheit erklärt.

H. Gardner (1983) betrachtete auch Fähigkeiten wie Musikalität und zwischenmenschliche Kompetenzen als Teilbereiche der Intelligenz. Alltagspsychologisch häufig diskutierte Fähigkeiten wie Kreativität oder interpersonell-soziale Fähigkeiten sind zwar durchaus von wissenschaftlichem Interesse, es besteht aber hier häufig die Schwierigkeit, dass einigermaßen einheitliche Definitionen fehlen (Asendorpf, 2004).

Abgesehen von der bislang diskutierten intellektuellen Leistungsfähigkeit fallen unter die Fähigkeitskonstrukte auch sogenannte „substratnahe" Fähigkeiten, also solche, die unmittelbar an die Funktionen des Zentralnervensystems gebunden sind. Darunter fallen etwa kurz- und mittelfristige Merkfähigkeit für sinnloses Material, Schnelligkeit und Genauigkeit bei sinnfreien Konzentrations- und Aufmerksamkeitsaufgaben oder Reaktionszeiten. Diese von Intelligenz weitgehend unabhängigen Fähigkeiten nehmen im höheren Lebensalter deutlich ab und sind auch bei jüngeren Menschen zum Beispiel durch Übermüdung oder körperliche Krankheit leicht zu beeinträchtigen.

9.3.2 Temperamenteigenschaften

Bereits im Kapitel über Fähigkeiten wurde deutlich, dass keineswegs Einigkeit hinsichtlich der Frage herrscht, bezüglich welcher Fähigkeiten Individuen voneinander unterschieden werden sollen. In ähnlicher Weise gab es viele Versuche, Charaktermerkmale oder Temperamente zu unterscheiden und zu systematisieren. Ohne ins Detail zu gehen, sollen hier die beiden prinzipiell möglichen Vorgangsweisen anhand einiger weniger Beispiele erläutert werden. Die deduktive Methode formuliert zuerst anhand theoretischer Überlegungen Erwartungen darüber, welche Persönlichkeitsmerkmale sinnvoll zu unterscheiden sind und prüft diese Erwartungen dann empirisch anhand der Realität. Die zweite, induktive Methode arbeitet ohne theoretische Vorannahmen und sucht nach relevanten Eigenschaften zunächst unsystematisch in Alltagssituationen. In einem weiteren Schritt wird mittels komplexer statistischer Verfahren („Exploratorische Faktorenanalyse") ermittelt, welche Eigenschaften regelmäßig gemeinsam auftreten, sodass es sinnvoll erscheint, sie in einer neu entwickelten Persönlichkeitstheorie zu breiter angelegten, statistisch zusammenhängenden, „Bündeln" von Eigenschaften zusammenzufassen.

Von der Theorie zu den Daten: Der deduktive Zugang

Zunächst soll die deduktive Vorgangsweise anhand von Beispielen kurz erläutert werden.

Beispiel 1: Die Typologie von C. G. Jung Aufgrund philosophischer Überlegungen und anhand von Beispielen aus der Literatur unterschied Jung (1921) zunächst einen introvertierten von einem extravertierten Einstellungstypus. Während der introvertierte Typus den Blick gewissermaßen „nach innen" wendet und seine Informationen aus den dort aufsteigenden Ideen, Bildern und Vorstellungen bezieht, wendet der extravertierte Einstellungstypus den Blick auf die äußeren Geschehnisse. Des Weiteren unterscheidet Jung (1921) Funktionstypen: Zunächst stellte er einem Denktypus einen Gefühlstypus gegenüber, je nach dem, ob eine Person ihre Entscheidungen auf rationaler oder emotionaler Grundlage trifft. Jungs Theorie zufolge lassen sich Individuen zusätzlich entweder dem „intuitiven" oder dem „Empfindungstypus" zuordnen. Der intuitive Funktionstypus entspricht in etwa dem, was man heute in der Laienpsychologie „ganzheitlich" oder „holistisch" nennt, das heißt, er erfasst eine Situation als Ganzes und hat ein gutes Gespür dafür, was als Nächstes kommt, ohne dies im Einzelnen begründen zu können. Im Gegensatz dazu sind für den Empfindungstyp die Details der sensorischen Wahrnehmung zur Erfassung einer Situation ausschlaggebend. Aus den Kombinationen der beiden Einstellungstypen und der zweimal zwei Funktionstypen ergeben sich die Facetten individueller Persönlichkeit. Das Persönlichkeitsmodell von C. G. Jung ist in Abbildung 9.1 veranschaulicht.

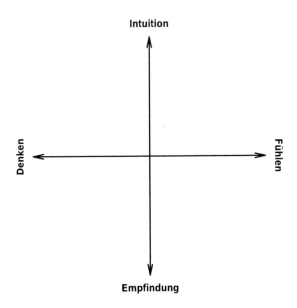

Abbildung 9.1: Das Persönlichkeitsmodell von C. G. Jung: Die vier Funktionstypen Denken–Fühlen sowie Intuition–Empfindung können jeweils mit dem introvertierten oder dem extravertierten Einstellungstypus einhergehen.

C. G. Jungs Modell ist aus drei Gründen von Interesse:

(1) Es beeinflusste sehr wesentlich die später formulierten Persönlichkeitsmodelle.

(2) Es ist ein gutes Beispiel einer Persönlichkeitstypologie – und da-

mit einer heute nicht mehr aktuellen Sichtweise: Während man zu Beginn des 20. Jahrhunderts dachte, Individuen (zumindest großteils) bestimmten Persönlichkeitstypen eindeutig zuordnen zu können, bevorzugt man heute eine dimensionale Sichtweise. Obwohl Jung meinte, eine Person gehöre entweder dem introvertierten oder dem extravertierten Typus an, wählt man heute eine dimensionale Sichtweise im Sinne eines Kontinuums, welches von extremer Introversion über eine neutrale Mitte bis hin zu extremer Extraversion reicht.

(3) Jungs Persönlichkeitsmodell wurde in den USA in Form des Myers-Briggs-Typenindikators (MBTI, Myers & McCaulley, 1985) weiterentwickelt. Dieses Fragebogenverfahren wird in der Praxis der Persönlichkeitsdiagnostik in den USA bis heute auf sehr breiter Basis verwendet und existiert auch in einer deutschen Version.

Beispiel 2: Das Persönlichkeitsmodell von H. J. Eysenck Eysenck wurde in der Entwicklung seines Persönlichkeitsmodells von C. G. Jungs introvertiertem bzw. extravertiertem Typus beeinflusst. Zudem griff er die Spekulationen der antiken Philosophen Hippokrates und Galen und des frühen deutschen Experimentalpsychologen Wilhelm Wundt (1903) auf. Der emotional stabile extravertierte Typus entspricht dem antiken Sanguiniker, der emotional stabile introvertierte Typus dem Phlegmatiker, der emotional labile extravertierte Typus dem Choleriker, und der emotional labile introvertierte Typus entspricht dem Melancholiker. Anstelle der „Typen" postulierte Eysenck (1975) jedoch zwei Dimensionen, nämlich

(1) mehr oder weniger hoch ausgeprägte Extraversion (E) (vs. Introversion), sowie

(2) mehr oder weniger hoch ausgeprägte emotionale Labilität (sog. „Neurotizismus") (N) (vs. Stabilität).

Eysenck (1967) konzipierte Extraversion als unterschiedlich starke Aktiviertheit einer bestimmten Gehirnregion und Neurotizismus als

Labilität des vegetativen Nervensystems. Beide breit angelegten Persönlichkeitsdimensionen setzen sich nach Eysenck (1967) aus untergeordneten „traits", also Eigenschaften, zusammen, welche die Facetten der Dimension bezeichnen (z. B. : Geselligkeit, Dominanz und Lebhaftigkeit als unterschiedliche Aspekte von Extraversion). Die Bezeichnung „Neurotizismus" ist unglücklich gewählt, weil diese Persönlichkeitsdimension nichts mit dem Neurosebegriff der Psychoanalyse zu tun hat und eine emotionale Störbarkeit im psychischen Normalbereich meint. Eysenck und Eysenck (1976) konzipierten später als dritte Persönlichkeitsdimension den sogenannten „Psychotizismus" (P). Auch diese Bezeichnung ist irreführend, weil P eben gerade nicht „psychotisches", also wahnhaft gestörtes, Erleben und Verhalten meint, sondern sozial grob unangepasstes, gefühlskaltes, eigennütziges oder bizarr-skurriles Handeln bezeichnet.

Von den Daten zur Theorie: Der induktive Zugang

Dem eben geschilderten deduktiven steht der induktive Zugang gegenüber. Hier wurde die lexikalische Methode für die aktuelle Persönlichkeits- und Differentielle Psychologie am einflussreichsten.

Der lexikalische Ansatz: Grundannahmen und erste Studien Die

Grundidee des lexikalischen Ansatzes in der Persönlichkeitsforschung geht auf Francis Galton (1884) zurück und besagt, dass zwischenmenschliche Unterschiede, welche für das Zusammenleben von Bedeutung sind, früher oder später ihren Niederschlag in der Sprache finden. Daher müsste der Wortschatz einer bestimmten Sprache einen Überblick über die wichtigsten Persönlichkeitseigenschaften geben. Galton (1884) selbst entnahm etwa 1000 solcher Eigenschaftswörter aus dem Lexikon, verfolgte die Idee aber nicht weiter. Franziska Baumgarten (1933) fand in einer ersten systematischen Studie 941 persönlichkeitsrelevante Adjektive und 688 Substantive. Allport und Odbert (1936) entnahmen dem Webster's International Dictionary insgesamt ca. 18 000 Begriffe, welche sie vier Kategorien zuordneten:

- Für die persönlichkeitspsychologische Fragestellung war die erste Kategorie, welche mögliche 4504 Persönlichkeitseigenschaften umfasste, relevant.

Die restlichen Kategorien betrafen sogenannte

- vorübergehende „Zustände" (*states*, z. B. *abashed, frantic* ...),
- soziale Bewertungen (z. B. *insignificant, worthy* ...), bzw.
- metaphorische und fragliche Begriffe, körperliche Eigenschaften und Fähigkeiten (z. B. *lean, redhead, gifted* ...)

Raymond B. Cattells 16 Persönlichkeitsfaktoren Als einer der einflussreichsten Persönlichkeitsforscher des Jahrhunderts publizierte Cattell etwa 40 Bücher und 500 Artikel in wissenschaftlichen Fachzeitschriften. Sein Modell beruhte auf der Sammlung persönlichkeitsbeschreibender Adjektive, welche Allport und Odbert (1936) zusammengestellt hatten. Anhand inhaltlicher Kriterien reduzierte Cattell die 4500 Adjektive auf zunächst 160 (später nach Hinzufügung von fähigkeitsbezogenen Merkmalen und sonstigen Revisionen 171) meist als Gegensatzpaare formulierte Cluster oder Bündel (John, Angleitner & Ostendorf, 1988). In mehreren, teils statistisch, teils intuitiv angelegten Reduktionsschritten resultierten schließlich zwölf inhaltlich einigermaßen homogene Gruppen von persönlichkeitsbeschreibenden Adjektiven, welchen Cattell etwas schwer nachvollziehbare Bezeichnungen gab, wie die folgenden drei Beispiele zeigen:

(...)

C: *Emotionally mature, stable character vs. demoralized general emotionality* (etwa: emotionale Reife und Stabilität vs. Instabilität),

D: *Hypersensitive, infantile sthenic emotionality vs. phlegmatic frustration tolerance* (etwa: emotionale Überempfindlichkeit vs. Gleichgültigkeit),

E: *Dominance vs. submissiveness* (etwa: Dominanz vs. Unterwürfigkeit) ...

Es ist auch ersichtlich, dass die einzelnen Gruppierungen voneinander nicht unabhängig sind. So darf etwa vermutet werden, dass emotionale Instabilität auf Skala C tendenziell mit emotionaler Überempfindlichkeit auf Skala D einhergeht. Cattell entwickelte anhand theoretischer Überlegungen weitere vier Zusatzskalen, sodass schließlich der 16-*Personality Factor*-Fragebogen resultierte, eines der bekanntesten persönlichkeitspsychologischen Testverfahren des Jahrhunderts (deutsch: Schneewind, Schröder & Cattell, 1994).

Cattell musste bei der Entwicklung seines Persönlichkeitsmodells bzw. des daraus entwickelten Fragebogenverfahrens eine enorme Menge an Daten bewältigen. Allein zwischen den 171 Eigenschaftsclustern bestehen $171^2 = 29\,241$ mögliche Zusammenhänge. Berücksichtigt man, dass hier auch die Bezüge der 171 Eigenschaften zu sich selbst sowie die jeweils umgekehrten Bezüge (a mit b = b mit a) enthalten sind, verbleiben immerhin noch 14 535 tatsächlich zu interpretierende Bezüge („Korrelationen") zwischen den 171 Eigenschaftsbündeln. Um derartig große Korrelationstabellen auf ein überschaubares Maß zu reduzieren, gab es schon zu Cattells Zeiten die Faktorenanalyse, ein „datenreduzierendes" statistisches Verfahren von großer mathematischer Komplexität. Mit den damaligen frühen EDV-Anlagen konnten Faktorenanalysen nur für sehr wenige Variablen berechnet werden, sodass Cattells Vorhaben, eine statistisch begründete, induktive Systematik von Persönlichkeitseigenschaften zu entwickeln, letztlich scheiterte. Obwohl der 16-PF-Fragebogen (auch in seiner deutschen Fassung) große praktische Bedeutung in der Diagnostik von Persönlichkeitsmerkmalen erlangte, flossen in seine Konstruktion letztlich viele intuitiv getroffene Entscheidungen ein.

Das Fünf-Faktoren-Modell der Persönlichkeit　Eine ausgezeichnete Zusammenschau über die etwas unübersichtliche Entwicklung des Fünf-Faktoren-Modells geben John et al. (1988). Cattells Versuch der Entwicklung eines induktiv entwickelten Persönlichkeitsmodells inspirierte zahlreiche weitere Forschungen in den USA auf der Basis des lexikalischen Ansatzes.

So fand etwa Fiske (1949) auf der Basis eines vereinfachten Datensatzes Cattells fünf Persönlichkeitsfaktoren, welche, ebenfalls in den USA, von Tupes und Christal (1961) anhand von Daten aus acht verschiedenen Stichproben bestätigt wurden. John et al. (1988, S. 183) fassen die von diesen beiden Autoren gefundenen englischsprachigen „Big Five" zusammen und geben in Klammern Beispiele für Adjektive, welche die jeweilige Persönlichkeitsdimension kennzeichnen:

(I)   *Surgency* (*talkative, assertive, energetic*),

(II)   *Agreeableness* (*good-natured, cooperative, trustful*),

(III)   *Dependability* (*conscientious, responsible, orderly*),

(IV)   *Emotional Stability* (*calm, not neurotic, not easily upset*),

(V)   *Culture* (*intellectual/cultured, polished, independent-minded*).

Sehr bekannt wurde die Umsetzung des Fünf-Faktoren-Modells durch einen Persönlichkeitsfragebogen, das *„Revised NEO Personality Inventory"* (NEO-PI-R) durch Costa und McCrae (1992). Hier wurde *„Emotional Stability"* in Anlehnung an Eysencks Persönlichkeitsmodell (mit umgekehrtem Vorzeichen versehen) in *„Neuroticism"* (N), *„Surgency"* in *„Extraversion"* (E), *„Culture"* in *„Openness to Experience"* (O) und *„Dependability"* in *„Conscientiousness"* (C) umbenannt. Lediglich für die Dimension *„Agreeableness"* (A) blieb die ursprüngliche Bezeichnung erhalten. Die Buchstaben N, E, O stehen im Namen des Persönlichkeitsfragebogens, wobei sich jedoch häufig auch das Akronym OCEAN findet, welches die *„Big Five"* repräsentiert.

Das *„Revised NEO Personality Inventory"* (NEO-PI-R) erfasst nicht nur die fünf globalen Persönlichkeitsdimensionen, sondern auch deren Unterdimensionen oder Facetten und ist daher recht umfangreich. Eine ebenfalls von Costa und McCrae (1992) entwickelte Kurzform, das *„Revised NEO Five-Factor Inventory"* (NEO-FFI), beschränkt sich auf die Erfassung der fünf globalen Faktoren und kommt daher mit 60 Fragen aus.

Angleitner, Ostendorf und John (1990) fanden dieselben fünf Faktoren aufgrund einer im Deutschen vorgenommenen lexikalischen Analyse von persönlichkeitsbeschreibenden Begriffen:

(I)   Extraversion (kontaktfreudig, redselig)

(II)   Verträglichkeit (höflich, tyrannisch)

(III)   Gewissenhaftigkeit (tüchtig, energisch)

(IV)   Neurotizismus (emotional, empfindlich)

(V)   Offenheit für Erfahrung (geistlos, sachverständig).

In Klammern stehen wiederum Adjektive, welche den jeweiligen Faktor kennzeichnen, sogenannte *„factor markers"*, die auch negative Vorzeichen haben können. So kennzeichnet z. B. „tyrannisch" den Faktor „Verträglichkeit" und „geistlos" den mit Intellektualität assoziierten Faktor „Offenheit für Erfahrung" im negativen Sinn. In Anlehnung an Costa und McCraes Fragebogen zur Erfassung der amerikanischen „Big Five" entwickelten Borkenau und Ostendorf (1993) das deutschsprachige NEO-FFI und Ostendorf und Angleitner (2003) das deutschsprachige NEO-PI-R.

Zwischenzeitlich wurden ähnliche lexikalisch entwickelte Modelle der Persönlichkeit in vielen anderen Sprachen gefunden, etwa von Caprara und Perugini (1994) im Italienischen und von Szirmak und deRaad (1994) im Ungarischen, wobei hier statt der Fünf- auch eine Vier-Faktorenlösung in Betracht kommt. Andererseits fand man für das Holländische sieben Persönlichkeitsfaktoren: Zusätzlich zu den Big Five waren je eine Dimension für Aggression oder Irritierbarkeit und für Konservatismus gefunden worden (John et al., 1988).

Solche Inkonsistenzen gehen teilweise darauf zurück, dass es keine Einigkeit darüber gibt, was genau unter persönlichkeitsbeschreibenden Begriffen zu verstehen ist. Gehören etwa Aggression und Irritierbarkeit noch in den normalpsychologischen oder bereits in den klinisch-pathologischen Bereich? Ist Konservatismus ein Temperamentsmerkmal oder eher eine Wertorientierung? Je nachdem, wie man diese Fragen beantwortet, wird man entsprechende Begriffe in die lexikalischen Analysen aufnehmen oder nicht. Damit ist aber das Ergebnis der Faktorenanalysen abhängig davon, welche Begriffe zuvor aufgenommen wurden.

Nicht zuletzt wegen dieses „*Garbage in, garbage out*"-Problems wurde der lexikalische Ansatz in der Persönlichkeitsforschung infrage gestellt. Ein weiterer Kritikpunkt betrifft die Verwendung alltagspsychologischer Begriffe, welche überdies im zeitlichen Verlauf und zwischen Kulturen unterschiedliche Bedeutungen haben und unklar definiert sind. Dem lexikalischen Modell liegen somit „Laientheorien" zugrunde, sodass auch die Zahl der aufzufindenden Faktoren oder Persönlichkeitsdimensionen nicht theoretisch begründet werden kann. Andererseits konnte sich das Fünf-Faktoren-Modell vielleicht gerade wegen seiner Theoriefreiheit heute weitgehend als Standardmodell der Persönlichkeitspsychologie etablieren, zumal es keine einheitlich akzeptierte Persönlichkeitstheorie gibt. Dem Argument, wonach das Fünf-Faktoren-Modell auf Laienpsychologie beruhe, weil es auf Alltagsbegriffen aufbaut, ist entgegenzuhalten, dass es eben nicht darauf angelegt ist, zu beschreiben, welche Eigenschaften Individuen „besitzen", sondern zu beschreiben, welche Eigenschaften Individuen aneinander wahrnehmen.

9.3.3 Motive und Wertorientierungen

Individuen unterscheiden sich nicht nur hinsichtlich ihrer Fähigkeiten und ihres Temperaments, sondern auch bezüglich der von ihnen berichteten Bedürfnisse, Motive, Ziele, Interessen und Wertorientierungen. Eine zielgerichtete und auf Werte bezogene Fragestellung kam in der traditionellen, ausschließlich naturwissenschaftlich ausgerichteten Psychologie zu kurz und wurde eher in der Soziologie behandelt. Hier wurde vor allem das Rokeach Value Survey (RVS) (Rokeach, 1973) bekannt, welches die Befragten dazu aufforderte, je 18 terminale (z. B. „*equality*", „*national security*" oder „*true friendship*") und instrumentelle (z. B. „*cheerful*", „*indpendent*" oder „*obedient*") Werte hinsichtlich ihrer Wichtigkeit zu ordnen. Bei den terminalen Konzepten handelte es sich um Substantive, bei den instrumentellen Begriffen um Adjektive.

Die terminalen Werte sollten subjektiv wünschenswerte Lebensziele beschreiben, die instrumentellen Werte sollten Mittel zur Erreichung der terminalen Werte aufzeigen. Aufgrund methodischer Mängel (im Detail: Asendorpf, 2004; Renner, 2003b) setzte sich das RVS letztlich nicht durch. Erst Schwartz (1992) griff die Idee des RVS auf und entwickelte es auf der Basis fundierter Theoriebildung und anhand aktueller testpsychologischer Methodik zum „Schwartz Value Survey" weiter. Dieses Modell wurde von Beginn an kulturübergreifend angelegt, das heißt, es sollten „universelle", also kulturübergreifend gültige Gruppen von Werten gefunden werden, die auch weltweit in ungefähr gleicher Weise zusammenhängen sollten: So ging etwa die Befürwortung traditionell-konservativer Werte in westlichen Kulturen mit einer Ablehnung von Abenteuerlust und neuen Erfahrungen einher. Ähnliche Differenzierungen ergaben sich in anderen Kulturen, welche mit dem „westlichen" Weltbild noch wenig in Kontakt gekommen waren.

Da das Modell von Schwartz Werte als Manifestationen menschlicher Grundbedürfnisse sieht, ist seine universelle Geltung durchaus plausibel. Dennoch kann erwartet werden, dass sich Werte – abgesehen von diesen universellen Aspekten – auch kulturspezifisch manifestieren. Renner (2003b) nutzte den lexikalischen Ansatz zur Entwicklung einer Liste von Werten, an denen sich Individuen in deutschsprachigen Ländern orientieren. Zunächst entnahmen zwei Beurteilerinnen und Beurteiler einem Wörterbuch der deutschen Sprache 783 Substantive, welche sie als „Leitmotive im Leben" (vgl. Rokeach, 1973, S. 358) klassifizierten. Aufgrund der Einschätzungen von weiteren sechs Beurteilerinnen und Beurteilern und zusätzlichen Reduktionen resultierte letztlich eine Liste von 383 Substantiven, welche Wertorientierungen in der deutschen Sprache bezeichnen. Eine überwiegend österreichische Stichprobe von $n = 456$ (davon $n = 350$ Frauen) mit einem Durchschnittsalter von 38,5 Jahren ($s = 12,7$ Jahre) schätzten für jeden dieser Begriffe auf einer Skala von +5 über 0 bis −5 ein, wie sehr sie den betreffenden Begriff als persönliches Leitmotiv im Leben befürworten oder ablehnen. Die Faktorenanalyse dieser Einschätzungen ergab folgende fünf Faktoren (in Klammern stehen wieder *„factor markers"*, also Begriffe, welche für den jeweiligen Faktor charakteristisch sind):

(I)   Persönliche und zwischenmenschliche Harmonie (Fairness, Lebensfreude)

(II) Intellektualität (Sozialkritik, Reflexion)

(III) Konservatismus (Nationalgefühl, Vaterlandsliebe)

(IV) Religiosität (Gottesgnade, Frömmigkeit)

(V)   Materialismus (Reichtum, Karriere)

Da die Untersuchungsteilnehmerinnen und -teilnehmer auch den NEO-FFI-Fragebogen (Ostendorf & Angleitner, 2003) beantwortet hatten, mit welchem die fünf großen Persönlichkeitsfaktoren gemessen wurden, konnte die Erwartung geprüft werden, ob die Erhebung von Wertorientierungen zu den mit dem NEO-FFI erfassten Temperamentsmerkmalen zusätzliche Information hinzufügen kann: Lediglich der Faktor „Intellektualität" erfasst ein ähnliches Persönlichkeitsmerkmal wie „Offenheit für Erfahrung" aus dem Fünf-Faktoren-Modell. Für die verbleibenden Faktoren konnte die Erwartung, dass Wertorientierungen eine von Temperamentsmerkmalen unabhängige und somit zusätzliche Information liefern, bestätigt werden. Die von Renner (2003b) in einer überwiegend studentischen Stichprobe gefundenen Wertedimensionen wurden von Renner (2003a) in einer größeren und hinsichtlich Alter und Bildungsniveau heterogenen Stichprobe im Wesentlichen bestätigt.

Im nächsten Schritt wurde die Hypothese geprüft, dass sich die Werte gemeinschaftsorientierter Kulturen von jenen der individualistischen österreichischen Kultur unterscheiden würden. Diese Annahme konnten Renner, Peltzer und Phaswana (2003) für eine schwarzafrikanische Kultur im Norden der Republik Südafrika anhand lexikalischer Analysen in der Sprache *Northern Sotho* und Renner und Myambo (2007) für den arabischen Raum bestätigen. Besonders deutliche Unterschiede zeigten sich in der kulturell unterschiedlichen Rolle von Religiosität. Während diese in der österreichischen Studie eine selbstständige Dimension darstellt, welche keine Zusammenhänge zu anderen Lebensbereichen erkennen lässt, bedeutet für die südafrikanische Kultur

Religiosität zugleich die Sorge um andere im Sinne christlicher Nächs
tenliebe und der Ideale der gemeinschaftsorientierten afrikanischen
Kultur; für die überwiegend moslemische arabische Stichprobe war
Religiosität hingegen untrennbar mit arabischem Patriotismus ver-
knüpft.

Der Befund, wonach Wertorientierungen von Kultur zu Kultur unterschiedliche Schwerpunktsetzungen aufweisen, stimmt mit den Postu-
laten der Moral Foundations Theory (Haidt & Joseph, 2004; Haidt &
Kesebir, 2010) überein. Demnach seien folgende fünf „Moral Foundations" zu unterscheiden:

(I)   *„Harm/care"* (man soll Schaden für andere vermeiden
      und sich in Notlagen um sie kümmern, z. B. wehrlose
      Menschen und Tiere nicht quälen)

(II) *„Fairness/reciprocity"* (auch wenn anderen nicht direkt
      geschadet wird, sollen sich Einzelne keinen Vorteil
      verschaffen, z. B. durch Schwindeln bei einer Prüfung)

(III) *„Ingroup/loyalty"* (man soll sich seiner Gruppe, seiner
      Institution, seinem Land gegenüber loyal verhalten,
      z. B. im Ausland nicht schlecht über sein Land spre-
      chen)

(IV) *„Authority/respect"* (es ist wichtig, seine Eltern, ältere
      Menschen oder hierarchisch Höherstehende zu ehren,
      ihnen z. B. nicht offen zu widersprechen, auch wenn
      man anderer Meinung ist)

(V)   *„Purity/sanctity"* (rituelle Verunreinigung, etwa durch
      das Essen tabuisierter Speisen ist zu vermeiden, das
      Heilige muss mit der gebührenden Ehrfurcht behan-
      delt werden).

Eine Grundannahme der Moral Foundations Theory lautet, dass (li-
berale) Angehörige der Mittelklasse Nordamerikas und Europas die
Moral Foundations (1) und (2) stark befürworten, während ihnen (3),
(4) und (5) wenig bedeuten. Im Gegensatz dazu wird etwa für Ostasien
erwartet, dass alle fünf Moral Foundations gleich stark befürwortet

werden. Diese Erwartung konnte von Graham et al. (2011) in einer internetbasierten Studie nur tendentiell bestätigt werden; in einem Vergleich indischer Studierender ($n = 336$) mit solchen aus der Europäischen Union (fast durchwegs aus Deutschland oder Österreich, $n = 163$) bestätigten sich, wie Abbildung 9.2 zeigt, die genannten Erwartungen jedoch sehr deutlich (Renner, 2013).

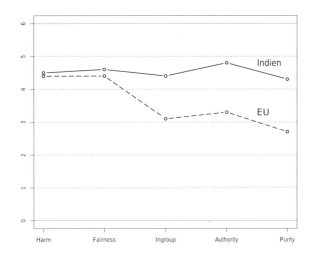

Abbildung 9.2: Bewertung auf dem Moral Foundations Questionnaire (MFQ; Graham, Haidt & Nosek, 2009) durch $n = 163$ Studierende in der EU und $n = 336$ Studierende in Indien (0 = minimale, 6 = maximale Befürwortung) (Renner, 2013)

Es ist zu vermuten, dass an der internetbasierten Studie vor allem Asiatinnen und Asiaten teilgenommen hatten, welche stark durch Globalisierung beeinflusst waren. Auch Renner (2013) hatte in einem anderen Teil der Studie gefunden, dass die moralisch-ethischen Entscheidungen von Inderinnen und Indern durch die Globalisierung deutlich beeinflusst werden.

10 Eine Einführung in die Sozialpsychologie

Nilüfer Aydin

10.1 Definition und Gegenstand der Sozialpsychologie

Die Sozialpsychologie ist eine Subdisziplin innerhalb der Psychologie, die sich mit *zwischenmenschlichen Interaktionen* beschäftigt und dabei insbesondere den *sozialen Einfluss* anderer Personen auf unser Erleben (z. B. auf Gefühle und Meinungen) und auf unser Verhalten zum Forschungsgegenstand hat. Auch wenn wir uns dessen nicht immer bewusst sind, sind Menschen in ihrem Alltag der ständigen Beeinflussung durch ihre soziale Umwelt ausgesetzt. Beispielsweise können wir beobachten, dass sich Jugendliche freiwillig risikoreich und gesundheitsgefährdend verhalten, z. B. große Mengen an Alkohol in der Gruppe konsumieren, um nicht in die Rolle eines Außenseiters zu geraten. Auch sehen wir, dass Menschen für ihre Einstellungen und Ideale auf die Straße gehen und demonstrieren, mit dem Ziel, durch ihr Verhalten andere Menschen auf ihre Sache aufmerksam zu machen und im Idealfall in ihrem Sinne zu beeinflussen. Wir kennen aber auch die Situation, dass allein der Gedanke an andere Menschen genügt, um uns zu einem bestimmten Verhalten zu bewegen oder auch davon abzuhalten (denken Sie an die besorgten Worte Ihrer Mutter, zu Fremden nicht zu vertrauensselig zu sein). Daraus wird deutlich, dass nicht nur *anwesende Personen*, sondern auch allein der *Gedanke an bestimmte Personen* unser Verhalten beeinflussen kann. So definierte schon Gordon W. Allport, ein amerikanischer Persönlichkeits- und Sozialpsychologe, die Sozialpsychologie als eine Wissenschaft, die versucht zu verstehen, wie Gedanken, Gefühle und Verhaltensweisen von Individuen durch tatsächlich anwesende oder aber auch nur vorgestellte andere Personen beeinflusst werden (Allport, 1968). Anhand dieser Definition wird ersichtlich, dass die Sozialpsychologie eine breite Vielfalt an Themengebieten umfasst, die sich mit dem Einfluss der sozialen Umwelt auf menschliches Denken, Fühlen und Verhalten auseinandersetzt. Die Sozialpsychologie belässt es aber nicht dabei, soziale Phänomene nur zu beschreiben: Sie kann vor allem als Wissenschaft verstanden werden, die Ursachen und Wirkungen zwischenmenschlicher Interaktionen *erklärt*. Die Sozialpsychologie beantwortet daher Forschungsfragen zu Ursachen und Wirkungen von Fremd- und Selbstwahrnehmung, Bewertungs- und Entscheidungsprozessen, Einstellung und Einstellungsänderung, Gruppenprozessen, sozialen Vergleichsprozessen, aggressivem und prosozialem Verhalten, aber auch Stereotypisierung, Vorurteilen und Diskriminierung.

Da die Sozialpsychologie das Phänomen des sozialen Einflusses in das Zentrum ihres Erkenntnisinteresses setzt, spielt aus ihrer Perspektive die *Situation*, d. h. der *situative Kontext*, eine weitaus stärkere Rolle im Zustandekommen von menschlichem Verhalten als die *Disposition* (ein Persönlichkeitsmerkmal, das sich am ehesten mit „Geneigtheit" übersetzen lässt). Mit diesem Selbstverständnis grenzt sich die Sozialpsychologie gegen andere psychologische Teildisziplinen, wie z. B. die Persönlichkeitspsychologie, ab. Letztere liefert zwar auch Erklärungsansätze für menschliches Sozialverhalten, geht hierbei aber von angeborenen oder erlernten Persönlichkeitsunterschieden aus. Die Sozialpsychologie hingegen betont die Rolle situativer Gegebenheiten im Zustandekommen von Verhalten, sodass diese besser erklären bzw. vorhersagen können, weshalb Menschen sich in bestimmten Situationen so verhalten wie sie sich verhalten. Ein Beispiel für den starken

Einfluss der Situation auf menschliches Verhalten stellt das legendäre *„Stanford Prison Experiment"* aus dem Jahre 1971 von Philipp Zimbardo dar (Haney, Banks & Zimbardo, 1973). Dieses Experiment hatte zu seiner Zeit großes Interesse und Aufsehen in der Fachwelt erregt und auch heute noch zählt diese Studie zu einer der wichtigsten und einflussreichsten Studien in der Sozialpsychologie. Dieses Experiment zeigt in spektakulärer und gleichzeitig tragischer Weise, dass unmenschliches Verhalten (z. B. demütigendes oder sadistisches Verhalten) nicht zwangsläufig mit Persönlichkeitsmerkmalen der Täter zusammenhängen muss, sondern zu einem großen Teil auf Gruppenprozesse und Rollenerwartung in der jeweiligen Situation zurückzuführen ist.

Das Stanford Prison Experiment von Zimbardo (1971)

In dieser Studie wurde eine Gefängnissituation simuliert. Psychisch gesunde männliche Studenten, die sich freiwillig für das Experiment gemeldet hatten, wurden zufällig in die Rolle des „Wärters" oder des „Häftlings" eingeteilt. Den Studenten wurde durch den Versuchsleiter mitgeteilt, dass sie in ihren jeweiligen Rollen zwei Wochen bleiben sollten. Der Keller des Universitätsgebäudes diente für dieses Experiment als ein behelfsmäßiges Gefängnis. Die „Wärter" wurden mit Uniformen, verspiegelten Sonnenbrillen und Schlagstöcken ausgestattet; die „Häftlinge" hingegen wurden nicht mehr mit ihrem Vornamen angesprochen, sondern ihnen wurde eine Nummer zugewiesen. Auch wurden sie gezwungen Gefängniskleidung zu tragen. Es zeigte sich, dass die „Wärter" in kürzester Zeit begannen, sich sadistisch und brutal gegen die „Häftlinge" zu verhalten. Nach nur sechs Tagen musste das Experiment abgebrochen werden, da die Weiterführung des Experiments ethisch nicht mehr vertretbar gewesen wäre: Der Großteil der „Wärter" hatte sich zu Sadisten verwandelt, die die „Häftlinge" quälten, wohingegen die „Häftlinge" starke Anzeichen von Depressivität, Resignation und emotionaler Hilflosigkeit zeigten.

Dieses Experiment veranschaulicht, wie stark situative Kräfte das menschliche Denken und Verhalten beeinflussen – in manchen Fällen so stark, dass gegen Prinzipien der Menschlichkeit gehandelt wird. Die „Wärter" hatten sich gemäß den Erwartungen an ihre Rolle verhalten (z. B. Regeln und Vorschriften strikt eingehalten und dafür gesorgt, dass der Gefängnisbetrieb „läuft") und sich dabei aber in ihrer Rolle vollkommen verloren. Das brutale Vorgehen gegen die „Häftlinge" wurde so gerechtfertigt, dass die Rolle es so verlange (nach dem Motto „Ich mache hier nur meinen Job und gehe meinen Pflichten nach").

Zimbardo (2007) hat die Befunde dieser Studie auf Misshandlungen von Gefangenen in realen Gefängnissen übertragen (z. B. im Fall der Folterungen von Gefangenen im Militärgefängnis Abu Ghraib durch US-amerikanische Soldaten): Er erklärt derartiges Verhalten nicht damit, dass die Täterinnen und Täter menschliche „Ungeheuer" gewesen sind, sondern, dass ein entsprechendes (politisches oder militärisches) System, das bestimmte Rollenmuster vorgibt, unter bestimmten Voraussetzungen das Individuum pervertieren kann (der sogenannte „Luzifereffekt", Zimbardo, 2007)[1].

Wie dieses Experiment auf eindrucksvolle Weise zeigt, sind wir empfänglich und anfällig für den situativen Einfluss durch unsere soziale Umwelt. Wir leben nicht in einem sozial luftleeren Raum, sondern stehen in ständiger Interaktion mit anderen Menschen. Dabei ist es uns wichtig, dass wir mit anderen Menschen positiv interagieren und kommunizieren und mit ihnen positive Beziehungen aufbauen. Kurz: *Wir möchten von anderen Menschen positiv wahrgenommen, wertgeschätzt und akzeptiert werden.* Dieses Bedürfnis kann sogar so weit gehen, dass wir aufpassen, nicht negativ aufzufallen, anzuecken oder uns gegen die Gruppe zu stellen. Wenn Menschen ihre Meinungen und/oder

---

[1] Diese stark situationistische Perspektive wurde durch Zimbardo (2007) zwar auch relativiert (so hätten nicht alle „Wärter" sadistische Verhaltensweisen gezeigt und nicht alle „Häftlinge" Anzeichen von Depressivität und Hilflosigkeit, sodass die einzelne Person stets mit ihren Persönlichkeitsmerkmalen in der Wechselwirkung mit der Situation zu betrachten sei). Dennoch habe seiner Ansicht nach die Situation in einem weitaus stärkeren Maße zu den Vorkommnissen beigetragen als Persönlichkeitseigenschaften der Teilnehmer.

ihr Verhalten der Mehrheit (z. B. einer relevanten Gruppe) anpassen, wird von *Konformität* gesprochen. Auf diesen Begriff soll im Folgenden näher Bezug genommen werden.

10.2 Normativer Einfluss und Konformität

Wie wir bereits festgestellt haben, kann die tatsächliche oder nur vorgestellte Anwesenheit anderer Personen unser Verhalten nachhaltig beeinflussen. Da es uns sehr wichtig ist, von anderen Menschen akzeptiert und angenommen zu werden, verwundert es nicht, dass wir uns sehr häufig *konform* verhalten. Das heißt, dass wir unsere Meinungen und unser Verhalten oft dem Verhalten anderer Personen, in der Regel der Mehrheit, anpassen, um nicht unangenehm aufzufallen.

Nehmen wir noch einmal das Beispiel des exzessiven Alkoholtrinkens unter Jugendlichen (dem sogenannten *binge drinking* – dabei werden große Mengen an Alkohol in kürzester Zeit konsumiert)[2]: Warum verhalten sich viele Jugendliche so risikoreich in der Gruppe und gefährden damit ihre Gesundheit und im schlimmsten Fall ihr Leben? Würden die Jugendlichen derartige Mengen an Alkohol konsumieren, wenn sie alleine wären? Wohl eher nicht. Denn ein wichtiger Erklärungspunkt für dieses Verhalten ist das Bedürfnis nach Akzeptanz durch die Clique und Gleichaltrige (sogenannte Peers), das in der Jugendzeit besonders stark ausgeprägt ist (M. Gardner & Steinberg, 2005). Wenn nun in der Peergroup oder im unmittelbaren Freundeskreis die Gruppennorm gilt „Alkohol trinken bis zum Umfallen ist cool!", dann werden Jugendliche sich an diese Norm halten und konform mit der Gruppe gehen, mit dem Ziel, einen positiven Eindruck bei den anderen zu hinterlassen. *Normen* stellen implizite oder explizite Regeln oder „ungeschriebene Gesetze" einer Gruppe dar, deren Nichteinhaltung zu negativen Folgen und Sanktionen führen kann (z. B. ausgeschlossen zu werden). Je wichtiger einer Person die

---

[2] Natürlich ist das *binge drinking* kein Phänomen, das sich nur auf die Gruppe Jugendlicher beschränkt, sondern auch unter Erwachsenen aus allen sozialen Schichten praktiziert wird.

Gruppe ist, desto eher wird sie sich auch an die Gruppennorm halten. In diesem Fall wird auch von *normativem sozialem Einfluss* gesprochen. Wie der Begriff normativ schon nahelegt, ist die Orientierung an der Gruppennorm zentral. Normativer Einfluss führt sehr häufig zur Angleichung an die Mehrheitsmeinung. Interessant ist jedoch, dass dies nicht zwangsläufig mit einer inneren Überzeugung einhergehen muss: Sicherlich wird nicht jeder Jugendliche, der sich an die Gruppennorm des „Komasaufens" hält, innerlich die Meinung vertreten, dass Rauschtrinken auch etwas Positives und Erstrebenswertes sei. Dennoch wird der Großteil der Jugendlichen eine gruppenkonforme Meinung nach außen hin vertreten und höchstwahrscheinlich ihr Verhalten der Mehrheit der Gruppe anpassen, um nicht als Außenseiter dazustehen. In diesem Fall wird auch von sogenannter *Compliance* (*öffentliche Zustimmung ohne private Akzeptanz*) gesprochen: Es wird öffentlich Konformität gezeigt, wobei eine innere Überzeugung bzw. eine private Akzeptanz der Meinungen und Verhaltensweisen nicht gegeben sein muss. Der Gegenspieler hierzu ist die sogenannte *Konversion* (*öffentliche Zustimmung mit privater Akzeptanz*): Diese besagt, dass Personen Konformität zeigen (z. B. ihre Meinung und/oder ihr Verhalten der Mehrheit anpassen), und auch innerlich davon überzeugt sind, dass diese Meinung bzw. dieses Verhalten in Ordnung ist. Dieser Prozess tritt vor allem in solchen Situationen auf, in welchen Individuen sich unsicher fühlen und Menschen in ihrer unmittelbaren Umgebung als Informationsquelle heranziehen. Denken Sie an Ihren ersten Tag an der Universität: Da Sie noch unsicher sind und die Räumlichkeiten nicht kennen, werden Sie sich an Ihren Kommilitonen orientieren und ihnen gegebenenfalls nachlaufen. Ihre Mitstudenten dienen in diesem Fall als Informationsquelle – es wird auch vom *informativen sozialen Einfluss* gesprochen.

Es lässt sich somit festhalten, dass wir unter normativem Einfluss den Einfluss anderer Menschen verstehen, der dazu führt, dass wir Konformität zeigen (bzgl. Meinungen und/oder Verhalten) mit dem Ziel, von anderen Menschen akzeptiert zu werden. Die Rolle des normativen Einflusses wurde in einer Reihe bekannter klassischer Experimente von Solomon Asch in den 1950er-Jahren untersucht (Asch, 1951, 1956).

Diese Experimente demonstrieren auf beeindruckende Art und Weise, wie stark sich Individuen in ihrem Urteil von einem offensichtlich falschen Urteil der Mehrheit beeinflussen lassen.

Das Linienexperiment von Asch (1951)

Versuchspersonen nahmen an einer vermeintlichen „Wahrnehmungsaufgabe" teil. Sie sahen Dias mit verschiedenen Linien, die sich hinsichtlich ihrer Längen eindeutig unterschieden. Es gab eine Referenzlinie (X) und drei Vergleichslinien (A, B, C), wobei eine der Vergleichslinien deutlich erkennbar die gleiche Länge wie die Referenzlinie aufwies (siehe Abbildung 10.1). Die Aufgabe für die Versuchspersonen bestand nun darin, die Länge der Referenzlinie mit den anderen drei Linien zu vergleichen. Der Versuch wurde in einer Gruppe mit acht Personen durchgeführt, wovon jedoch sieben Personen sogenannte Konföderierte (d. h. Verbündete des Versuchsleiters) waren. Insgesamt wurden 18 Durchgänge durchgeführt; davon gaben in 12 Durchgängen die Konföderierten eine offensichtlich falsche Antwort, bevor die eigentliche Versuchsperson ihre Antwort äußerte. Als Ergebnis zeigte sich der Gruppenkonformitätseffekt: 75 % der tatsächlichen Versuchspersonen folgten dem Urteil der Gruppe und schlossen sich mindestens einmal dem falschen Urteil der Mehrheit an.

Wie konnte es sein, dass so viele Versuchsteilnehmer mit der Gruppe konform gingen, auch wenn ihnen klar war, dass sie ein offensichtlich falsches Urteil öffentlich abgaben? Nach Asch spielte der normative soziale Einfluss in der Gruppe eine entscheidende Rolle: Auch wenn die Versuchsteilnehmer die anderen Teilnehmer nicht kannten, wollten sie es vermeiden, sich negativ von der Gruppe abzuheben und somit negativ aufzufallen. Nun könnte natürlich kritisch angeführt werden, dass die Versuchspersonen deshalb falsch urteilten, weil sie dachten, dass die anderen Gruppenteilnehmer einfach besser im Einschätzen der Linienlängen waren und somit tatsächlich korrekt in ihren Ein-

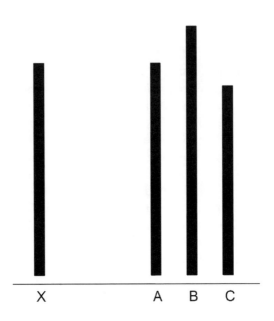

X   A   B   C

Abbildung 10.1: Das Linienexperiment von Asch (1951): Referenzlinie und Vergleichslinien

schätzungen lagen. Es zeigte sich aber in einer Nachfolgestudie, dass die Fehlerrate erstaunlich sank, wenn die Antworten durch die Versuchspersonen nicht laut, sondern schriftlich abgegeben wurden. In diesem Fall wirkte kein normativer Einfluss der Gruppe, da die anderen Gruppenmitglieder die Antworten ja nicht erfuhren. Auch zeigte sich in späteren Interviews mit den Versuchspersonen, dass viele den anderen Gruppenmitgliedern nicht geglaubt hatten, aber sie dennoch der Gruppe in ihrem Urteil folgten, um nicht ausgelacht zu werden (siehe: öffentliche Compliance ohne private Zustimmung). Die Befunde aus Aschs Experimenten sind auch deshalb so spektakulär, weil es sich bei der Gruppe um völlig fremde Personen handelte, bei denen eine soziale Missbilligung oder ein sozialer Ausschluss eigentlich nicht weiter wichtig gewesen wäre. Die Forschung zeigt aber eindeutig, dass wahrgenommene Zurückweisung von fremden Personen, die wir sogar als unsympathisch empfinden können, als ähnlich stressreich und schmerzhaft empfunden wird, wie Zurückweisung durch uns bekannte Personen (z. B. Gonsalkorale & Williams, 2007). Interessanterweise war die hohe Konformitätsrate unter den Versuchspersonen auch der Tatsache geschuldet, dass sich die anderen Gruppenmitglieder in ihren (falschen) Urteilen stets einig gewesen sind. In einer Variation seiner Studie konnte Asch aber zeigen, dass Uneinstimmigkeit bzw. Dissens in der Gruppe den normativen sozialen Einfluss auf die Gruppe abschwächte: Wenn ein Konföderierter die richtige Linie wählte, reduzierte sich die Konformität unter den Versuchspersonen dramatisch (siehe V. L. Allen & Levine, 1971). Auch konnte gezeigt werden, dass die Konformität unter den Versuchspersonen mit abnehmender Gruppengröße sank.

Wir haben festgestellt, dass Menschen aus Angst vor sozialer Missbilligung konformes Verhalten zeigen. Wie wir aber wissen, ist nicht jede Interaktion mit einer anderen Person positiv und obwohl wir uns bemühen, gelingt es nicht immer, positive und harmonische Beziehungen mit anderen Menschen aufzubauen. Dies kann zum einen an interpersonellen Konflikten liegen, aber auch einfach daran, dass Personen Zielscheibe von Vorurteilen sind, die zu Ausgrenzung und Diskriminierung führen können. Die bisherige Forschung zu diesem Bereich zeigt eindeutig, dass Menschen sozialen Ausschluss als sehr negativ, ja bedrohlich empfinden (K. D. Williams, 2007). Doch warum ist das so? Warum möchten wir, dass andere uns akzeptieren und wir nicht isoliert sind?

10.3 Motive sozialen Anschlusses und interpersoneller Akzeptanz

Zunächst ist einmal festzuhalten, dass wir sozialen Anschluss und Akzeptanz in den unterschiedlichsten Bereichen unseres Lebens suchen, z. B. in einer Liebesbeziehung, bei Gleichaltrigen, in der Familie, aber auch in der Schule oder am Arbeitsplatz. Das liegt daran, dass Menschen *soziale Wesen* sind und ein angeborenes Bedürfnis haben, sich mit anderen Menschen zu affiliieren (d. h. den Kontakt mit anderen Menschen zu suchen; siehe Bowlby, 1969). Aus evolutionärer Sicht macht es auch Sinn, dass wir eine starke Motivation verspüren, Einsamkeit und Isolation zu vermeiden und die Nähe anderer Menschen zu suchen. Soziale Beziehungen haben evolutionsbedingt als eine Art Überlebens- und Reproduktionsgarantie fungiert – wir waren einfach abhängig von anderen Gruppenmitgliedern. Unsere Vorfahren hätten kaum eine Chance gehabt, sich alleine Nahrung zu beschaffen oder gegen Fressfeinde zu verteidigen, wenn sie aus der Gemeinschaft ausgeschlossen worden wären. Auch wäre unter sozialer Isolation der Zugang zu potenziellen Geschlechtspartnern unmöglich gewesen. Die damaligen Menschen konnten somit in ihrer lebensfeindlichen Umwelt nur überleben, weil sie in Gruppen zusammenlebten und sich gegenseitig unterstützten (z. B. im Ackerbau, bei der Jagd und bei der Versorgung des Nachwuchses; z. B. Buss, 2004)[3]. Da Gruppenzugehörigkeit die Überlebens- und Reproduktionswahrscheinlichkeit erhöht, hat die Evolution dafür gesorgt, dass wir uns in der Gesellschaft anderer psychisch und körperlich gut und zufrieden fühlen und unter Isolation unsicher und schlecht (siehe Cacioppo & Patrick, 2008). Daraus

---

[3] Es stellt sich an dieser Stelle natürlich die Frage, weshalb unsere Vorfahren überhaupt andere Mitglieder der Gruppe ausgegrenzt haben, wenn dies die Wahrscheinlichkeit eines früheren Todes erhöht hat. Sozialer Ausschluss diente (wie auch heute noch) dazu, Gruppenmitglieder zu bestrafen oder zu sanktionieren, die sich nicht an die Gruppennorm hielten oder versuchten, die Gruppe auszunutzen und durch ihr Verhalten das Fortbestehen der Gruppe gefährdeten. Auch wurden Träger einer ansteckenden Krankheit ausgeschlossen, um den Fortbestand und den Reproduktionserfolg der Gruppe zu sichern (Kurzban & Leary, 2001).

entwickelte sich das fundamentale Bedürfnis, mit anderen Menschen zu affiliieren und Mitglied in sozialen Gruppen zu sein. Wir sprechen nach Baumeister und Leary (1995) auch von dem sogenannten *„need to belong"* (Bedürfnis nach Zugehörigkeit). Evolutionspsychologen argumentieren, dass dieses Bedürfnis universal ist, d. h. angeboren und kulturübergreifend: So sind Menschen in allen Gesellschaften bestrebt, positive und im Idealfall langfristige Beziehungen mit anderen Menschen aufzubauen. Gleichzeitig empfinden Menschen die Auflösung von (positiven) Beziehungen kulturübergreifend als stressreich und negativ. Auch John Bowlby, Entwicklungspsychologe und Begründer der Bindungstheorie, hatte schon die Theorie aufgestellt, dass das Bedürfnis nach Bindung biologisch angelegt, d. h. angeboren sei (Bowlby, 1969). Nach Bowlby würden schon Säuglinge die Nähe und die enge Bindung zu anderen (vertrauten) Personen suchen, da, evolutionär betrachtet, die Bindung an eine oder mehrere Bezugspersonen ihr Überleben sichern würde.

Jetzt könnte natürlich die Behauptung aufgestellt werden, dass sich dieses Bedürfnis sicherlich von Mensch zu Mensch unterscheidet: Vielleicht gehören Sie ja auch zu diesen Personen, die gerne alleine sind und nicht ständig die Gesellschaft anderer Menschen suchen. Die Forschung bestätigt, dass Menschen sich in der Stärke ihres Bedürfnisses nach sozialer Einbindung *unterscheiden* – so empfinden manche Menschen einen vergleichsweise geringeren Wunsch nach sozialer Einbindung und dementsprechend auch weniger Stress bei fehlendem Anschluss. Andere Personen hingegen weisen hohe Werte in ihrem *„need-to-belong"* auf, sodass sie ständigen Kontakt zu ihrer Umwelt suchen und mehr Stress empfinden, wenn ihr Bedürfnis nach Zugehörigkeit nicht (ausreichend) befriedigt wird. Es besteht demnach ein individueller Bedarf an sozialer Einbindung – das Bedürfnis nach Zugehörigkeit ist demnach sehr subjektiv und individuell verschieden. Dennoch lässt sich festhalten, dass alle Menschen ein Mindestmaß an sozialer Einbindung brauchen – unabhängig davon, ob Personen ein hohes oder niedriges Bedürfnis nach Zugehörigkeit haben (für einen Überblick siehe Cacioppo & Patrick, 2008).

10.4 Sozialer Ausschluss und seine Folgen

Wie bereits erläutert wurde, brauchen Menschen das Gefühl sozialer Einbettung und Akzeptanz. Auch wenn in unserer heutigen Zeit niemand mehr behaupten würde, dass Menschen sterben müssen, wenn sie durch ihre soziale Umwelt ausgegrenzt werden, wird dennoch in der Literatur vom sogenannten „sozialen Tod" (*social death*; K. D. Williams, 2007), gesprochen, denn anhaltende Ausgrenzung oder Gefühle von Einsamkeit kommen einem psychischen Tod sehr nahe. Im folgenden Kapitel soll daher auf Formen und Folgen sozialer Ausgrenzung eingegangen werden.

10.4.1 Formen sozialer Ausgrenzung

Wir brauchen den sozialen Anschluss, um psychisch und physisch gesund zu bleiben. Die Forschung in diesem Bereich zeigt eindrucksvoll, dass Personen, die sich ausgegrenzt (oder auch einsam und alleine) fühlen, nachweislich häufiger psychisch und physisch krank sind, mehr negative Emotionen empfinden und unter Stress leiden (K. D. Williams & Nida, 2011). Soziale Ausgrenzung kann hierbei unterschiedliche Formen annehmen. Personen können explizit ausgeschlossen werden, sodass (meist öffentlich) kommuniziert wird, dass eine Person nicht gewollt ist bzw. nicht akzeptiert wird (z. B. durch andere Gruppenmitglieder). Es gibt aber auch subtilere Formen sozialer Ausgrenzung, wie etwa das Ignoriert-Werden. Kipling Williams, einer der bekanntesten Forscher in diesem Bereich, spricht auch von „silent treatment": Personen werden nicht beachtet, es wird nicht mit ihnen gesprochen oder sie werden nicht angeschaut – sie werden sozusagen wie „Luft behandelt" (K. D. Williams, Shore & Grahe, 1998). Durch diese Verhaltensweisen wird signalisiert, dass kein Kontakt zum Gegenüber gewünscht wird oder, dass schlicht kein großes Interesse an dieser Person besteht. Diese Form der Ausgrenzung wird als sehr schmerzhaft empfunden – zum Teil berichten Betroffene, dass der Akt des bewussten und unbewussten Ignorierens aversiver wahrgenommen wird als der explizite Ausschluss, da kaum eine Möglichkeit gesehen wird, Einfluss auf den oder die Täter auszuüben. Wenn die eigene Person als „nicht-existent" wahrgenommen wird, kann dies zu Gefühlen von Hilflosigkeit, Entfremdung und Depressivität führen (K. D. Williams, 2007).

Es bestehen nicht nur unterschiedliche Formen sozialer Ausgrenzung; Ausgrenzung kann auch auf verschiedenen Ebenen stattfinden. Beispielsweise können wir uns durch unsere Freunde, Familie oder Arbeitskollegen ausgeschlossen fühlen, also von Menschen, die wir mögen oder die uns nahestehen. Wenn Sie einmal konkret darüber nachdenken, werden Ihnen sicherlich Episoden in Ihrer Biographie einfallen, in welchen Sie selbst ausgegrenzt wurden oder als Ausgrenzer, d. h. als Täter oder Täterin, aktiv waren. Die Gründe für den Ausschluss können hierbei sehr unterschiedlich sein: Diese können beispielsweise zurückgeführt werden auf interpersonelle Konflikte, Machtungleichheiten zwischen Personen, Bestrafung, Manipulation, oder aber auch einfach nur, weil Personen (feindselige) Vorurteile gegenüber anderen Menschen haben. Das bedeutet, dass Formen sozialer Ausgrenzung auch gesellschaftlich und kulturell bedingt sind, denn in jeder Gesellschaft existieren Vorurteile gegenüber Mitgliedern unterschiedlichster Gruppierungen, die von Kultur zu Kultur variieren. Laut einer Studie von Zick, Küpper und Hövermann (2011) unterscheiden sich beispielsweise europäische Länder stark in ihrem Ausmaß an Rassismus (Ablehnung von Menschen aufgrund ihrer äußerlichen ethnischen Merkmale), Sexismus (Vorstellung der Ungleichwertigkeit der Geschlechter) oder Homophobie (Abwertung von Menschen mit gleichgeschlechtlicher sexueller Orientierung; siehe Zick et al., 2011). Die Frage, die sich hier natürlich stellt, ist, wie es eigentlich dazu kommt, dass bestimmte Personengruppen Opfer von Vorurteilen und Diskriminierung werden? Und was genau versteht die Sozialpsychologie eigentlich unter einem Vorurteil?

10.4.2 Vorurteile, Stereotype und Diskriminierung

Als *Vorurteil* wird die negative Bewertung bzw. die ablehnende oder feindselige Haltung gegenüber Gruppen oder Personen allein aufgrund der angenommenen Gruppenzugehörigkeit bezeichnet (Allport, 1954). Im Allgemeinen sind mit dem Begriff „Vorurteil" negative Einstellungen gegenüber anderen Menschen gemeint, aber natürlich existieren auch positive Vorurteile.

Abzugrenzen von dem Begriff Vorurteil ist der Begriff des *Stereotyps*, der sehr häufig im Zusammenhang mit Vorurteilen fällt: Unter Stereotypen verstehen wir verallgemeinernde Zuschreibungen bestimmter Eigenschaften auf alle Mitglieder einer Gruppe. Diese Zuschreibungen müssen nicht zwangsläufig negativ konnotiert sein, sondern können auch neutral oder positiv sein. Ein Beispiel für ein positives Stereotyp wäre „Alle Afroamerikaner sind sportlich", ein negatives hingegen „Dicke Menschen sind faul." Es kann auch gesagt werden, dass bei einem Stereotyp allen Mitgliedern einer Gruppe bestimmte Eigenschaften zugeschrieben werden, die positiv, neutral oder negativ sein können, ohne dabei die Variation innerhalb der Gruppe zu beachten (natürlich sind nicht alle Afroamerikaner sportlich und nicht alle dickleibigen Menschen faul). Unter Stereotyp verstehen wir somit eine *verallgemeinernde Annahme* über eine Gruppe von Menschen – Stereotypisierung stellt somit einen *kognitiven Prozess* dar und muss nicht zwangsläufig zu einer Kränkung oder gar Diskriminierung führen. Vorurteile hingegen beinhalten eine *emotionale Komponente*, d. h. sie sind in den meisten Fällen emotional negativ aufgeladen. Ein Beispiel für ein negatives Vorurteil wäre in diesem Fall „Ich bin der Überzeugung, dass dicke Menschen faul sind (und dadurch am Arbeitsplatz weniger leisten)." Diese negative Emotionalität, die Vorurteilen eigen ist, macht es so schwer, sie zu entkräften oder aus der Welt zu schaffen (schon Albert Einstein hatte festgestellt, dass es leichter sei, ein Atom zu zertrümmern als ein Vorurteil!).

Sie sehen, dass Stereotype und Vorurteile in einem engen Zusammenhang stehen, sich aber eben dadurch unterscheiden, dass Vorurteile emotional aufgeladen sind. Nun zeigt sich aber, dass es in vielen Fällen nicht bei dem Vorhandensein von Vorurteilen gegenüber bestimmten Personen bzw. Gruppen bleibt: Vorurteile können in ausgrenzendem, abwertendem oder gar schädigendem Verhalten gegenüber anderen Personen resultieren, sodass in diesem Fall von *Diskriminierung* gesprochen wird (Dovidio, Hewstone, Glick & Esses, 2010). Die Sozialpsychologie hat es sich u. a. zum Ziel gemacht, die Entstehung und Manifestation von Stereotypen und Vorurteilen in Einstellung und Verhalten zu erforschen und zu erklären. Insbesondere im US-amerikanischen Raum gibt es eine lange Forschungstradition zu Rassismus und Stereotypisierung von Afroamerikanern. Neuere Forschungsergebnisse verdeutlichen, dass negative Stereotype über Afroamerikaner, wie gefährlich, gewaltbereit und kriminell, immer noch in den Köpfen von weißen amerikanischen Versuchspersonen vorhanden sind. In interessanten Laborexperimenten konnte gezeigt werden, dass sich diese negativen Stereotype auch auf die Wahrnehmung von Objekten auswirken.

Studie zum Einfluss von Stereotypen auf die Wahrnehmung (Payne, 2001)

Weiße Versuchsteilnehmer sahen für Sekundenbruchteile (200 ms) ein weißes oder ein afroamerikanisches Gesicht auf einem Bildschirm. Danach wurde ihnen am Bildschirm ein weiterer Stimulus, ein Gegenstand, präsentiert. Die Aufgabe der Versuchspersonen bestand nun darin zu entscheiden, ob das visuell präsentierte Objekt ein harmloses Werkzeug oder eine Waffe darstellt. Es wurde hierbei unterschieden zwischen einer Gruppe, die unter Zeitdruck antworten musste (Zeitvorgabe 500 ms) und einer, die keine zeitliche Einschränkung hatte. Als Ergebnis zeigte sich, dass insbesondere die Versuchspersonen unter Zeitdruck ein Objekt als Waffe fehlidentifizierten, wenn das Objekt zeitlich nach einem afroamerikanischen Gesicht präsentiert worden war. Die Ergebnisse deuten somit darauf hin, dass afroamerikanische Gesichter automatisch eher mit

Waffen assoziiert wurden als Gesichter von weißen Personen.

Das Ergebnis der Studie zeigt, dass mit der Wahrnehmung der schwarzen Hautfarbe eines Menschen ein Stereotyp aktiviert wird, welches Afroamerikaner mit Gewalt und Gefahr in Verbindung bringt, insbesondere dann, wenn Menschen unter Zeitdruck stehen. In der Sozialpsychologie spricht man in diesen Fällen auch von *automatisch aktivierten Stereotypen* oder von *impliziten* Stereotypen bzw. Einstellungen: Hiermit sind Prozesse gemeint, die ganz automatisch, unbewusst und damit nicht willentlich ablaufen und somit nicht der kognitiven Kontrolle der Versuchsperson unterliegen.

Ähnliche Untersuchungen wurden auch im deutschsprachigen Raum durchgeführt, wobei hier der Fokus auf der Erforschung von Stereotypen, Vorurteilen und der Diskriminierung gegenüber Menschen mit türkischen und arabischen Wurzeln liegt. Beispielsweise konnten Unkelbach und Kollegen zeigen, dass in einer Computerspielsimulation eher auf Muslime geschossen wurde als auf Nicht-Muslime (Unkelbach, Forgas & Denson, 2008). In einer Reihe von Feldexperimenten konnten Klink und Wagner (1999) zeigen, dass ausländisch wirkenden Personen, die nach dem Weg fragten, signifikant häufiger die Auskunft verweigert wurde als Personen mit nicht-ausländischem Aussehen. Auch wurden Mitfahrangebote in einer Mitfahrzentrale deutlich seltener angenommen, wenn sie unter ausländischen Namen angeboten wurden, „verlorene Briefe" mit ausländischem Absender seltener in den Briefkasten geworfen und ausländischen Interessenten seltener Angebote für Wohnungsbesichtigungen gemacht wurden. Neuere Studien veranschaulichen weiterhin, dass Vorurteile und diskriminierendes Verhalten die Chancengleichheit auf dem Arbeitsmarkt wesentlich behindern. In einer Studie von Kaas und Manger (2010) erhielten Bewerberinnen und Bewerber mit türkischem Namen signifikant weniger Rückrufe von Arbeitgebern auf ihre Bewerbung als Stellenbewerber mit deutschen Namen.

Die aufgeführten Beispiele sind natürlich nicht erschöpfend – nach wie vor sind sehr viele Menschen Opfer von Vorurteilen und gesellschaftlicher Benachteiligung nur aufgrund ihrer (zum Teil zugeschriebenen) Gruppenzugehörigkeit: Beispielsweise sind Frauen in den meisten Gesellschaften immer noch nicht dem Mann gleichgestellt und werden daher z. B. auch auf dem Arbeitsmarkt benachteiligt. Auch Menschen, die an einer physischen und psychischen Krankheit erkrankt sind, wie z. B. HIV oder Schizophrenie, leiden an gesellschaftlicher Stigmatisierung, die eine vollständige gesellschaftliche Teilhabe schwierig bis unmöglich macht.

10.4.3 Folgen sozialer Ausgrenzung

Erst Mitte der 90er-Jahre des 20. Jahrhunderts hat die Sozialpsychologie damit begonnen, sich gezielt mit den Auswirkungen sozialer Ausgrenzung und verwandter Phänomene auseinanderzusetzen (K. D. Williams & Nida, 2011). Mittlerweile gibt es eine große Anzahl von Studien, die belegen, dass sozial ausgegrenzte Personen unter hohem Stress und emotionaler Negativität leiden. Insbesondere dann, wenn die soziale Ausgrenzung sich über einen längeren Zeitraum erstreckt, kann dies dazu führen, dass sich die negativen Folgen auf die physische und mentale Gesundheit auswirken. Die Forschung zeigt beispielsweise, dass andauernder Stress, welcher durch Ausgrenzung und Ablehnung verursacht wurde (z. B. in der Schule oder am Arbeitsplatz), zu physiologischen Veränderungen des Herz-Kreislauf-Systems, des Hormonhaushalts und sogar der Immunabwehr führen kann (z. B. Maner, Miller, Schmidt & Eckel, 2010). Auch wurden ein erhöhter Cortisolspiegel und Blutdruckerhöhung bei Personen gemessen, die sich ausgegrenzt oder isoliert fühlen (z. B. Blackhart, Eckel & Tice, 2007). Diese Veränderungen ebnen wiederum den Weg für spätere Folgeerkrankungen. Des Weiteren konnte gezeigt werden, dass längerfristige Phasen sozialer Ausgrenzung zu Depressionen, Hilflosigkeit, einem Gefühl von Minderwertigkeit bis hin zum Suizid führen können (K. D. Williams & Nida, 2011).

Laborexperimente zeigen weiterhin, dass schon *kurzfristige Episoden* sozialer Ausgrenzung genügen, um Personen negativ zu beeinflussen.

Unmittelbar in der Situation des Ausschlusses werden grundlegende menschliche Grundbedürfnisse bedroht, wie z. B. der Selbstwert
(Leary, Tambor, Terdal & Downs, 1995) oder das Bedürfnis nach Kontrolle (K. D. Williams, 2007). Personen, die ausgegrenzt werden, berichten in den allermeisten Fällen, dass sie nicht mehr das Gefühl
haben, die Situation zu kontrollieren, da sie keine Möglichkeit sehen,
die Person oder die Personen, die sie ausgrenzt bzw. ausgrenzen, auf
positive Weise zu beeinflussen. Eine weitere Folge sozialer Ausgrenzung ist Schmerz. Hirnforscher konnten zeigen, dass ausgegrenzte
Personen regelrecht einen „sozialen Schmerz" empfinden, da unter
sozialer Ausgrenzung dieselben Gehirnareale aktiviert sind, die auch
bei physischen Schmerzen aktiv sind[4]. Hirnforscher deuten diesen
Gehirnbereich als neuronales Alarmsystem, das Alarm schlägt, wenn
Menschen sich in die Gefahr begeben, ausgegrenzt oder isoliert zu
werden: Da körperliche Verletzungen ebenso lebensbedrohlich sein
können wie sozialer Ausschluss oder Isolation, hat die Evolution es
so eingerichtet, dass das Gehirn bei beiden Gefahren Warnsignale in
Form von Schmerzen aussendet. Es ist somit nicht übertrieben, die
Aussage aufzustellen, dass soziale Ausgrenzung im wahrsten Sinne des
Wortes schmerzt. Denken Sie an diesen interessanten Befund, wenn
Sie sich nächstes Mal emotional „getroffen" fühlen, wenn eine Ihnen
nahestehende Person es verpasst hat, Ihnen zum Geburtstag zu gratu-
lieren oder schlicht vergessen hat, Sie zurückzurufen. Auch scheinbar
relativ triviale Handlungen anderer Personen, die überhaupt nicht als
„Ausgrenzung" intendiert sein müssen, können in Ihnen Stress und
Schmerzen auslösen.

Wir haben gesehen, dass das Gefühl, nicht akzeptiert zu werden, sich
sehr negativ auf unser Wohlbefinden und unsere Gesundheit auswirkt.
Zeigt sich dieser negative Effekt auch im Verhalten? Wie ändert sich
unser Verhalten, wenn wir uns ausgeschlossen fühlen?

Viele Experimente machen deutlich, dass soziale Ausgrenzung auch
negative Folgen auf das menschliche Verhalten ausübt. Werden wir

---

[4] Der sogenannte *dorsale Anteriore Cinguläre Cortex* (dACC; Eisenberger, Lieberman
& Williams, 2003)

ausgeschlossen, treten nicht nur Gefühle wie Traurigkeit oder Ängstlichkeit auf, sondern auch Emotionen wie Ärger und Feindseligkeit. Das Auftreten dieser Emotionen erhöht natürlich die Wahrscheinlichkeit aggressiven Verhaltens – nicht nur gegen den oder die Täter, sondern auch gegen unschuldige Dritte (Twenge, Baumeister, Tice & Stucke, 2001; Warburton, Williams & Cairns, 2006). Das Auftreten von Aggression nach sozialer Ausgrenzung wird in der Forschung zum einen damit erklärt, dass Personen durch ihre Aggressivität wieder Kontrolle und Einfluss über die Situation herstellen möchten, aber auch, dass der Wunsch nach Rache und Aufmerksamkeit besteht: Das Opfer möchte durch sein antisoziales Verhalten Aufmerksamkeit erregen – ganz nach der Devise: „Wenn ihr mich sonst nicht beachtet, dann muss ich eben zu solchen Mitteln greifen" (Leary, Twenge & Quinlivan, 2006; Twenge et al., 2001). Sehr tragische und gleichzeitig extreme Beispiele für aggressives Verhalten nach sozialer Ausgrenzung sind Amokläufe oder sogenannte *„school shootings"*, die in den letzten Jahrzehnten leider immer wieder an amerikanischen, aber auch europäischen Schulen und Universitäten beobachtet wurden. Leary und sein Forscherteam haben in einer Fallstudie den Zusammenhang von sozialer Ausgrenzung und dem Auftreten einer hochaggressiven Tat, wie einem Amoklauf, untersucht und als Ergebnis festgestellt, dass in 12 der 15 untersuchten Amokfälle, die in den USA von 1999 bis 2003 stattgefunden hatten, Formen sozialer Ausgrenzung wie Zurückweisung oder Mobbing vorlagen (Leary, Kowalski, Smith & Phillips, 2003). In diesem Zusammenhang ist ein weiterer interessanter Forschungsbefund zu erwähnen: Insbesondere scheinen sich solche Menschen nach sozialer Ausgrenzung aggressiv zu verhalten, die besonders hohe Narzissmuswerte aufweisen[5]. Forscher gehen davon aus, dass die Wechselwirkung aus sozialer Zurückweisung (z. B. durch Gleichaltrige) und narzisstischer Persönlichkeit der Opfer, aggressives bis hochaggressives Verhalten wahrscheinlicher macht (Twenge

---

[5] Personen mit einer narzisstischen Persönlichkeit neigen zu Selbstüberschätzung und Überempfindlichkeit (auch Aggression) gegenüber Kritik. Auch reagieren sie auf Misserfolg mit Ärger und einer Verminderung ihres an sich schon labilen Selbstwerts (für einen Überblick siehe Asendorpf, 2004).

& Campbell, 2003). Der Einfluss sozialer Aggression auf aggressives Verhalten wurde auch in Laborstudien gezeigt und bis dato in vielen Experimenten repliziert. So konnten beispielsweise Twenge et al. (2001) in ihren Studien demonstrieren, dass Versuchspersonen, die zuvor kurzzeitig ausgegrenzt worden waren, mehr Aggression zeigten als nicht ausgegrenzte Versuchspersonen. Sie setzten ihnen fremde Personen unangenehmen Geräuschen aus, ließen Personen scharfe Chilisauce essen und gaben negative Beurteilungen gegenüber potentiellen Bewerbungskandidaten ab.

Wir können somit festhalten, dass soziale Ausgrenzung eine ganze Reihe negativer Folgen auf den Menschen ausübt: auf seine Gesundheit, sein Wohlbefinden und auch auf sein soziales Verhalten. Diese Befunde legen den Schluss nahe, dass die Folgen sozialer Ausgrenzung immer negativ sind. Es existiert aber auch eine Reihe von Studien, die positive bzw. affiliative Reaktionen nach dem Erleben von sozialer Zurückweisung verzeichnen. Wie ja schon die klassische Studie von Asch verdeutlicht hat, neigen Menschen dazu, sich konform zur ihrer sozialen Umwelt zu verhalten, um akzeptiert und angenommen zu werden. So zeigen auch Experimente zu sozialer Ausgrenzung, dass Personen durchaus bemüht sind, sich der Gruppe bzw. den Menschen um sich herum anzupassen und durch ihr Verhalten versuchen, besonders sympathisch, attraktiv oder hilfsbereit zu wirken. Beispielsweise konnte gezeigt werden, dass ausgegrenzte Personen eine erhöhte Spendenbereitschaft zeigten (Carter-Sowell, Chen & Williams, 2008) oder bereit waren, solche Konsumprodukte zu wählen, die ihr Gegenüber ebenfalls präferierte, auch wenn diese Produkte eigentlich nicht ihren Präferenzen entsprachen (Mead, Baumeister, Stillman, Rawn & Vohs, 2011)[6]. Sozial ausgegrenzte Personen bemühen sich dementsprechend um mehr Kooperation und soziale Nachahmung mit dem Ziel, die Wahrscheinlichkeit einer Wiedereingliederung in die Gruppe zu erhöhen (Carter-Sowell et al., 2008; Maner, DeWall & Baumeister, 2007).

---

[6] Sozial ausgegrenzte Personen zeigten in dieser Studie eine Präferenz für Konsumgüter, die auf den ersten Blick alles andere als attraktiv und appetitlich erscheinen, z. B. Hühnerfüße.

Jetzt stellen Sie sicherlich (berechtigterweise) fest, dass diese Befunde ja widersprüchlich zu den zuvor vorgestellten Studienergebnissen sind: Es wurde ja ein eindeutiger Zusammenhang von sozialer Ausgrenzung auf aggressives Verhalten gezeigt. Dieser Widerspruch lässt sich nun folgendermaßen auflösen: Soziale Ausgrenzung führt dann zu mehr prosozialem (sozial positivem) Verhalten, wenn die ausgegrenzte Person in irgendeiner Weise *noch eine Möglichkeit auf Wiedereingliederung oder Akzeptanz* sieht (d. h. wenn sie noch eine Chance sieht, ihr Bedürfnis nach Zugehörigkeit zu befriedigen). Studien zeigen, dass hierbei allein die Erinnerung an soziale Kontakte sowie auch nur geringste Anzeichen von Akzeptanz (z. B. ein Lächeln) die Aggressionsbereitschaft beträchtlich reduzieren (siehe DeWall, Maner & Rouby, 2009; Maner et al., 2007). Doch was passiert, wenn die direkte soziale Interaktion mit einer anderen Person oder anderen Personen schwierig oder gar unmöglich ist? Hier gibt es spannende Forschungsbefunde, die zeigen, dass es Strategien gibt, um zumindest kurzfristig das Bedürfnis nach Zugehörigkeit zu befriedigen: Beispielsweise können Symbole, die an eine Beziehung erinnern (denken Sie an einen Ring, einen Brief oder ein Foto eines geliebten Menschen) den Stress sozialer Ausgrenzung mindern (W. L. Gardner, Pickett & Knowles, 2005).

Weitere Forschung zeigt, dass die Quellen potentieller Akzeptanz nicht zwangsläufig menschlicher Natur sein müssen: Aydin und Kollegen konnten in einem Laborexperiment zeigen, dass die Anwesenheit eines Hundes den Stress, der durch soziale Ausgrenzung ausgelöst wird, eindrucksvoll verringern kann (exkludierte Personen berichteten bei Anwesenheit eines Hundes beispielsweise über eine höhere Lebenszufriedenheit, ein höheres Selbstwertgefühl und mehr Optimismus). Dieser Effekt wird aber nicht nur über positive Emotionen erklärt, was bei der Anwesenheit eines Hundes ja als ein plausibler psychologischer Erklärungsmechanismus erscheint, sondern durch die Assoziation des Hundes mit *Gefühlen der Akzeptanz und des Eingebundenseins* (Aydin et al., 2012). In weiteren Experimenten konnte der aggressionsmindernde Einfluss von religiösen bzw. spirituellen Einstellungen demonstriert werden: Sozial ausgegrenzte Personen verhielten sich weniger aggressiv gegenüber anderen Personen, wenn sie zuvor über ihre Beziehung zu Gott (oder einer anderen höheren Macht) nachgedacht hatten als ausgegrenzte Personen, die nicht gebeten worden waren, über eine derartige Beziehung nachzudenken (Aydin, Fischer & Frey, 2010).

Es kann damit festgehalten werden, dass Aussicht auf soziale Akzeptanz durch andere Menschen den immensen Stress, der durch soziale Ausgrenzung ausgelöst wird, erfolgreich mindern kann. Gleichzeitig zeigt aber die Forschung auch, dass sogar nicht-menschliche Quellen von Akzeptanz zumindest kurzfristig einen positiven Effekt auf ausgegrenzte Menschen ausüben können. Diese spannenden Ergebnisse erweitern den bisherigen Stand der Forschung und tragen damit auch zur wissenschaftlichen Erkenntnis zum Umgang mit sozialer Ausgrenzung bei. Dennoch ist an dieser Stelle festzuhalten, dass der experimentelle Forschungsbereich zu sozialer Ausgrenzung vergleichsweise jung ist, ja sogar noch in den Kinderschuhen steckt. Es bleibt daher noch viel Raum für spannende Studien in diesem gesellschaftlich hoch relevanten Forschungsgebiet.

11 Entwicklungspsychologie der Lebensspanne

Judith Glück

11.1 Grundideen der Entwicklungspsychologie der Lebensspanne

Wie der Name schon sagt, befasst sich die Entwicklungspsychologie mit Entwicklung: also mit *Veränderungen, aber auch Stabilität in unserem Verhalten und Erleben* – über die gesamte Lebensspanne, von der Zeugung bis zum Tod. In welchem Ausmaß ist beispielsweise die Persönlichkeit oder die Intelligenz eines Menschen lebenslang stabil – und wenn es zu Veränderungen kommt, wodurch werden diese ausgelöst?

Lange Zeit lag der Schwerpunkt der entwicklungspsychologischen Forschung ganz eindeutig in der Kindheit und Jugend, mit dem Erreichen des Erwachsenenalters sahen die meisten Forscherinnen und Forscher den Menschen als „fertig" und damit für die Forschung nicht mehr so interessant an. Einige wenige interessierten sich für das höhere Alter, das aber hauptsächlich als negative, durch Abbauprozesse und Verluste gekennzeichnete Lebensphase angesehen wurde. Wenn man die kindliche Entwicklung untersucht, zeigen sich in vielen Bereichen relativ typische Stufenabfolgen der Entwicklung: Die Sprachentwicklung, die Entwicklung der Motorik oder die Entwicklung der Denkprozesse im Kindesalter folgen bei den allermeisten Kindern in etwa dem gleichen Ablauf, auch wenn es große Unterschiede in den Zeitpunkten gibt, zu denen bestimmte Entwicklungsschritte erfolgen. Dementsprechend konzentrierte sich die traditionelle Entwicklungspsychologie lange Zeit darauf, *Phasen- oder Stufenmodelle* der „typischen" Entwicklung in Kindheit und Jugend aufzustellen, um damit auch ernsthaft abweichende Entwicklungsverläufe identifizieren zu können (z. B. Piaget, 1985).

Wenn man sich fragt, wodurch Entwicklung in der Kindheit ausgelöst bzw. gesteuert wird, lassen sich vor allem zwei wichtige Faktoren identifizieren: einerseits *biologische Prozesse* und andererseits *Einflüsse der Umwelt* des Kindes. Zu den biologischen Faktoren zählen beispielsweise Reifungsprozesse des Gehirns und der Muskulatur. Zu den Umweltfaktoren zählt natürlich unter anderem das Verhalten der Eltern: Das Sprechenlernen etwa ist biologisch erst ab dem Zeitpunkt möglich, wo das Kind aufgrund seiner körperlichen Entwicklung in der Lage ist, das Zusammenspiel von Lippen, Zunge und Kehlkopf zu regulieren. Welche Sprache das Kind aber lernt und wie rasch es wie gut sprechen lernt, hängt natürlich davon ab, in welcher Sprache, wie viel und in wie förderlicher Form die Eltern mit dem Kind sprechen.

Ab dem Jugendalter jedoch, und mit zunehmendem Erwachsenenalter immer mehr, wird ein dritter Erklärungsfaktor wichtiger für das Verständnis von Entwicklungsprozessen. Die wenigsten jungen Erwachsenen würden vermutlich der Behauptung zustimmen, dass ihre Entscheidung für ein Psychologiestudium oder die Gründung einer Familie rein aufgrund des Zusammenspiels ihrer biologisch bedingten Eigenschaften und ihrer Umwelt zustande gekommen ist. Erwachsene Menschen sehen im Allgemeinen sich selbst als aktive Gestalterinnen oder Gestalter ihrer eigenen Lebensgeschichte – die beispielsweise auch in der Lage sind, sich in bestimmten Situationen eben genau nicht so zu verhalten, wie ihre Eltern es sich wünschen. Genauer betrachtet ist die Fähigkeit, die eigene Entwicklung selbst zu steuern, keineswegs auf das Erwachsenenalter beschränkt: Schon kleine Kinder können das Verhalten ihrer Bezugspersonen durch ihre Reaktionen beeinflussen. Und umgekehrt sind natürlich auch die Entscheidungen, die wir als Erwachsene treffen, letztlich abhängig von unseren biologischen Prädispositionen und den aktuellen und früheren Einflüssen unseres Umfeldes. Trotzdem spielt bei der psychologischen Betrachtung von Entwicklung im Erwachsenenalter die *Selbstregulation des Individuums*, also die Fähigkeit und der Wille des Menschen, sich selbst für oder gegen bestimmte Entwicklungspfade zu entscheiden, eine deutlich größere Rolle als in der Entwicklungspsychologie des Kindesalters. Das Gefühl, selbst Kontrolle über die wichtigen Bereiche des eigenen Lebens zu haben und Entscheidungen selbst treffen zu können, ist wichtig für unser Wohlbefinden (Brandtstädter, 1998; Heckhausen, 1999). Die moderne Entwicklungspsychologie beschreibt sich selbst daher zunehmend als *Entwicklungspsychologie der Lebensspanne*, in der der Entwicklung im Erwachsenenalter ebenso viel Bedeutung zugemessen wird wie der in der Kindheit.

Ein weiterer wichtiger Unterschied zwischen diesen Lebensphasen liegt darin, dass Entwicklungsverläufe im Erwachsenenalter *wesentlich weniger einheitlich* sind als in der Kindheit. Die allermeisten Kinder beginnen im Laufe des zweiten Lebensjahres zu sprechen, werden mit sechs Jahren eingeschult und so weiter. Im Erwachsenenalter gibt es keine so typischen Verläufe: Die meisten Menschen beginnen irgendwann mit einer beruflichen Tätigkeit, aber das kann mit 15 oder mit 30 Jahren geschehen. Die meisten gehen relativ feste Paarbeziehungen ein, aber es kommt auch immer wieder, und in allen Altersstufen, zu Trennungen. Auch die Gründung einer eigenen Familie ist heutzutage keineswegs mehr der einzige „normale" Lebensentwurf. Dementsprechend unterschiedlich sind auch die psychologischen Entwicklungsverläufe verschiedener Menschen: Wenn jemand im Alter von 20 Jahren zum ersten Mal Mutter oder Vater wird, wird diese Konfrontation mit einer großen persönlichen Verantwortung sich anders auswirken, als wenn das Gleiche mit 35 Jahren passiert. Unsere individuelle Lebensgeschichte beeinflusst also auch unsere psychologische Entwicklung.

Wann und wodurch kommt es eigentlich dazu, dass wir uns als Erwachsene verändern und weiterentwickeln? Wie das Beispiel des Eltern-Werdens schon gezeigt hat, sind häufig sogenannte *kritische Lebensereignisse*, also Erfahrungen, die unser Leben in irgendeiner Form verändern, der Auslöser von Entwicklungsprozessen. Typischerweise gibt es im Erwachsenenalter auch relativ lange Phasen der Stabilität, beispielsweise wenn ein berufstätiges Paar mit Kindern „dahinlebt", ohne viel an seiner Situation verändern zu können oder zu wollen. Durch bestimmte Ereignisse – eine Trennung, eine Krankheit, der Auszug des ältesten Kindes, ein Lottogewinn – verändert sich unser Leben, und damit verändern häufig auch wir selbst uns (Filipp & Aymanns, 2009). (Wie man sieht, lassen sich auch diese Auslöser von Entwicklung wieder in biologische, umweltbezogene und selbstregulative Einflussfaktoren einteilen.) Wie jemand mit solchen Veränderungen umgeht, das hängt natürlich wiederum von der Vorgeschichte, von Persönlichkeitseigenschaften und Kompetenzen der betreffenden Person ab, wodurch sich die Unterschiedlichkeit der Entwicklungsverläufe verschiedener Menschen noch erhöht.

Die Entwicklungspsychologie des Erwachsenenalters interessiert sich deshalb besonders dafür, wie verschiedene Menschen mit Veränderungen umgehen: Der Eintritt in den Ruhestand zum Beispiel wird von manchen positiv gesehen und als Start in einen neuen, spannenden Lebensabschnitt betrachtet, während er für andere den zutiefst deprimierenden Verlust eines wichtigen und unersetzlichen Lebensinhalts darstellt. Entwicklungspsychologische Forschung untersucht, wovon es abhängt, wie Menschen dieses Ereignis erleben und bewältigen. Neben Eigenschaften des zuvor ausgeübten Berufs (eine ungeliebte, langweilige Tätigkeit gibt man natürlich leichter auf als eine spannende und bereichernde) spielen hier beispielsweise auch Personeneigenschaften (z. B. Offenheit für neue Erfahrungen, Flexibilität, Interessen) und das soziale Umfeld (z. B. objektive und subjektive Nähe zu Freundinnen und Freunden sowie zur Familie) eine Rolle.

Die moderne Entwicklungspsychologie versucht also zu verstehen, wie unterschiedliche Entwicklungsverläufe zustande kommen (Glück

& Heckhausen, 2006): Wie wirkt sich das Wechselspiel von Lebensereignissen und inneren und äußeren Bewältigungsressourcen einer Person auf ihre lebenslange Entwicklung aus? Grundsätzlich wird dabei angenommen, dass die Entwicklung eines Menschen erst mit dem Tode abgeschlossen ist – wir verändern uns lebenslang weiter. Und wir entwickeln uns in sehr unterschiedliche Richtungen: So können beispielsweise schwierige Lebenserfahrungen wie Verluste oder Trennungen bei einem Menschen zu einer verschlossenen und verbitterten Einstellung gegenüber anderen Menschen und dem Leben an sich führen, während sie für einen anderen Auslöser für Lernprozesse, psychologisches Wachstum und die Entwicklung von Weisheit sind. Zu verstehen, welche Eigenschaften von Personen und Situationen solche unterschiedlichen Entwicklungsverläufe verursachen, ist eines der großen Themen der Entwicklungspsychologie der Lebensspanne.

11.2 Weisheit: Ein Ideal positiver Entwicklung im Erwachsenenalter

Einer der Schwerpunkte unserer Forschungsarbeit an der Abteilung für Entwicklungspsychologie des Klagenfurter Instituts für Psychologie ist die Weisheit, die ein gutes Beispiel für die Sichtweisen der modernen Entwicklungspsychologie darstellt: Weisheit entwickelt sich über die ganze Lebensspanne weiter. Ihre Entwicklung wird durch biologische Faktoren, wie etwa körperliche Alterungsprozesse, Umweltfaktoren, wie etwa den Einfluss anderer Menschen, und die Selbstregulation des Individuums, wie etwa die Art, wie schwierige Erfahrungen verarbeitet werden, beeinflusst. In den folgenden Abschnitten werde ich aktuelle Antwortversuche der psychologischen Forschung auf drei Fragen zusammenfassen: Was ist Weisheit überhaupt, kann man sie psychologisch „messen", und wie entwickelt sie sich? Weisheit ist zweifellos eine der komplexesten Eigenschaften, mit denen sich die Psychologie befassen kann, und manche Wissenschaftlerinnen und Wissenschaftler sind der Meinung, dass sie grundsätzlich unerforschbar ist. In den letzten 30 Jahren hat die Weisheitsforschung in der Psychologie jedoch deutlich zugenommen, obwohl es sich immer noch um ein sehr kleines Forschungsgebiet handelt. Auch in anderen Disziplinen und in der Öffentlichkeit steigt das Interesse am Thema Weisheit – vielleicht, weil Weisheit eine von wenigen Eigenschaften ist, die allgemein als erstrebenswert angesehen und zugleich stark mit dem höheren Alter assoziiert werden, und wir schon allein aufgrund der aktuellen demographischen Veränderungen an positiven Entwicklungen im Alter interessiert sind. Vielleicht erzeugt auch die heutige Zeit, mit ihrem hohen Maß an individueller Wahlfreiheit und geringer Vorhersehbarkeit, zukünftiger Entwicklungen bei vielen Menschen den Wunsch nach mehr Wissen darüber, wie ein „gutes Leben" aussehen könnte.

11.2.1 Was ist Weisheit?

Psychologinnen und Psychologen sind dafür bekannt, dass sie die Eigenschaften, die sie untersuchen, zunächst einmal möglichst genau definieren wollen: Wenn man Weisheit erforschen möchte, muss man zunächst einmal festlegen, woran man sie eigentlich erkennt. Eine Definition für Weisheit zu finden, der sich alle Weisheitsforscherinnen und -forscher anschließen können, ist bisher noch niemandem gelungen. Auf einige Definitionsversuche werde ich weiter unten eingehen, zunächst möchte ich aber die Ergebnisse von Studien zusammenfassen, die sogenannte *Laientheorien* über Weisheit untersucht haben, also das, was „ganz normale Menschen" unter Weisheit verstehen. Die Ergebnisse dieser Studien stimmen recht gut überein und liefern ein interessantes Bild des allgemeinen Verständnisses des Begriffs. Einige Wissenschaftlerinnen und Wissenschaftler haben sich an solchen Studien auch bei der Ableitung ihrer Definitionen von Weisheit orientiert (z. B. Ardelt, 2000), während andere eher auf philosophische und theologische Traditionen Bezug nehmen (z. B. Baltes & Staudinger, 2000).

Die meisten Menschen können nach kurzem Nachdenken eine recht gute Antwort auf die Frage geben, was sie unter Weisheit verstehen:

Sie können typische Eigenschaften weiser Menschen aufzählen, Personen beschreiben, die sie für weise halten, und auch von Erlebnissen berichten, bei denen sie meinen, selbst weise gewesen zu sein. Schon die allermeisten Kinder im Grundschulalter kennen den Begriff Weisheit und können zentrale Charakteristika weiser Personen angeben (Glück, Bischof & Siebenhüner, 2012). Die meisten Eigenschaften, die Erwachsene typischerweise mit Weisheit assoziieren, lassen sich drei großen Kategorien zuordnen (Clayton & Birren, 1980; Ardelt, 2000):

- Die *kognitive Komponente* von Weisheit umfasst Lebenserfahrung, Wissen und bestimmte Formen von Intelligenz, insbesondere das Erfassen komplexer Zusammenhänge.

- Die *reflektive Komponente* schließt eine generelle Nachdenklichkeit, die Fähigkeit, unterschiedliche Perspektiven einzunehmen, eine selbstkritische Haltung sowie Offenheit und Toleranz für andere Sichtweisen ein.

- Zur *affektiven Komponente* gehören einerseits Empathie und Wertschätzung gegenüber anderen, andererseits die Fähigkeit, die eigenen Gefühle zu erkennen und auch, wenn erforderlich, zu regulieren.

Viele betrachten die kognitive und die reflektive Komponente als sehr typisch für Weisheit, bei der affektiven Komponente zeigen sich hingegen Altersunterschiede: Während viele Jugendliche und junge Erwachsene Aspekte wie Mitgefühl und Wärme als weniger wichtig für Weisheit ansehen, sieht die Mehrheit der älteren Menschen diese Eigenschaften als ebenso zentral an wie Lebenserfahrung (Glück & Bluck, 2011). Wir vermuten, dass vielen Menschen durch die Erfahrungen des Erwachsenenalters – beispielsweise in Paarbeziehungen oder in der Elternrolle – bewusst wird, dass kognitive Fähigkeiten allein für die gute Bewältigung vieler Schwierigkeiten nicht ausreichen, sondern dass Verständnis und Mitgefühl für andere mindestens ebenso wichtig sind.

Interessanterweise unterscheiden sich die Weisheitsdefinitionen, die Psychologinnen und Psychologen postuliert haben, ebenso wie die Laientheorien deutlich darin, wie viel Bedeutung sie affektiven Aspekten von Weisheit zumessen (Staudinger & Glück, 2011). An zwei Beispielen möchte ich die Bandbreite unterschiedlicher Weisheitsdefinitionen veranschaulichen:

Die wahrscheinlich bekannteste psychologische Weisheitstheorie ist das sogenannte *Berliner Weisheitsmodell*, das von Paul B. Baltes am Max-Planck-Institut für Bildungsforschung in Berlin und seinen Kolleginnen und Kollegen (insbesondere Jacqui Smith, Ursula M. Staudinger, Ute Kunzmann) entwickelt wurde. In diesem Modell wird Weisheit als *Expertinnen- bzw. Expertenwissen über die fundamentalen Aspekte des menschlichen Lebens* definiert (siehe z. B. Baltes & Staudinger, 2000). Mit diesen fundamentalen Aspekten meint die Berliner Gruppe zentrale Themen der menschlichen Existenz, wie den Umgang mit schwierigen Konflikten, mit der eigenen Sterblichkeit oder der Unkontrollierbarkeit vieler Lebensereignisse. Der Begriff „ExpertInnenwissen" besagt, dass es sich um ein komplexes Wissen handelt, das man durch langjähriges gezieltes „Üben" erwirbt – im Fall der Weisheit also durch die gezielte gedankliche Beschäftigung mit Fragen der menschlichen Existenz und der Bewältigung von Problemen. Weisheit wird also in erster Linie als die Anwendung komplexen Wissens auf schwierige Lebensprobleme gesehen, emotionale Aspekte kommen allerdings indirekt ins Spiel, da schwierige Lebensprobleme ja sehr häufig starke Gefühle und die Auseinandersetzung mit den Gefühlen anderer beinhalten.

Andererseits gibt es Weisheitsdefinitionen, die bestimmte emotionale Aspekte als notwendigen Bestandteil von Weisheit betrachten. Die Soziologin Monika Ardelt von der University of Florida zum Beispiel argumentiert in ihrem *dreidimensionalen Weisheitsmodell*, dass Weisheit eine *Persönlichkeitseigenschaft* sei, die eine kognitive (Streben nach tiefem Wissen und Verstehen), eine reflektive (Bereitschaft unterschiedliche Perspektiven einzunehmen, auch in Bezug auf sich selbst) und eine emotionale Komponente (kurz definiert als „mitfühlende Liebe für andere Menschen") umfasst. Menschen mit Expertinnen- bzw. Expertenwissen über das menschliche Leben würden für Ardelt also nur dann als weise gelten, wenn sie auch Liebe und Mitgefühl für andere (und nicht nur für die ihnen nahestehenden) Menschen empfinden. In etwas anderer Form sprechen Michael R. Levenson und seine Kolleginnen und Kollegen einen ähnlichen Aspekt an, wenn sie Weisheit als *Selbsttranszendenz* definieren. Weise Menschen würden demnach über eine selbstbezogene Perspektive auf das Leben und die Welt „hinausgewachsen" sein, sich selbst nicht mehr so wichtig nehmen und dadurch in der Lage sein, andere Menschen und ihre Situation so zu sehen, wie sie wirklich sind, mit Respekt und ohne zu werten, und sich selbst als kleinen Teil eines größeren Ganzen wahrzunehmen.

Es gibt noch eine Reihe weiterer Definitionen (einen Überblick geben Staudinger & Glück, 2011). Gemeinsam ist jedoch dem Großteil der bisherigen Weisheitsforschung, dass der Schwerpunkt darauf gelegt wurde, Weisheit als relativ stabile Eigenschaft einzelner Personen anzusehen. In Wirklichkeit sind wir aber wahrscheinlich alle manchmal weise (und leider oft nicht ganz so weise), man könnte also auch eine andere Perspektive einnehmen und sich beispielsweise fragen, unter welchen Bedingungen es Menschen gelingt, ihr eigenes Weisheitspotential optimal zu nutzen. In der Kreativitätsforschung wird schon seit den 1960er-Jahren zwischen vier Perspektiven unterschieden: kreative *Personen*, kreative *Prozesse*, *Produkte* von Kreativität und kreativitätsfördernde *Umweltbedingungen*. Man könnte beispielsweise politische Programme als Produkte auf ihren Weisheitsgehalt untersuchen: Zeigt sich in den Reden von Barack Obama ein höherer Weisheitsgehalt als in jenen von George W. Bush? Und wenn wir die Prozesse und Umweltbedingungen besser verstehen könnten, durch die man zu weisen Entscheidungen kommt, könnten wir vielleicht wichtige „Richtlinien" für weises Denken oder Handeln entwickeln.

Wenn es um die Definition von Weisheit geht, ist es wichtig, zu betonen, dass unser aktueller Weisheitsbegriff nicht für alle Kulturen und historischen Phasen gleichermaßen gültig ist. Wie Rösing (2005) argumentiert, unterscheiden sich verschiedene Kulturen sowohl darin, inwieweit sie überhaupt eine Vorstellung von Weisheit haben, als auch darin, was genau sie darunter verstehen. Einige Studien zeigen beispielsweise, dass Emotionsregulation, Empathie und Bescheidenheit in asiatischen Ländern stärker als notwendig für Weisheit gesehen werden als in den USA (Takahashi & Overton, 2005).

11.2.2 Wie kann man Weisheit messen?

Da die Psychologie eine stark auf empirische Forschung ausgerichtete Disziplin ist, folgt nach der Definition einer Eigenschaft fast automatisch als nächster Schritt die Entwicklung einer Methode, um diese Eigenschaft zu *messen*. Wenn wir beispielsweise Weisheit als eine bestimmte Form von Wissen definieren, wie im Berliner Weisheitsmodell, dann lässt sich daraus ableiten, dass man Weisheit mit den Methoden messen können müsste, mit denen wir auch andere Formen von Wissen erfassen. Wenn man Monika Ardelt folgt und Weisheit als Persönlichkeitseigenschaft betrachtet, dann sollte man Weisheit mit den Methoden der Persönlichkeitsforschung messen. Wichtig ist dabei, dass es eben nicht eine optimale Messmethode für Weisheit gibt, sondern dass jede Messmethode definitionsabhängig ist.

Nehmen wir zunächst an, dass wir Weisheit als eine Persönlichkeitseigenschaft definieren wollen, wie das Monika Ardelt tut. Wie messen wir in der Psychologie Persönlichkeit? Der üblichste (wenn auch keineswegs der einzige) Weg führt über die sogenannte *Selbstbeurteilung*, bei denen die Person, deren Persönlichkeit erfasst werden soll, selbst angibt, wie sehr bestimmte Eigenschaften auf sie zutreffen. Stark vereinfacht, könnte man sich vorstellen, Weisheit einfach über folgende Frage mit fünf Ankreuzungsmöglichkeiten zu messen:

Wie weise sind Sie?						
gar nicht	○	○	○	○	○	außerordentlich

Wenn ich auf Vorträgen diese Möglichkeit präsentiere, lacht das Publikum immer – was genau ist daran eigentlich komisch? Zunächst könnte diese Frage natürlich Probleme aufwerfen, wenn unterschiedliche Menschen unter Weisheit unterschiedliche Dinge verstehen –

was, wie bereits angesprochen wurde, auch teilweise der Fall ist. Aber das ist nicht das Komische daran. Weiters ist die Antwort, die jemand auf diese Frage gibt, natürlich nicht nur dadurch beeinflusst, für wie weise er oder sie sich wirklich hält, sondern auch dadurch, was er oder sie für eine „sozial erwünschte" Antwort hält: Selbst wenn ich mich für außerordentlich weise halte, weiß ich gleichzeitig, dass es einen seltsamen Eindruck machen würde, wenn ich diese Antwort ankreuze.

Und drittens gibt es ein Problem, das noch spezifischer für Weisheit ist: Wenn zur Weisheit, wie viele von uns denken, grundsätzlich eine hohe Bereitschaft zur Selbstkritik gehört, dann sollte ein weiser Mensch sich wohl eher nicht für „außerordentlich weise" halten. Und jemand, der von der eigenen Weisheit allzu überzeugt ist, würde uns wahrscheinlich nicht sehr weise erscheinen. Das würde paradoxerweise bedeuten, dass wenig weise, aber sehr von sich eingenommene Menschen sich bei dieser Frage als weiser einschätzen würden als wirklich sehr weise Menschen. Dieses *Weisheits-Selbstkritik-Paradoxon* spricht also relativ grundlegend gegen die Idee, Menschen ihre Weisheit selbst beurteilen zu lassen.

Trotzdem gibt es einige Fragebögen, die Weisheit über Selbstbeurteilungen erfassen – und dabei natürlich nicht direkt danach fragen. Wie es in der Persönlichkeitsdiagnostik allgemein üblich ist, wird Weisheit indirekt über Fragen erfasst, die Teilaspekte betreffen. So könnte man beispielsweise die Zustimmung zu Aussagen wie „Ich bin gut darin, meine eigenen unterschwelligen Gefühle zu erkennen" oder „Unglückliche Menschen, die sich nur selbst bemitleiden, verärgern mich" erfassen. Das erste Beispiel stammt aus einem Fragebogen von Webster (2003) und erfasst die von ihm postulierte Weisheitskomponente Emotionsregulation. Derartige Aussagen haben natürlich letztlich ein ähnliches Problem wie die oben gezeigte Weisheits-Selbstbeurteilung: Jemand, der sich seiner unterschwelligen Gefühle sehr wenig bewusst ist, wird dieser Aussage vielleicht eher zustimmen als jemand, der die Komplexität der eigenen Empfindungen deutlicher wahrnimmt. Diese Problematik versucht das zweite Beispiel, das aus dem Fragebogen von Ardelt (2003) stammt und die affektive Weisheitskomponente erfassen soll, durch einen „Trick" zu lösen: Weisheit soll sich gerade in der Nicht-Zustimmung zu dieser Aussage äußern; wenn eine weise Person wirklich mitfühlende Liebe für alle Menschen empfindet, würde sie hier keineswegs zustimmen. Hier stellt sich allerdings wiederum die Frage, ob Nicht-Zustimmung zu nicht-weisen Aussagen wirklich das Gleiche bedeutet wie Weisheit: Jemand könnte der Aussage vielleicht auch deshalb nicht zustimmen, weil er oder sie Wert darauf legt, selbstmitleidige Menschen einfach zu ignorieren, anstatt sich über sie zu ärgern – nach Ardelts Modell keine besonders weise Position.

Wenn man nun aufgrund dieser Kritikpunkte die Selbstbeurteilungs-Methodik als grundlegend ungeeignet für die Erfassung von Weisheit betrachtet, welche Alternative gibt es? Wie kann man Weisheit als Form von Wissen messen? Wissen wird in der Psychologie im Allgemeinen mithilfe von Testaufgaben gemessen: Den Wortschatz eines Menschen kann man etwa messen, indem man ihm eine Liste von seltenen Wörtern mit jeweils mehreren möglichen Definitionen vorlegt und zählt, bei wie vielen Wörtern er die richtige Definition auswählt.

Dementsprechend könnte man auch Weisheit über einen Multiple Choice-Test messen: Man konstruiert einfach eine kurze Beschreibung eines schwierigen Lebensproblems und mehrere mögliche Lösungen, die unterschiedlich weise sind. Die Anzahl an Problemen, bei denen jemand die weiseste Lösung auswählt, dient dann als Maß für die Weisheit dieses Menschen. Leider funktioniert diese Methode mit Weisheit nicht gut: Wir alle sind wesentlich besser darin, vorgegebene weise Lösungen zu erkennen als aktiv neue weise Lösungen zu finden. Man kann also keine vorgegebenen Antwortalternativen verwenden, sondern nur Probleme vorgeben, die Studienteilnehmerinnen und -teilnehmer selbst ihre Lösungen formulieren lassen und diese Lösungen dann in Hinblick auf Weisheit beurteilen.

So ist die Berliner Gruppe um Paul B. Baltes bei der Entwicklung des *Berliner Weisheitsparadigmas* (BWP) vorgegangen (Paradigma bedeutet hier soviel wie Messmethode). Im BWP werden kurze Problembeschreibungen verwendet, wie beispielsweise:

> Ein fünfzehnjähriges Mädchen möchte unbedingt sofort von zu Hause ausziehen. Was könnte man in einer solchen Situation bedenken und tun?

Oder:

> Manchmal blicken Menschen auf ihr Leben zurück und stellen fest, dass sie nicht alles erreicht haben, was sie sich vorgenommen hatten. Was könnte man in einer solchen Situation bedenken und tun?

In Studien mit dem BWP werden solche Aufgaben den Teilnehmerinnen und Teilnehmern vorgelegt und sie wurden gebeten, mündlich darauf zu antworten und alles zu sagen, was ihnen zu der Frage einfiel. Die Antworten werden aufgenommen und transkribiert (verschriftlicht). Diese Texte werden dann von speziell dafür trainierten Personen in Bezug darauf beurteilt, in wie hohem Maße sie die folgenden *fünf Kriterien für eine weise Antwort* erfüllen:

(1) *Faktenwissen* und

(2) *prozedurales Wissen* beziehen sich darauf, wie viel die befragte Person über das Problem – z. B. über die Lebenssituation, das Denken und Verhalten fünfzehnjähriger Mädchen – weiß und darüber, wie man mit solchen Situationen umgehen könnte.

(3) *Lebensspannen-Kontextualismus* zeigt sich darin, wie stark die befragte Person in ihrer Antwort Einflüsse von Umfeld und Situation der Betroffenen berücksichtigt.

(4) *Wert-Relativismus* bedeutet, dass die befragte Person weiß und akzeptiert, dass unterschiedliche Menschen ganz verschiedene Werthaltungen haben können, von denen auch die beste Lösung für ein Problem abhängig ist.

(5) Das Kriterium *Akzeptanz von und Umgang mit Unsicherheit* schließlich zeigt, ob sich die befragte Person der Unkontrollierbarkeit und Unvorhersagbarkeit vieler Aspekte unseres Lebens bewusst ist – was auch bedeutet, dass sie nicht eine einzelne Lösung für unfehlbar hält, sondern mögliche Probleme und Alternativen anspricht.

Als weise wird eine Antwort dann gewertet, wenn sie in allen fünf Kriterien als gut bewertet wird. Die zentrale Frage bei der Beurteilung eines solchen Messverfahrens lautet: Misst diese Methode wirklich Weisheit? In der Psychologie spricht man von der *Validität* einer Messmethode: Ein Test oder Fragebogen ist dann valide, wenn er erwiesenermaßen die Eigenschaft misst, die er behauptet zu messen. Um zu beweisen, dass das BWP Weisheit misst, müsste man zeigen, dass „wirklich weise" Menschen höhere Bewertungen erhalten als weniger weise. Wer aber ist wirklich weise? Wenn wir das schon wüssten, müssten wir keine Messmethode entwickeln. Es gibt allerdings verschiedene Möglichkeiten, die Validität von Weisheitsmessungen zumindest indirekt zu beurteilen. Beispielsweise kann man analysieren, wie die im BWP gemessene Leistung mit dem Alter der befragten Personen zusammenhängt: Aus der Definition von Weisheit als ExpertInnenwissen lassen sich hier spezifische Erwartungen ableiten. Eine andere Möglichkeit wäre, gezielt nach Personen zu suchen, die von anderen als besonders weise eingeschätzt werden, und ihre Leistung im BWP mit der von „ganz normalen" Menschen zu vergleichen. Natürlich gibt es noch viele weitere Möglichkeiten; im Folgenden sollen kurz Studienergebnisse zu den beiden genannten dargestellt werden.

Wie hängt Weisheit mit dem Lebensalter zusammen? Die Annahme, dass alle Menschen mit dem Alter weise werden, scheint eher unplausibel; wir alle kennen ältere Leute, die wenig weise sind. Andererseits lässt sich aus der Berliner Definition von Weisheit als Expertinnen- oder Expertenwissen doch ableiten, dass dieses Wissen mit dem Lebensalter zunehmen sollte – aber natürlich nur bei jenen Menschen, die bereit sind, sich intensiv und langfristig mit den schwierigen Fragen des menschlichen Lebens zu befassen. Man würde also keineswegs einen generellen Zusammenhang zwischen dem Lebensalter und der BWP-Leistung erwarten, aber doch davon ausgehen, dass jene wenigen Menschen, die wirklich hohe Werte im BWP erreichen, eher über 60 als unter 40 Jahre alt sein sollten. Dafür spricht auch, dass gerade bestimmte Lebenserfahrungen, denen häufiger Einflüsse auf die Entwicklung von Weisheit zugeschrieben werden – z. B. Konfrontation mit Verlusten oder der eigenen Sterblichkeit – im Alter häufiger vorkommen als in früheren Lebensphasen. Empirisch zeigt sich jedoch ein anderes Bild: In mehreren Studien wurden die höchsten Werte im BWP von Menschen zwischen 30 und 50 erzielt (Staudinger, 1999). In ähnlicher Weise schnitten Personen, die von anderen für ihre Weisheit nominiert worden waren, zwar etwas besser ab als eine Kontrollgruppe von „Durchschnittsmenschen", jedoch erreichten auch sie nur einen Mittelwert von etwa 4 auf der siebenstufigen Weisheitsskala.

Was also misst das BWP? Möglicherweise liegt das Hauptproblem in der rein theoretischen Problemdarstellung. Vielleicht sind intelligente Dreißigjährige ebenso gut wie – oder sogar besser als – Siebzigjährige in der Lage, eine kluge Antwort auf ein theoretisches Lebensproblem einer fiktiven Person zu geben. Unklar ist aber, ob sie auch dann den Älteren überlegen wären, wenn sie mit dem gleichen Problem in ihrem eigenen Leben konfrontiert wären. Es gibt Studien, die beispielsweise zeigen, dass die Fähigkeit zur Regulation von Emotionen in realen schwierigen Lebenssituationen mit dem Alter zunimmt. Diese Überlegenheit (mancher) älterer Menschen zeigt sich aber nur dann, wenn es um die Bewältigung realer, nicht rein theoretischer Lebensprobleme geht.

Muss man Menschen also in reale schwierige Lebenssituationen bringen, wenn man ihre Weisheit messen will? Dann wäre die Messung von Weisheit ethisch sehr problematisch. Wir erproben derzeit einen Ansatz, bei dem wir Menschen rückblickend über bereits vergangene schwierige Situationen ihres Lebens befragen: Aus solchen Berichten lässt sich recht gut analysieren, inwieweit jemand beispielsweise in der Lage ist, ein komplexes zwischenmenschliches Problem gut zu beschreiben, auch die Perspektive der anderen Person nachzuvollziehen und zu respektieren, die eigene Haltung kritisch zu reflektieren und schließlich längerfristig aus der Erfahrung zu lernen.

11.2.3 Wie wird man weise – und warum gelingt das so wenigen Menschen?

Auf der Basis der allgemeinen Annahmen der modernen Entwicklungspsychologie gehen wir davon aus, dass Weisheit sich vor allem durch die Auseinandersetzung mit Lebenssituationen entwickelt, die uns zwingen, unsere bisherigen Überzeugungen und Werthaltungen zu überdenken und zu verändern. Häufig sind dies negative Ereignisse, wie zum Beispiel berufliche Schwierigkeiten, Krankheiten oder ernsthafte Konflikte. Aber auch positive Erlebnisse, wie beispielsweise das Elternwerden, können das Leben und die Prioritäten von Menschen stark verändern. Solche Erfahrungen machen allerdings alle Menschen, und alle lernen etwas aus ihnen und verändern sich – aber nur wenige Menschen werden dadurch weiser. Schwierige Lebenserfahrungen können auch zu Verbitterung, Gefühlen der Hilflosigkeit oder wachsender Selbstbezogenheit führen. Wann führen sie zur Entwicklung von Weisheit?

Wir glauben, dass es dabei zentral darauf ankommt, wie die betreffende Person die Erfahrung interpretiert und bewältigt. Menschen, bei denen schon in jungen Jahren bestimmte Ressourcen stärker ausgeprägt sind als bei anderen, haben bessere Chancen, durch die Auseinandersetzung mit Lebenserfahrungen diese Ressourcen noch weiterentwickeln und idealerweise letztlich relativ weise werden zu können („absolut" weise in allen Situationen ist vermutlich niemand). Zu den Ressourcen, die für die Entwicklung von Weisheit relevant sein dürften, gehören beispielsweise Offenheit für Erfahrungen, Reflektionsbereitschaft und Empathie (Glück & Bluck, 2014).

Offenheit für Erfahrungen ist eine Persönlichkeitseigenschaft, die laut vielen Studien mit Weisheit zusammenhängt und die von manchen Autorinnen und Autoren direkt als Bestandteil von Weisheit betrachtet wird (z. B. Webster, 2003). Menschen mit hoher Offenheit sind interessiert an neuen Perspektiven, haben wenig Angst vor Veränderungen und sind dadurch gut in der Lage, aus Erfahrungen zu lernen. Wer Veränderungen des eigenen Lebens mit Offenheit annehmen kann, dem wird es eher gelingen, auch aus schwierigen Erlebnissen positive Erkenntnisse zu gewinnen. Menschen, die allzu große Angst vor Veränderungen haben und sich nicht gerne auf neue Sichtweisen einlassen, werden weniger Wachstumsmöglichkeiten erleben. Warum sind manche Menschen schon als Kinder offener für Neues als andere? Auch diese Frage ist wieder, im Sinne der zu Beginn dieses Kapitels dargestellten Grundannahmen der modernen Entwicklungspsychologie, nur durch das Zusammenwirken angeborener Temperamentseigenschaften und positiver, Neugier fördernder Umwelterfahrungen zu erklären.

Reflektionsbereitschaft ist eine zweite wichtige Voraussetzung für die Entwicklung von Weisheit. Wer daran interessiert (und intellektuell auch dazu fähig) ist, unterschiedliche Perspektiven einzunehmen und auch komplexe Sachverhalte zu durchdenken und zu verstehen, wird auch die eigene Rolle eher hinterfragen und damit aus Erfahrungen lernen können. Wer sich selbst nicht (auch) kritisch sieht, kann sich nur sehr begrenzt weiterentwickeln und wird bestimmte Fehler immer wieder machen. Die Bereitschaft zur Reflektion eigener Erfahrungen und Rollen entwickelt sich wahrscheinlich vor allem durch Umwelteinflüsse: Insbesondere die Erfahrung mit selbstreflektierenden Vorbildern schon in der Kindheit (beispielsweise Eltern, die auch in der Lage sind, eigene Fehler einzugestehen) dürfte hier eine wichtige Rolle spielen.

Empathie, die Fähigkeit, sich in andere einzufühlen, ist bereits in der Kindheit ein wichtiger Faktor in der Entwicklung prosozialen Verhaltens (Hoffman, 2000): Wer die Gefühle anderer nachvollziehen kann – nicht nur theoretisch, sondern auch auf der emotionalen Ebene –, der wird nicht leicht gleichgültig oder negativ reagieren, wenn jemand in Schwierigkeiten ist. Kinder unterscheiden sich schon sehr früh in dem Ausmaß des „Mitfühlens" mit anderen, sodass es wahrscheinlich erscheint, dass diese Fähigkeit auch eine angeborene Komponente hat. Aber auch sie kann natürlich stark durch Erfahrungen mit empathischen Bezugspersonen gefördert werden. Wir vermuten, dass Menschen, die diese und noch weitere weisheitsfördernde Ressourcen schon in jungen Jahren in hohem Maße aufweisen, besser als andere in der Lage sind, an lebensverändernden Erfahrungen zu lernen und zu wachsen und vielleicht langfristig Weisheit zu entwickeln.

In der bereits erwähnten retrospektiven Studie zu schwierigen Lebensereignissen haben wir klare Belege für den Zusammenhang zwischen den Ressourcen und Weisheit gefunden: Menschen, die uns von anderen als ganz besonders weise genannt wurden, zeigten in Interviews über schwierige Lebensereignisse die von uns vermuteten Ressourcen in höherem Ausmaß als gleichaltrige Menschen, die nicht als besonders weise galten. Derzeit beginnen wir mit einer sogenannten Längsschnittstudie, in der eine Gruppe von Menschen über einen längeren Zeitraum jährlich zu den Erfahrungen des letzten Jahres und damit einhergehenden Veränderungen ihrer Sichtweisen befragt werden soll, um das Zusammenspiel zwischen Ressourcen und der Entwicklung von Weisheit besser zu verstehen.

Neben einer Einführung in die Grundlagen der Weisheitsforschung war das Ziel dieses Kapitels vor allem, anhand des Beispiels der Entwicklung der Weisheit einige Ideen der Entwicklungspsychologie der Lebensspanne zu illustrieren: die lebenslange Weiterentwicklung von Menschen aufgrund des Zusammenwirkens individueller angeborener Eigenschaften (wie etwa einer gewissen Offenheit für Neues), Umwelteinflüsse (wie etwa Erfahrungen mit anderen Menschen) und der Selbstregulation durch Interessen und Entscheidungen (wie etwa der Motivation, die eigene Rolle kritisch zu hinterfragen). Wie diese Entwicklungsprozesse im Einzelnen verlaufen, ist vor allem dann nicht leicht zu untersuchen, wenn es sich um so komplexe Eigenschaften wie die Weisheit handelt. Ich bin aber überzeugt, dass die Weisheitsforschung in den nächsten Jahren und Jahrzehnten einige wichtige Erkenntnisse liefern wird, die die Welt vielleicht ein kleines bisschen zum Besseren verändern können.

Literaturverzeichnis

Adolphs, R. (1999). Social cognition and the human brain. *Trends in Cognitive Sciences*, 3, 469–479.

Adolphs, R., Damasio, H., Tranel, D. & Damasio, A. R. (1996). Cortical systems for the recognition of emotion in facial expressions. *The Journal of Neuroscience: The Official Journal of the Society for Neuroscience*, 16, 7678–7687.

Afifi, T. O., McMillan, K. A., Asmundson, G. J. G., Pietrzak, R. H. & Sareen, J. (2011). An examination of the relation between conduct disorder, childhood and adulthood traumatic events, and post-traumatic stress disorder in a nationally representative sample. *Journal of Psychiatric Research*, 45, 1564–1572.

Allen, J. P., Hauser, S. T., Bell, K. L. & O'Connor, T. G. (1994). Longitudinal assessment of autonomy and relatedness in adolescent-family interactions as predictors of adolescent ego development and self-esteem. *Child Development*, 65, 179–194.

Allen, J. P., Marsh, P., McFarland, C., McElhaney, K. B., Land, D. J., Jodl, K. M. & Peck, S. (2002). Attachment and autonomy as predictors of the development of social skills and delinquency during mid-adolescence. *Journal of Consulting and Clinical Psychology*, 70, 56–66.

Allen, V. L. & Levine, J. M. (1971). Social support and conformity: the role of independent assessment of reality. *Journal of Experimental Social Psychology*, 7, 48–58.

Allport, G. W. (1954). *The nature of prejudice*. Reading: Addison-Wesley.

Allport, G. W. (1968). The historical background of modern social psychology. In G. Lindzey & E. Aronson (Hrsg.), *The handbook of social psychology* (S. 1–80). Reading: Addison-Wesley.

Allport, G. W. & Odbert, H. S. (1936). Trait-names: A psycho-lexical study. *Psychological Monographs, 47*, 1–171.

Allwood, M. A., Dyl, J., Hunt, J. I. & Spirito, A. (2008). Comorbidity and service utilization among psychiatrically hospitalized adolescents with posttraumatic stress disorder. *Journal of Psychological Trauma, 7*, 104–121.

Amelang, M. & Schmidt-Atzert, L. (2006). *Psychologische Diagnostik und Intervention* (4. Aufl.). Heidelberg: Springer.

American Psychiatric Association. (2013). *Diagnostic and Statistical Manual of Mental Disorders: DSM-V*. Washington D.C.: American Psychiatric Publishing.

Amstadter, A. (2008). Emotion regulation and anxiety disorders. *Journal of Anxiety Disorders, 22*, 211–221.

Andreas, S., Harfst, T., Dirmaier, J., Kawski, S., Koch, U. & Schulz, H. (2007). A psychometric evaluation of the German version of the „Health of the Nation Outcome Scales, HoNOS-D": On the feasibility and reliability of a clinician-rated measure of severity in patients with mental disorders. *Psychopathology, 40*, 116–125.

Andreas, S., Harfst, T., Rabung, S., Mestel, R., Schauenburg, H., Hausberg, M., ... Schulz, H. (2010). The validity of the German version of the Health of the Nation Outcome Scales (HoNOS-D): A clinician-rating for the differential assessment of the severity of mental disorders. *International Journal of Methods in Psychiatric Research, 19*, 50–62.

Andreasen, N. C., O'Leary, D. S., Cizaldo, T., Arndt, S., Rezai, K., Watkins, G. L. & Hichwa, R. D. (1995). Remembering the past: two facets of episodic memory explored with positron emission tomography. *The American Journal of Psychiatry, 152*, 1576–1585.

Angleitner, A., Ostendorf, F. & John, O. P. (1990). Towards a taxonomy of personality descriptors in German: A psycho-lexical study. *European Journal of Personality, 4*, 89–118.

Antonovsky, A. (1997). *Salutogenese: Zur Entmystifizierung der Gesundheit*. Deutsche erweiterte Herausgabe von Alexa Franke. Tübingen: DGVT.

Ardelt, M. (2000). Intellectual versus wisdom-related knowledge:

The case for a different kind of learning in the later years of life. *Educational Gerontology, 26*, 771–789.

Ardelt, M. (2003). Development and empirical assessment of a three-dimensional wisdom scale. *Research on Aging, 25*, 275–324.

Asch, S. E. (1951). Effects of group pressure upon the modification and distortion of judgements. In H. Guetzknow (Hrsg.), *Groups, leadership and men* (S. 177–190). Pittsburgh: Carnegie Press.

Asch, S. E. (1956). Studies of independence and conformity: A minority of one against a unanimous majority. *Psychological Monographs: General and Applied, 70*, 1–70.

Asendorpf, J. B. (2004). *Psychologie der Persönlichkeit* (3. Aufl.). Berlin: Springer.

Aydin, N., Fischer, P. & Frey, D. (2010). Turning to God in times of ostracism: the impact of social exclusion on religiousness. *Personality and Social Psychology Bulletin, 36*, 742–753.

Aydin, N., Krueger, J., Fischer, J., Hahn, D., Frey, D., Kastenmüller, A. & Fischer, P. (2012). A man's best friend – how the presence of a dog decreases mental distress after social exclusion. *Journal of Experimental Social Psychology, 48*, 446–449.

Baltes, P. B. & Staudinger, U. M. (2000). Wisdom: A metaheuristic (pragmatic) to orchestrate mind and virtue towards excellence. *American Psychologist, 55*, 122–136.

Baumeister, R. F. & Leary, M. R. (1995). The need to belong: Desire for interpersonal attachments as a fundamental human motivation. *Psychological Bulletin, 117*, 497–529.

Baumgarten, F. (Hrsg.). (1933). *Beiträge zur Charakter- und Persönlichkeitsforschung* (1. Aufl.). Bern: A. Francke.

Belsky, J. & Fearon, R. M. (2002). Infant-mother attachment security, contextual risk, and early development: a moderational analysis. *Development and Psychopathology, 14*, 293–310.

Benecke, C. (2014). *Klinische Psychologie und Psychotherapie. Ein kritisches Lehrbuch.* Stuttgart: Kohlhammer.

Berking, M. & Wupperman, P. (2012). Emotion regulation and mental health: recent findings, current challenges, and future directions. *Current opinion in psychiatry, 25*, 128–134.

Berkout, O. V., Young, J. N. & Gross, A. M. (2011). Mean girls and bad boys: recent research on gender differences in conduct disorder. *Aggression and Violent Behavior*, *16*, 503–511.

Besio, C. (2009). *Forschungsprojekte. Zum Organisationswandel in der Wissenschaft*. Bielefeld: transcript.

Binet, A. & Simon, T. (1905). Méthodes nouvelles pour le diagnostique du niveau intellectuel des anormaux. *Année Psychologique*, *11*, 191–244.

Birbaumer, N. & Schmidt, R. F. (1999). *Biologische Psychologie* (4. Aufl.). Berlin: Springer-Verlag.

Biswal, B., Yetkin, F. Z., Haughton, V. M. & Hyde, J. S. (1995). Functional connectivity in the motor cortex of resting human brain using echo-planar MRI. *Magnetic Resonance in Medicine: Official Journal of the Society of Magnetic Resonance in Medicine / Society of Magnetic Resonance in Medicine*, *34*, 537–541.

Björnberg, A., Garoffé, B. C. & Lindblad, S. (2009). *Euro Health Consumer Index 2009, Report, Health Consumer Powerhouse*. Zugriff am 20.05.2014 auf http://www.healthpowerhouse.com/files/Report-EHCI-2009-090925-final-with-cover.pdf

Blackhart, G. C., Eckel, L. A. & Tice, D. M. (2007). Salivary cortisol in response to acute social rejection and acceptance by peers. *Biological Psychology*, *75*, 267–276.

Bloch, E. (1959). *Das Prinzip Hoffnung. Kampf um die Gesundheit, die ärztlichen Utopien*. Frankfurt/Main: Suhrkamp.

Bohleber, W. & Drews, S. (Hrsg.). (2001). *Die Gegenwart der Psychoanalyse – die Psychoanalyse der Gegenwart*. Stuttgart: Klett-Cotta.

Borgetto, B. (2004). *Selbsthilfe und Gesundheit. Analysen, Forschungsergebnisse und Perspektiven. Buchreihe des Schweizerischen Gesundheitsobservatoriums*. Bern: Hans Huber.

Borkenau, P. & Ostendorf, F. (1993). *NEO-Fünf-Faktoren-Inventar (NEO-FFI). Handanweisung*. Göttingen: Hogrefe.

Borod, J. C., Cicero, B. A., Obler, L. K., Welkowitz, J., Erhan, H. M., Santschi, C., . . . Whalen, J. R. (1998). Right hemisphere emotional perception: evidence across multiple channels. *Neuropsychology*, *12*, 446–458.

Bowlby, J. (1969). *Attachment and loss: Vol I. Attachment.* New York: Basic Books.

Bowlby, J. (2002). Bindung: Historische Wurzeln. In G. Spangler & P. Zimmermann (Hrsg.), *Die Bindungstheorie: Grundlagen, Forschung und Anwendung* (S. 17–26). Stuttgart: Klett-Cotta.

Brandtstädter, J. (1998). Action perspectives on human development. In W. Damon & R. M. Lerner (Hrsg.), *Handbook of child psychology: Vol I. Theoretical models of human development* (S. 807–863). New York: Wiley.

Braun, J. & Greiwe, A. (1989). *Kontaktstellen und Selbsthilfe.* Köln: Institut für Sozialwissenschaftliche Analyse und Beratung.

Bretherton, I. & Munholland, K. A. (2008). Internal working models in attachment relationships: Elaborating a central construct in Attachment Theory. In J. Cassidy & P. R. Shaver (Hrsg.), *Handbook of attachment: theory, research, and clinical applications* (S. 103–129). New York: Guilford Press.

Buckner, R. L., Andrews-Hanna, J. R. & Schacter, D. L. (2008). The brain's default network: anatomy, function, and relevance to disease. *Annals of the New York Academy of Sciences, 1124,* 1–38.

Burke, J. D., Hipwell, A. E. & Loeber, R. (2010). Dimensions of oppositional defiant disorders as predictors of depression and conduct disorder in preadolescent girls. *Journal of the American Academy of Child and Adolescent Psychiatry, 49,* 484–492.

Buss, D. M. (2004). *Evolutionary psychology: The new science of the mind* (2. Aufl.). Boston: Allyn & Bacon.

Cacioppo, J. T. & Patrick, B. (2008). *Loneliness: Human nature and the need for social connection.* New York: W. W. Norton & Company.

Calder, A. J., Lawrence, A. D. & Young, A. W. (2001). Neuropsychology of fear and loathing. *Nature reviews. Neuroscience, 2,* 352–363.

Caprara, G. V. & Perugini, M. (1994). Personality described by adjectives: the generalizability of the Big five to the Italian lexical context. *European Journal of Personality, 8,* 357–369.

Carter-Sowell, A. R., Chen, Z. & Williams, K. D. (2008). Ostracism increases social susceptibility. *Social Influence, 3,* 143–153.

Carver, C. S. & Scheier, M. F. (2008). *Perspectives on personality* (6.

Aufl.). Boston: Pearson.

Cisler, J. M., Olatunji, B. O., Feldner, M. T. & Forsyth, J. P. (2010). Emotion Regulation and the Anxiety Disorders: An Integrative Review. *Journal of psychopathology and behavioral assessment*, *32*, 68–82.

Clayton, V. P. & Birren, J. E. (1980). The development of wisdom across the lifespan: A reexamination of an ancient topic. In P. B. Baltes & O. G. Brim (Hrsg.), *Life-span development and behavior* (S. 103–135). San Diego, CA: Academic Press.

Costa, P. T., Jr. & McCrae, R. R. (1992). *Revised NEO Personality Inventory (NEO-PI-R) and NEO Five-Factor Inventory (NEO-FFI) professional manual*. Odesse, FL: Psychological Assessment Resources.

Costello, E. J., Mustillo, S., Keeler, G. & Angold, A. (2004). Prevalence of psychiatric disorders in childhood and adolescence. In B. Lubotsky Levin, J. Petrila & K. Hennessy (Hrsg.), *Mental Health Services: A Public Health Perspective* (S. 111–128). New York: Oxford University Press.

Cronbach, L. J. & Meehl, P. E. (1955). Construct validity in psychological tests. *Psychological Bulletin*, *52*, 281–302.

Davidson, R. J. (2000). Dysfunction in the Neural Circuitry of Emotion Regulation–A Possible Prelude to Violence. *Science*, *289*, 591–594.

Davidson, R. J. (2002). Anxiety and affective style: Role of prefrontal cortex and amygdala. *Biological Psychiatry*, *51*, 68–80.

Davidson, R. J. & Irwin, W. (1999). The functional neuroanatomy of emotion and affective style. *Trends in Cognitive Sciences*, *3*, 11–21.

Davison, G. C., Neal, J. M. & Hautzinger, M. (2002). *Klinische Psychologie. Ein Lehrbuch*. Weinheim: Beltz.

Deklyen, M. & Greenberg, M. T. (2008). Attachment and psychopathology in childhood. In J. Cassidy & P. R. Shaver (Hrsg.), *Handbook of attachment: theory, research, and clinical applications* (S. 637–665). New York: Guilford Press.

Denzin, N. (1970). *The research act. A theoretical introduction to sociolo-*

gical methods. Chicago: Aldine.

Derogatis, L. R. (Hrsg.). (1977). *SCL-90-R: Administration, scoring and procedures manual-I for the R(evised) version.* Baltimore: John Hopkins University Press.

DeWall, C. N., Maner, J. K. & Rouby, D. A. (2009). Social exclusion and early-stage interpersonal perception: selective attention to signs of acceptance. *Journal of Personality and Social Psychology, 96,* 729–741.

Dovidio, J. F., Hewstone, M., Glick, P. & Esses, V. M. (2010). Prejudice, stereotyping, and discrimination: Theoretical and empirical overview. In J. F. Dovidio, M. Hewstone, P. Glick & V. M. Esses (Hrsg.), *Handbook of prejudice, stereotyping, and discrimination* (S. 3–28). London: Sage.

Eftekhari, A., Zoellner, L. A. & Vigil, S. A. (2009). Patterns of emotion regulation and psychopathology. *Anxiety stress and coping, 22,* 571–586.

Egger, J. W. (1999). Gesundheitspsychologie: Gesundheitsverhalten und Gesundheitsmotivation. *Psychologische Medizin, 10,* 3–12.

Egger, J. W. (2005). Das biopsychosoziale Krankheitsmodell. *Psychologische Medizin, 16,* 3–12.

Eisenberger, N. I., Lieberman, M. D. & Williams, K. D. (2003). Does exclusion hurt? An fMRI study of social exclusion. *Science, 302,* 290–292.

Ekman, P. (1982). *Emotion in the human face.* Cambridge: Cambridge University Press.

Ekman, P. (1992). An argument for basic emotions. *Cognition & Emotion, 6,* 169–200.

Engel, G. L. (1979). Die Notwendigkeit eines neuen medizinischen Modells: Eine Herausforderung der Biomedizin. In H. Keupp (Hrsg.), *Normalität und Abweichung* (S. 63–85). München: Urban und Schwarzenberg.

Eriksson, P. S., Perfilieva, E., Björk-Eriksson, T., Alborn, A. M., Nordborg, C., Peterson, D. A. & Gage, F. H. (1998). Neurogenesis in the adult human hippocampus. *Nature medicine, 4,* 1313–1317.

Ermann, M. (1999). *Psychotherapeutische und Psychosomatische Medizin*

(3. Aufl.). Stuttgart: Kohlhammer.

Eysenck, H. J. (1967). *The biological basis of personality*. Springfield, IL: Charles C. Thomas.

Eysenck, H. J. (1975). *The inequality of man*. San Diego: EdITS.

Eysenck, H. J. & Eysenck, S. B. G. (1976). *Psychoticism as a dimension of personality*. London: Hodder & Stoughton.

Faltermaier, T. (2005). *Gesundheitspsychologie*. Stuttgart: Kohlhammer.

Filipp, S.-H. & Aymanns, P. (2009). *Kritische Lebensereignisse und Lebenskrisen. Vom Umgang mit den Schattenseiten des Lebens*. Stuttgart: Kohlhammer.

Fiske, D. W. (1949). Consistency of the factorial structures of personality ratings from different sources. *Journal of Abnormal and Social Psychology, 44*, 329–344.

Flick, U. (2002). *Qualitative Sozialforschung. Eine Einführung* (6. Aufl.). Reinbek: Rowohlt.

Flynn, J. R. (1987). Massive IQ gains in 14 nations: What IQ tests really measure. *Psychological Bulletin, 101*, 171–191.

Fonagy, P., Gergely, G. & Target, M. (2007). The parent-infant dyad and the construction of the subjective self. *Journal of Child Psychology and Psychiatry, 48*, 288–328.

Forster, R. (2007). Selbsthilfebewegung: Chancen und Herausforderungen für das Gesundheitssystem und die Gesundheitspolitik in Österreich. *Soziale Sicherheit, 10*, 468–473.

Fossati, A., Acquarini, E., Feeney, J. A., Borroni, F., Grazioli, F., Giarolli, L. E., ... Maffei, C. (2009). Alexithymia and attachment insecurities in impulsive aggression. *Attachment and Human Development, 11*, 165–182.

Fox, M. D., Snyder, A. Z., Vincent, J. L., Corbetta, M., Van Essen, D. C. & Raichle, M. E. (2005). The human brain is intrinsically organized into dynamic, anticorrelated functional networks. *Proceedings of the National Academy of Sciences of the United States of America, 102*, 9673–9678.

Franke, G. (1995). *SCL-90-R. Die Symptom-Checkliste von Derogatis – Deutsche Version*. Göttingen: Beltz.

Franke, G. (2002). *SCL-90-R. Die Symptom-Checkliste von L. R. De-*

rogatis – Manual zur Deutschen Version (2. Aufl.). Göttingen: Beltz.

French, D., Vedhara, K., Kaptein, A. A. & Weinman, J. (Hrsg.). (2010). *Health Psychology* (2. Aufl.). Oxford: BPS Blackwell.

Freud, S. (1890). Psychische Behandlung (Seelenbehandlung). In *Gesammelte Werke Band V*. Frankfurt/Main: Fischer.

Freud, S. (1895). Studien über Hysterie. In *Gesammelte Werke Band I*. Frankfurt/Main: Fischer.

Freud, S. (1916/17). Vorlesungen zur Einführung in die Psychoanalyse. In *Gesammelte Werke Band XI*. Frankfurt/Main: Fischer.

Freud, S. (1923). Psychoanalyse und Libidotheorie. In *Gesammelte Werke Band XIII*. Frankfurt/Main: Fischer.

Galton, F. (1884). Measurement of character. *Fortnightly Review*, *42*, 179–185.

Gardner, H. (1983). *Frames of mind: The theory of multiple intelligences*. New York: Basic Books.

Gardner, M. & Steinberg, L. (2005). Peer influence on risk-taking, risk preference, and risky decision-making in adolescence and adulthood: An experimental study. *Developmental Psychology*, *41*, 625–635.

Gardner, W. L., Pickett, C. L. & Knowles, M. L. (2005). Social „snacking" and social „shielding": The satisfaction of belonging needs through the use of social symbols and the social self. In K. Williams, J. Forgas & W. v. Hippel (Hrsg.), *The social outcast: Ostracism, social exclusion, rejection, and bullying*. New York: Psychology Press.

Gelhorn, H., Hartmann, C., Sakai, J., Mikulich-Gilbertson, S., Stallings, M., Young, S., … Crowley, T. (2009). An item response theory analysis of DSM-IV conduct disorder. *Journal of the American Academy of Child and Adolescent Psychiatry*, *48*, 42–50.

Glück, J., Bischof, B. & Siebenhüner, L. (2012). "Knows what is good and bad", "Can teach you things", "Does lots of crosswords": Children's knowledge about wisdom. *European Journal of Developmental Psychology*, *9*, 582–598.

Glück, J. & Bluck, S. (2011). Laypeople's conceptions of wisdom and its development: Cognitive and integrative views. *Journals of Gerontology: Psychological Sciences, 66B*, 321–324.

Glück, J. & Bluck, S. (2014). The MORE Life Experience Model: A Theory of the Development of Personal Wisdom. In M. Ferrari & N. Weststrate (Hrsg.), *The Scientific Study of Personal Wisdom* (S. 75–98). New York: Springer.

Glück, J. & Heckhausen, J. (2006). Entwicklungspsychologie der Lebensspanne: Allgemeine Prinzipien und aktuelle Theorien. In W. Schneider & F. Wilkening (Hrsg.), *Enzyklopädie der Psychologie, Serie Entwicklungspsychologie. Band 1: Theorie, Modelle und Methoden der Entwicklungspsychologie* (S. 677–738). Göttingen: Hogrefe.

Gonsalkorale, K. & Williams, K. D. (2007). The KKK won't let me play: Ostracism even by a despised outgroup hurts. *European Journal of Social Psychology, 37*, 1176–1186.

Graham, J., Haidt, J. & Nosek, B. A. (2009). Liberals and conservatives rely on different sets of moral foundations. *Journal of Personality and Social Psychology, 96*, 1029–1046.

Graham, J., Nosek, B. A., Haidt, J., Iyer, R., Koleva, S. & Ditto, P. H. (2011). Mapping the moral domain. *Journal of Personality and Social Psychology, 101*, 366–385.

Gross, J. J. (1998). The Emerging Field of Emotion Regulation: An Integrative Review. *Review of General Psychology, 2*, 271–299.

Gross, J. J. (2002). Emotion regulation: affective, cognitive, and social consequences. *Psychophysiology, 39*, 281–291.

Gross, J. J. (Hrsg.). (2007). *Handbook of Emotion Regulation*. New York: The Guilford Press. Zugriff am 23.05.2014 auf `http://books.google.com/books?hl=en&lr=&id=cQjx7BARaqQC&oi=fnd&pg=PA3&dq=Handbook+of+Emotion+Regulation&ots=nPzr5pfp\_Y&sig=ug2WR2r\_OoD9CNIv7kEmwYvHbjM`

Gross, J. J. & Muñoz, R. F. (1995). Emotion regulation and mental health. *Clinical Psychology Science and Practice, 2*, 151–164.

Gross, J. J., Richards, J. M., John, O. P., Snyder, D. K., Simpson, J. A. & Hughes, J. N. (2006). Emotion regulation in everyday life. *Emotion, 129*, 1–34.

Gruber, J., Harvey, A. G. & Gross, J. J. (2012). When trying is not enough: Emotion regulation and the effort-success gap in bipolar disorder. *Emotion*, *12*, 997–1003.

Gusnard, D. A., Akbudak, E., Shulman, G. L. & Raichle, M. E. (2001). Medial prefrontal cortex and self-referential mental activity: relation to a default mode of brain function. *Proceedings of the National Academy of Sciences of the United States of America*, *98*, 4259–4264.

Gusnard, D. A. & Raichle, M. (2001). Searching for a baseline: functional imaging and the resting human brain. *Nature Reviews Neuroscience*, *2*, 685–694.

Gusy, B., Braun, E., Harbauer, A. & Scheffer, S. (2003). *Bericht zur Absolventenbefragung im Diplomstudiengang Psychologie an der FU-Berlin (1996–2001).* Berlin. Zugriff am 20.05.2014 auf http://www.ewi-psy.fu-berlin.de/einrichtungen/ arbeitsbereiche/ppg/media/publikationen/forschung/ verbleib_psychologie_2003.pdf?1286351029

Haidt, J. & Joseph, D. (2004). Intuitive ethics: How innately prepared intuitions generate culturally variable virtues. *Daedalus*, *133*, 55–66.

Haidt, J. & Kesebir, S. (2010). Morality. In S. T. Fiske, D. T. Gilbert & G. Lindzey (Hrsg.), *Handbook of Social Psychology* (S. 797–832). Hoboken, NJ: Wiley.

Haney, C., Banks, W. C. & Zimbardo, P. G. (1973). A study of prisoners and guards in a simulated prison. *Naval Research Review*, *30*, 4–17.

Hansell, J. H. & Damour, L. K. (2008). *Abnormal Psychology – The Enduring Issues.* Hoboken, NJ: Wiley.

Harris, G. T. & Rice, M. E. (2006). Treatment of psychopathy: A review of empirical findings. In C. J. Patrick (Hrsg.), *Handbook of psychopathy* (S. 555–572). New York: Guilford Press.

Haxby, J. V., Horwitz, B., Ungerleider, L. G., Maisog, J. M., Pietrini, P. & Grady, C. L. (1994). The functional organization of human extrastriate cortex: a PET-rCBF study of selective attention to faces and locations. *The Journal of Neuroscience: The Official*

Journal of the Society for Neuroscience, 14, 6336–6353.

Heckhausen, J. (1999). *Developmental regulation in adulthood: Age-normative and sociostructural constraints as adaptive challenges.* New York: Cambridge University Press.

Herzlich, C. (1973). *Health and illness: a social psychological analysis.* London: Academic Press.

Hoffman, M. L. (2000). *Empathy and moral development: Implications for caring and justice.* New York: Cambridge University Press.

Hofmarcher, H. M. & Rack, H. (2006). Gesundheitssysteme im Wandel: Österreich.

Hornung, R. & Gutscher, H. (1994). Gesundheitspsychologie: Die sozialpsychologische Perspektive. In P. Schwenkmezger & L. R. Schmidt (Hrsg.), *Lehrbuch der Gesundheitspsychologie* (S. 65–87). Stuttgart: Enke.

Hutterer-Krisch, R. (Hrsg.). (1996). *Fragen der Ethik in der Psychotherapie.* Wien: Springer.

Jacobi, F., Wittchen, H.-U., Hölting, C., Höfler, M., Pfister, H., Müller, N. & Lieb, R. (2004). Prevalence, comorbidity and correlates of mental disorders in the general population: Results from the German Health Interview and Examination Survey (GHS). *Psychological Medicine, 34*, 597–611.

Jaffee, S. R., Caspi, A., Moffitt, T. E., Dodge, K. A., Rutter, M., Taylor, A. & Tully, L. A. (2005). Nature × nurture: genetic vulnerabilities interact with physical maltreatment to promote conduct problems. *Development and Psychopathology, 17*, 67–84.

James, W. (1890). The stream of consciousness. In *Principles of Psychology.* New York: Henry Holt & Co.

Janig, H. (2002). Was bewirken Selbsthilfegruppen? Wirkungen der Teilnahme an Selbsthilfegruppen auf die gesundheitliche Lebensqualität bei MS-Patienten. In O. Meggeneder & W. Hengl (Hrsg.), *Der informierte Patient. Schriftenreihe Gesundheitswissenschaften* (Bd. 21, S. 97–111). Linz: OÖGKK.

Janig, H. (2010). Selbsthilfegruppen als Chance für die Gesundheitspolitik und das Gesundheitssystem. In K. Anderwald, P. Filzmaier & K. Hren (Hrsg.), *Kärntner Jahrbuch für Politik 2010* (S. 388–406).

Klagenfurt: Mohorjeva.

Janig, H. (2011). Self-Help Groups – Their Development, Function and Effects. In W. Renner (Hrsg.), *Female Turkish Migrants with Recurrent Depression* (S. 42–61). Innsbruck: Studia Universitätsverlag.

John, O. P., Angleitner, A. & Ostendorf, F. (1988). The lexical approach to personality: a historical review of trait taxonomic research. *European Journal of Personality, 2*, 171–203.

Jung, C. G. (1921). *Psychologische Typen.* Zürich: Rascher.

Kaas, L. & Manger, C. (2010). Ethnic Discrimination in Germany's Labour Market: A Field Experiment. (Discussion Paper No. 4741.). Zugriff am 20.05.2014 auf http://ftp.iza.org/dp4741.pdf

Kandel, E., Schwartz, J. H. & Jessell, T. M. (2000). *Principels of neural science.* New York: McGraw-Hill Education.

Kanwisher, N., McDermott, J. & Chun, M. M. (1997). The fusiform face area: a module in human extrastriate cortex specialized for face perception. *The Journal of Neuroscience: The Official Journal of the Society for Neuroscience, 17*, 4302–4311.

Kazdin, A. E. (1997). A Model for Developing Effective Treatments: Progression and Interplay of Theory, Research, and Practice. *Journal of Clinical Child Psychology, 26*, 114–129.

Kelleher, D. (2006). Self-help groups and their relationship to medicine. In D. Kelleher, J. Gabe & G. Williams (Hrsg.), *Challenging Medicine* (S. 104–121). London: Routledge.

Kickbusch, I. (2006). *Die Gesundheitsgesellschaft. Megatrends der Gesundheit und deren Konsequenzen für Politik und Gesellschaft.* Gamburg: Verlag für Gesundheitsförderung.

Kierein, M., Pritz, A. & Sonneck, G. (1991). *Psychologengesetz – Psychotherapiegesetz. Kurzkommentar.* Wien: LexisNexis ARD ORAC.

Kim-Cohen, J., Caspi, A., Moffitt, T. E., Harrington, H., Milne, B. & Poulton, R. (2003). Prior juvenile diagnoses in adults with mental disorder: Developmental follow-back of a prospective-longitudinal cohort. *Archives of General Psychiatry, 60*, 709–717.

Kissin, W., McLeod, C. & McKay, J. (2003). The longitudinal relationship between self-help group attendance and course of recovery.

Evaluation and Program Planning, 26, 311–323.

Klink, A. & Wagner, U. (1999). Discrimination Against Ethnic Minorities in Germany: Going Back to the Field. *Journal of Applied Social Psychology, 29,* 402–423.

Knoll, N., Scholz, U. & Rieckmann, N. (2011). *Einführung Gesundheitspsychologie* (2. Aufl.). München: Ernst Reinhardt.

Kollndorfer, K., Fischmeister, F., Kasprian, G., Prayer, D. & Schöpf, V. (2013). A systematic investigation of the invariance of resting-state network patterns: is resting-state fMRI ready for pre-surgical planning? *Frontiers in Human Neuroscience, 7,* 1–14.

Kordy, H. & Kächele, H. (1996). Ergebnisforschung in Psychotherapie und Psychosomatik. In R. H. Adler, J. M. Hermann, K. Köhle, O. W. Schonecke, T. v. Uexküll & W. Wesiack (Hrsg.), *Psychosomatische Medizin* (S. 490–501). München: Urban & Schwarzenberg.

Koreimann, S., Gula, B. & Vitouch, O. (in Druck). Inattentional deafness in music. *Psychological Research.*

Krause-Utz, A., Winter, D., Niedtfeld, I. & Schmahl, C. (2014). The latest neuroimaging findings in borderline personality disorder. *Current psychiatry reports, 16,* 438.

Kriz, J., Lück, H. E. & Heidbrink, H. (1987). *Wissenschafts- und Erkenntnistheorie.* Opladen: Leske + Budrich.

Kröhnert, S. & Münz, R. (2008). *Sterblichkeit und Todesursachen. Online-Handbuch, Berlin-Institut für Bevölkerung und Entwicklung.* Zugriff am 20.05.2014 auf `http://www.berlin -institut.org/fileadmin/user_upload/handbuch_texte/ pdf_Kroehnert_Muenz_Mortalitaet_2008.pdf`

Kurzban, R. & Leary, M. R. (2001). Evolutionary origins of stigmatization: The functions of social exclusion. *Psychological Bulletin, 127,* 187–208.

Kwong, K. K., Belliveau, J. W., Chesler, D. A., Goldberg, I. E., Weisskoff, R. M., Poncelet, B. P., … Turner, R. (1992). Dynamic magnetic resonance imaging of human brain activity during primary sensory stimulation. *Proceedings of the National Academy of Sciences of the United States of America, 89,* 5675–5679.

Lang, P. J., Bradley, M. M. & Cuthbert, B. N. (1998). Emotion, motivation, and anxiety: Brain mechanisms and psychophysiology. *Biological Psychiatry, 44*, 1248–1263.

Laub, D. (1995). Truth and testimony: The process and the struggle. In C. Caruth (Hrsg.), *Trauma: Explorations in memory* (S. 61–75). Baltimore: John Hopkins University Press.

Leary, M. R., Kowalski, R. M., Smith, L. & Phillips, S. (2003). Teasing, rejection, and violence: case studies of the school shootings. *Aggressive Behavior, 29*, 202–214.

Leary, M. R., Tambor, E. S., Terdal, S. K. & Downs, D. L. (1995). Self-esteem as an interpersonal monitor: The sociometer hypothesis. *Journal of Personality and Social Psychology, 68*, 518–530.

Leary, M. R., Twenge, J. M. & Quinlivan, E. (2006). Interpersonal rejection as a determinant of anger and aggression. *Personality and Social Psychology Review, 10*, 111–132.

Ledoux, J. E. (1989). Cognitive-Emotional Interactions in the Brain. *Cognition & Emotion, 3*, 267–289.

LeDoux, J. E. (1991). Emotion and the limbic system concept. *Concepts in Neuroscience, 2*, 169–199.

Leistico, A. M., Salekin, R. T., DeCoster, J. & Rogers, R. (2008). A large-scale meta-analysis relating the hare measures of psychopathy to antisocial conduct. *Law and Human Behavior, 32*, 28–45.

Libet, B., Gleason, C. A., Wright, E. W. & Pearl, D. K. (1983). Time of conscious intention to act in relation to onset of cerebral activity (readiness-potential). The unconscious initiation of a freely voluntary act. *Brain: a journal of neurology, 106*, 623–642.

Lienert, G. A. & Raatz, U. (1998). *Testaufbau und Testanalyse* (6. Aufl.). Weinheim: Beltz.

Liepmann, D., Beauducel, A., Brocke, B. & Amthauer, R. (2007). *Intelligenz-Struktur-Test 2000 R* (3. Aufl.). Göttingen: Hogrefe.

Loeber, R., Burke, J. & Lahey, B. (2002). What are the adolescent antecedents to antisocial personality disorder? *Criminal Behavior and Mental Health, 12*, 24–36.

Lorenz, R. (2005). *Salutogenese* (2. Aufl.). München: Ernst Reinhardt.

Lösel, F. & Bender, D. (2003). Resilience and protective factors. In

D. P. Farrington & J. W. Coid (Hrsg.), *Early prevention of adult antisocial behavior* (S. 130–204). Cambridge: University Press.

MacLean, P. D. (1990). *The triune brain in evolution*. New York: Plenum.

Maguire, E. A., Gadian, D. G., Johnsrude, I. S., Good, C. D., Ashburner, J., Frackowiak, R. S. & Frith, C. D. (2000). Navigation-related structural change in the hippocampi of taxi drivers. *Proceedings of the National Academy of Sciences of the United States of America*, 97, 4398–4403.

Maner, J. K., DeWall, C. & Baumeister, R. F. (2007). Does social exclusion motivate interpersonal reconnection? Resolving the "porcupine problem". *Journal of Personality and Social Psychology*, 92, 42–55.

Maner, J. K., Miller, S. L., Schmidt, N. B. & Eckel, L. A. (2010). The endocrinology of exclusion: Rejection elicits motivationally tuned changes in progesterone. *Psychological Science*, 21, 581–588.

Marks, D. F., Murray, M., Evans, B. & Estacio, E. V. (2011). *Health Psychology* (3. Aufl.). London: Sage.

Matarazzo, J. D. (1980). Behavioral health and behavioral medicine: Frontiers for a new health psychology. *American Psychologist, 35*, 807–817.

Maugham, B. & Rutter, M. (2001). Antisocial children growing up. In J. Hill & B. Maugham (Hrsg.), *Conduct disorders in childhood and adolescence* (S. 507–552). Cambridge: University Press.

Mayring, P. (2001). Kombination und Integration qualitativer und quantitativer Analyse. *Forum Qualitative Sozialforschung, 2.* Zugriff am 20.05.2014 auf http://www.qualitative-research .net/index.php/fqs/article/view/967/2111

Mayring, P. (2003). *Einführung in die qualitative Sozialforschung* (5. Aufl.). Weinheim: Beltz.

Mayring, P. (2007a). Designs in qualitativ orientierter Forschung. *Journal für Psychologie, 15.* Zugriff am 20.05.2014 auf http://www.journal-fuer-psychologie.de/ index.php/jfp/article/view/127/111

Mayring, P. (2007b). Generalisierung in qualitativer Forschung.

Forum Qualitative Sozialforschung, 8. Zugriff am 20.05.2014 auf http://www.qualitative-research.net/index.php/fqs/article/view/291/640

Mayring, P. (2010). Design. In G. Mey & K. Mruck (Hrsg.), *Handbuch qualitative Forschung in der Psychologie* (S. 225–237). Wiesbaden: VS Verlag für Sozialwissenschaften.

Mayring, P., Huber, G. L., Gürtler, L. & Kiegelmann, M. (Hrsg.). (2007). *Mixed methodology in psychological research.* Rotterdam: Sense Publishers.

McKinlay, J. B. & McKinlay, S. M. (1981). Medical measures and the decline of mortality. In P. Conrad & R. Kern (Hrsg.), *The sociology of health and illness* (S. 12–30). New York: St. Martins Press.

Mead, N. L., Baumeister, R. F., Stillman, T. F., Rawn, C. D. & Vohs, K. D. (2011). Social exclusion causes people to spend and consume strategically in the service of affiliation. *Journal of Consumer Research, 37,* 902–919.

Mey, G. & Mruck, K. (Hrsg.). (2010). *Handbuch qualitative Forschung in der Psychologie.* Wiesbaden: VS Verlag für Sozialwissenschaften.

Mills, C. K. (1912). The cortical representation of emotion, with a discussion of some points in the general nervous system mechanism of expression in its relation to organic nervous disease and insanity. *Proceedings of the American Medico-Psychological Association, 19,* 297–300.

Mischel, W. (1968). *Personality and assessment.* New York: Wiley.

Moffitt, T. E. (2005). Genetic and environmental influences on antisocial behaviors: evidence from behavioral-genetic research. *Advances in Genetics, 55,* 41–104.

Moffitt, T. E., Caspi, A., Harrington, H. & Milne, B. (2002). Males on the life-course-persistent and adolescence-limited antisocial pathways: Follow-up at age 26 years. *Development and Psychopathology, 14,* 179–207.

Myers, I. B. & McCaulley, M. H. (1985). *Manual: A guide to the development and use of the Myers-Briggs Type Indicator* (2. Aufl.). Palo Alto, CA: Consulting Psychologists Press.

National Center for the Study of Adult Learning and Literacy. (2003).

Health Literacy: A prescription to end confusion. Zugriff am 20.05.2014 auf http://www.nap.edu/openbook/0309091179/html/1.html

Newell, A. & Rosenbloom, P. S. (1981). Mechanisms of skill acquisition and the law of practice. In J. R. Anderson (Hrsg.), *Cognitive skills and their acquisition* (S. 1–55). Hillsdale: Erlbaum.

Nissen, G. (2005). *Kulturgeschichte seelischer Störungen bei Kindern und Jugendlichen.* Stuttgart: Klett-Cotta.

Northoff, G. (2012). Immanuel Kant's mind and the brain's resting state. *Trends in Cognitive Sciences, 16,* 356–359.

Northoff, G. & Qin, P. (2011). How can the brain's resting state activity generate hallucinations? A "resting state hypothesis" of auditory verbal hallucinations. *Schizophrenia Research, 127,* 202–214.

Nutbeam, D. (2000). Health literacy as a public health goal: a challenge for contemporary health education and communication strategies into the 21st century. *Health Promotion International, 15,* 259–267.

Ochsner, K. N., Silvers, J. & Buhle, J. T. (2012). Functional imaging studies of emotion regulation: a synthetic review and evolving model of the cognitive control of emotion. *Annals of the New York Academy of Sciences, 1251,* E1–24.

Odgers, C. L., Moffitt, T. E., Broadbent, J., Dickson, N., Hancox, R. J., Harrington, H., ... Caspi, A. (2008). Female and male anti-social trajectories: From childhood origins to adult outcomes. *Development and Psychopathology, 20,* 673–716.

Ogawa, S., Lee, T. M., Nayak, A. S. & Glynn, P. (1990). Oxygenation-sensitive contrast in magnetic resonance image of rodent brain at high magnetic fields. *Magnetic Resonance in Medicine: Official Journal of the Society of Magnetic Resonance in Medicine / Society of Magnetic Resonance in Medicine, 14,* 68–78.

Ostendorf, F. & Angleitner, A. (2003). *NEO-Persönlichkeitsinventar nach Costa und McCrae, Revidierte Fassung (NEO-PI-R). Manual.* Göttingen: Hogrefe.

Payne, B. K. (2001). Prejudice and perception: The role of automatic and controlled processes in misperceiving a weapon. *Journal of*

Personality and Social Psychology, 81, 181–192.

Pelikan, J., Röthlin, F. & Ganahl, K. (2013). *Die Gesundheitskompetenz der österreichischen Bevölkerung – nach Bundesländern und im internationalen Vergleich. Abschlussbericht der österreichischen Gesundheitskompetenz (Health Literacy). Bundesländer-Studie.* Wien: Ludwig Boltzmann Institute Health Promotion Research (LBIH-PR).

Pessoa, L. (2008). On the relationship between emotion and cognition. *Nature reviews. Neuroscience, 9*, 148–158.

Petermann, F., Maerker, A., Lutz, W. & Stangier, U. (2011). *Klinische Psychologie – Grundlagen.* Göttingen: Hogrefe.

Peters, H. U. (2011). *Lexikon Psychiatrie, Psychotherapie, Medizinische Psychologie* (6. Aufl.). München: Urban & Fischer.

Piaget, J. (1985). *The equilibration of cognitive structures: The central problem of intellectual development.* Chicago: University Press.

Raichle, M. E., MacLeod, A. M., Snyder, A. Z., Powers, W. J., Gusnard, D. A. & Shulman, G. L. (2001). A default mode of brain function. *Proceedings of the National Academy of Sciences of the United States of America, 98*, 676–682.

Renner, W. (2003a). A German value questionnaire developed on a lexical basis: Construction and steps toward a validation. *Review of Psychology, 10*, 107–123.

Renner, W. (2003b). Human values: a lexical perspective. *Personality and Individual Differences, 34*, 127–141.

Renner, W. (2013). *Youth development and its challenges.* Invited lecture at the 3rd National Conference on School Psychology at NIEPMD, Chennai (India), Nov 22 – 24, 2013.

Renner, W. & Myambo, K. (2007). The Arabic language and contemporary Egyptian national values: A lexical analysis. *Psychologia – An International Journal of Psychology in the Orient, 50*, 26–38.

Renner, W., Peltzer, K. & Phaswana, M. G. (2003). The structure of values among Northern Sotho speaking people in South Africa: A lexical study. *South African Journal of Psychology, 33*, 103–108.

Ridenour, T. A., Cottler, L. B., Robins, L. N., Compton, W. M., Spitznagel, E. L. & Cunningham-Williams, R. M. (2002). Test of the plausibility of adolescent substance use playing a causal role in developing adulthood antisocial behavior. *Journal of Abnormal Psychology, 111*, 144–155.

Rizzolatti, G., Fadiga, L., Gallese, V. & Fogassi, L. (1996). Premotor cortex and the recognition of motor actions. *Cognitive Brain Research, 3*, 131–141.

Röhrle, B. (2008). Aufgaben und Hintergründe. In B. Röhrle, F. Caspar & P. F. Schlottke (Hrsg.), *Lehrbuch der klinisch-psychologischen Diagnostik* (S. 13–29). Stuttgart: Kohlhammer.

Rokeach, M. (1973). *The nature of human values.* New York: Free Press.

Rosazza, C. & Minati, L. (2011). Resting-state brain networks: literature review and clinical applications. *Neurological Sciences: Official Journal of the Italian Neurological Society and of the Italian Society of Clinical Neurophysiology, 32*, 773–785.

Rösing, I. (2005). *Weisheit: Meterware, Maßschneiderung, Missbrauch.* Kröning: Asanger Verlag.

Roth, G. (1996). *Das Gehirn und seine Wirklichkeit – Kognitive Neurobiologie und ihre philosophischen Konsequenzen.* Frankfurt am Main: Suhrkamp Verlag.

Roy, C. S. & Sherrington, C. S. (1890). On the Regulation of the Blood-supply of the Brain. *The Journal of Physiology, 11*, 85–158.

Rudolf, G. (Hrsg.). (2000). *Psychotherapeutische Medizin und Psychosomatik: Ein einführendes Lehrbuch auf psychodynamischer Grundlage* (4. Aufl.). Stuttgart: Thieme.

Rutter, M. (2003). Commentary: causal processes leading to antisocial behavior. *Developmental Psychology, 39*, 372–378.

Sartorius, N. & Kuyken, W. (1994). Translation of health status instruments. In J. Orley & W. Kuyken (Hrsg.), *Quality of life assessment: International perspectives* (S. 3–18). Heidelberg: Springer.

Scherer, K. R. (2005). Appraisal theory. In T. Dalgleish & M. Power (Hrsg.), *Handbook of Cognition and Emotion* (S. 637–663). Hoboken, NJ: Wiley.

Schneewind, K. A., Schröder, G. & Cattell, R. B. (1994). *Der 16-Persönlichkeits-Faktoren Test (16PF).* Bern: Huber.

Schwartz, S. H. (1992). Universals in the content and structure of values. Theoretical advances and empirical tests in 20 countries. In M. P. Zanna (Hrsg.), *Advances in Experimental Social Psychology (Vol. 25)* (S. 1–65). Orlando, FL: Academic Press.

Schwarzer, R., Schüz, B. & Ziegelmann, J. P. (2006). Gesundheitspsychologie. In K. Pawlik (Hrsg.), *Handbuch Psychologie. Wissenschaft-Anwendung-Berufsfelder* (S. 673–685). Heidelberg: Springer.

Senf, W. & Broda, A. (Hrsg.). (1996). *Praxis der Psychotherapie. Ein integratives Lehrbuch für Psychoanalyse und Verhaltenstherapie* (2. Aufl.). Stuttgart: Thieme.

Senf, W. & Broda, A. (Hrsg.). (2005). *Praxis der Psychotherapie. Ein integratives Lehrbuch für Psychoanalyse und Verhaltenstherapie* (3. Aufl.). Stuttgart: Thieme.

Shulman, G. L., Fiez, J. A., Corbetta, M., Buckner, R. L., Miezin, F. M., Raichle, M. E. & Petersen, S. E. (1997). Common Blood Flow Changes across Visual Tasks: II. Decreases in Cerebral Cortex. *Journal of Cognitive Neuroscience*, 9, 648–663.

Simons, D. J. & Chabris, C. F. (1999). Gorillas in Our Midst: Sustained Inattentional Blindness for Dynamic Events. *Perception*, 28, 1059–1074.

Spearman, C. (1904). „General intelligence", objectively determined and measured. *American Journal of Psychology*, 15, 201–293.

Staudinger, U. M. (1999). Older and wiser? Integrating results on the relationship between age and wisdom-related performance. *International Journal of Behavioral Development*, 23, 641–664.

Staudinger, U. M. & Glück, J. (2011). Psychological wisdom research: Commonalities and differences in a growing field. *Annual Review of Psychology*, 62, 215–241.

Steinke, I. (1999). *Kriterien qualitativer Forschung. Ansätze zur Bewertung qualitativ-empirischer Sozialforschung.* Weinheim: Juventa.

Stern, W. (1911). *Die differentielle Psychologie in ihren methodischen Grundlagen.* Leipzig: Barth.

Stevens, S. S. (1946). On the Theory of Scales of Measurement. *Science*, 103, 677–680.

Strotzka, H. (1975). *Psychotherapie: Grundlagen, Verfahren, Indikationen.*

München: Urban & Schwarzenberg.

Szirmak, Z. & deRaad, B. (1994). Taxonomy and structure of Hungarian personality traits. *European Journal of Personality*, *8*, 95–117.

Takahashi, M. & Overton, W. F. (2005). Cultural foundations of wisdom: An integrated developmental approach. In R. J. Sternberg & J. Jordan (Hrsg.), *A Handbook of Wisdom: Psychological Perspectives* (S. 32–60). Cambridge: University Press.

Taubner, S. & Curth, C. (2013). Mentalization mediates the relation between traumatic experiences and aggressive behavior in adolescence. *Psihologija*, *46*, 177–192.

Taubner, S. & Juen, F. (2010). Gewalt in der Spätadoleszenz – Perspektiven der Bindungsforschung. *Psychotherapie und Sozialwissenschaften*, *12*, 59–77.

Taubner, S., White, L., Zimmermann, J., Fonagy, P. & Nolte, T. (2013). Attachment-related mentalization moderates the relationship between psychopathic traits and aggression in adolescence. *Journal of Abnormal Child Psychology*, *41*, 929–938.

Thurstone, L. L. (1938). *Primary mental abilities*. Chicago: University Press.

Trojan, A. (2001). Empowerment und Selbsthilfe bei sozial benachteiligten Gruppen. In B. Borgetto & J. V. Troschke (Hrsg.), *Entwicklungsperspektiven der gesundheitsbezogenen Selbsthilfe im deutschen Gesundheitswesen. Schriftenreihe der Deutschen Koordinierungsstelle für Gesundheitswissenschaften* (Bd. 12, S. 74–89). Freiburg i. B.: DKGW.

Tupes, E. C. & Christal, R. C. (1961). *Recurrent personality factors based on trait ratings*. Texas: Technical Report, USAF, Lackland Air Force Base.

Twenge, J. M., Baumeister, R. F., Tice, D. M. & Stucke, T. S. (2001). If you can't join them, beat them: effects of social exclusion on aggressive behavior. *Journal of Personality and Social Psychology*, *81*, 1058–1069.

Twenge, J. M. & Campbell, W. (2003). "Isn't it fun to get the respect that we're going to deserve?" Narcissism, social rejection, and aggression. *Personality and Social Psychology Bulletin*, *29*, 261–

272.

Unkelbach, C., Forgas, J. & Denson, T. (2008). The turban effect: The influence of Muslim headgear and induced affect on aggressive responses in the shooter bias paradigm. *Journal of Experimental Social Psychology, 44*, 1409–1413.

Warburton, W. A., Williams, K. D. & Cairns, D. R. (2006). When ostracism leads to aggression: the moderating effects of control deprivation. *Journal of Experimental Social Psychology, 42*, 213–220.

Webster, J. D. (2003). An exploratory analysis of a self-assessed wisdom scale. *Journal of Adult Development, 10*, 13–22.

Welzel, C. (2006). *A Human Development View on Value Change Trends 1981–2006. PPT-presentation, Istanbul.* Zugriff am 20.05.2014 auf http://alingavreliuc.files.wordpress.com/2010/10/cwvc.pptx

Whitfield-Gabrieli, S. & Ford, J. M. (2012). Default mode network activity and connectivity in psychopathology. *Annual Review of Clinical Psychology, 8*, 49–76.

Williams, K. D. (2007). Ostracism. *Annual Review of Psychology, 58*, 425–452.

Williams, K. D. & Nida, S. A. (2011). Ostracism: Consequences and Coping. *Current Directions in Psychological Science, 20*, 71–75.

Williams, K. D., Shore, W. J. & Grahe, J. E. (1998). The silent treatment: Perceptions of its behaviors and associated feelings. *Group Processes and Intergroup Relations, 1*, 117–141.

Williams, L. M., Phillips, M. L., Brammer, M. J., Skerrett, D., Lagopoulos, J., Rennie, C., ... Gordon, E. (2001). Arousal dissociates amygdala and hippocampal fear responses: evidence from simultaneous fMRI and skin conductance recording. *NeuroImage, 14*, 1070–1079.

Wing, J. K., Beevor, A. S., Curtis, R. H., Park, S. B. G., Hadden, S. & Burns, A. (1998). Health of the Nation Outcome Scales (HoNOS): Research and development. *British Journal of Psychiatry, 172*, 11–18.

Wing, J. K., Curtis, R. H. & Beevor, A. S. (1996). *HoNOS: Health of the*

Nation Outcome Scales: Report on research and development July 1993–December 1995. London: Royal College of Psychiatrists.

Witmer, L. (1907). Clinical psychology. *The Psychological Clinic, 1,* 1–9.

Woolsey, T. A., Rovainen, C. M., Cox, S. B., Henegar, M. H., Liang, G. E., Liu, D., … Wei, L. (1991). Neuronal units linked to microvascular modules in cerebral cortex: response elements for imaging the brain. *Cerebral Cortex, 6,* 647–660.

World Health Organization. (1946). Preamble to the Constitution of the World Health Organization as adopted by the International Health Conference, New York, 19 June – 22 July 1946; signed on 22 July 1946 by the representatives of 61 States (Official Records of the World Health Organization, no. 2, p. 100) and entered into force on 7 April 1948.

World Health Organization. (1992). *The ICD-10 classification of mental and behavioural disorders. Clinical descriptions and diagnostic guidelines.* Genf: World Health Organisation.

World Health Organization. (1993). *ICD-10: Internationale Klassifikation psychischer Störungen. Klinisch-diagnostische Leitlinien.* Bern: Huber.

World Health Organization. (1998). *Health Promotion Glossary.* Zugriff am 20.05.2014 auf http://www.who.int/healthpromotion/about/HPR%20Glossary%201998.pdf?ua=1

World Health Organization. (2008). *The World Health Report 2008. Primary Health Care (Now More Than Ever).* Genf: World Health Organisation.

Wundt, W. (1903). *Grundzüge der physiologischen Psychologie* (5. Aufl., Bd. 3.). Leipzig: Barth.

Zick, A., Küpper, B. & Hövermann, A. (2011). *Intolerance, Prejudice and Discrimination. A European Report.* Berlin: Friedrich-Ebert-Stiftung.

Zimbardo, P. G. (2007). *The Lucifer Effect – Understanding how good people turn evil.* New York: Random House.

Zimbardo, P. G. & Gerrig, R. J. (1999). *Psychologie.* Berlin: Springer.

Index

Index